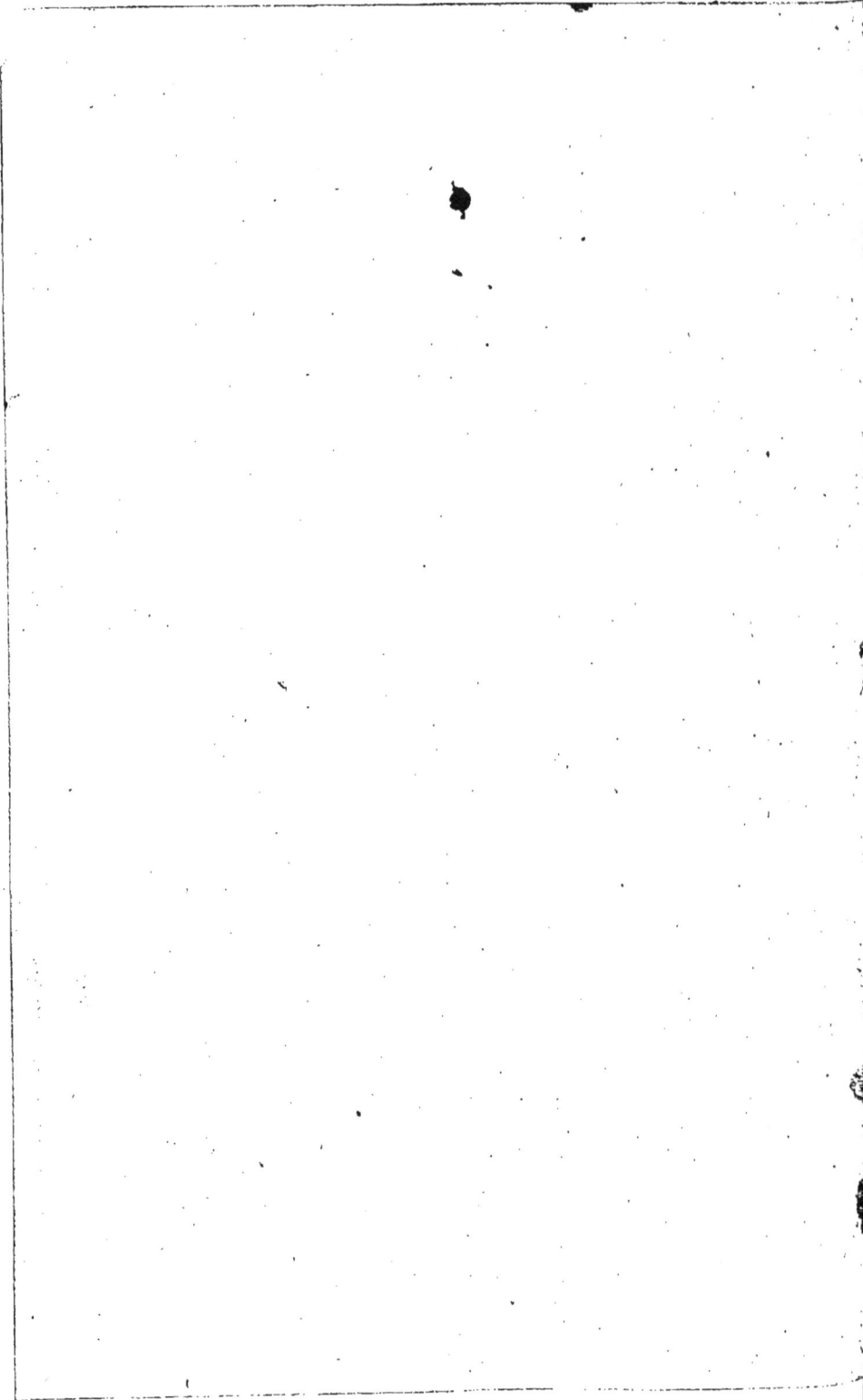

L'INDUSTRIE

DEVANT

LES PROBLÈMES ÉCONOMIQUES ET SOCIAUX

TRAVAIL — MUTUALITÉ — ÉPARGNE

PAR

François HUSSON

Officier d'Académie

Rédacteur en chef du Recueil l'*Echo des Chambres syndicales*,
journal officiel du groupe de l'Industrie et du Bâtiment

TOURS

IMPRIMERIE E. ARRAULT ET Cie

6, RUE DE LA PRÉFECTURE, 6

1888

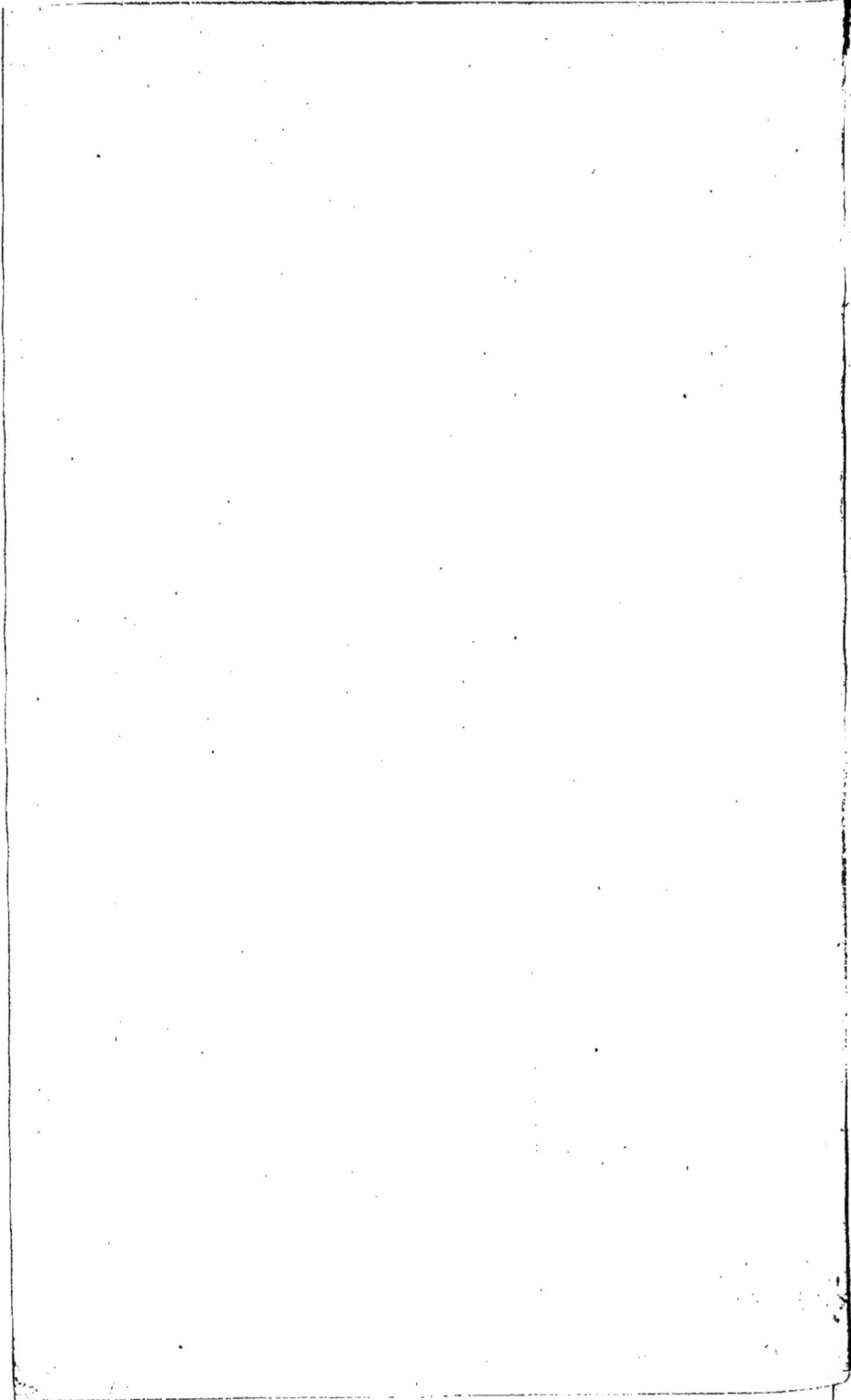

L'INDUSTRIE

LES PROBLÈMES ÉCONOMIQUES ET SOCIAUX

OUVRAGES DU MÊME AUTEUR

L'INDUSTRIE

DEVANT

LES PROBLÈMES ÉCONOMIQUES ET SOCIAUX

TRAVAIL — MUTUALITÉ — ÉPARGNE

PAR

François HUSSON

Officier d'Académie

Rédacteur en chef du Recueil l'*Écho des Chambres syndicales*,
journal officiel du groupe de l'Industrie et du Bâtiment

Pas de phrases, des faits

TOURS

IMPRIMERIE E. ARRAULT ET Cie

6, RUE DE LA PRÉFECTURE, 6

1888

AU LECTEUR

L'homme est porté à dénigrer son temps. C'est l'une de ses faiblesses.

C'est ainsi qu'il affirme de tous les côtés que le xix° siècle est un siècle de pur égoïsme, d'intérêt personnel. Jamais pourtant, à aucune époque de l'histoire, les peuples n'ont vu mettre autant en pratique les préceptes de la philanthropie et de la mutualité. Les diverses applications de ces principes généreux et leurs résultats féconds seront certainement l'une des gloires de ce siècle calomnié et la France, aura pour sa part, la place qui lui convient dans la postérité, c'est-à-dire qu'elle sera au premier rang de la statistique des progrès sociaux et économiques.

Il est incontestable que les temps passés ne nous présentent point de spectacle comparable à celui qui s'offre à nos regards. De tous côtés, les intérêts de l'humanité se groupent pour exprimer plus de force au profit de chacun et de tous. Partout éclatent les sentiments qui ont pour cause l'amour de l'humanité. De tous les points du monde sont signalées les fondations les plus propices au développement intellectuel et professionnel, à l'enseignement de l'enfant, à la sûreté et à la sécurité de la vie de l'ouvrier, à la protection du vieillard dont la vie a été consacrée au travail. Syndicats, écoles professionnelles, assurances de toutes sortes, caisses d'épargne, de prévoyance, de retraite, sociétés de secours mutuels, application du système de la participation aux bénéfices, toutes ces institutions, modernes pour la plupart, fonctionnent à l'envi, armant contre l'adversité et mettant à l'abri du besoin des quantités considérables d'individus dont les siècles précédents ne se souciaient que très médiocrement.

Les hommes de ces temps-ci font donc de la vertu sans le savoir ! Aucune intelligence ne peut se désintéresser de ce mouvement curieux et fortifiant ; on ne peut plus ignorer les résultats souvent admirables de ces instistions vraiment inspirées par les idées les plus fraternelles.

Il nous a semblé qu'une sorte de Manuel

substantiel et en quelque sorte élémentaire, plein de faits, manquait à ces questions économiques et sociales de premier ordre. Nous avons essayé de le composer et le voici. Nous offrons donc au public, sous une forme facile, un traité qu'il pourra lire, nous le croyons du moins, sans aucun effort et sans être rebuté par la dureté et la sécheresse des matières qu'il va étudier et analyser avec nous.

Nous avons fait précéder ces études spéciales d'un chapitre consacré au Travail, dans son organisation matérielle, économique et rétributive. Le lecteur trouvera dans cette partie de notre œuvre, divers sujets pleins d'intérêt, comme l'historique des *syndicats*, des *grèves*, des études sur les *commissions mixtes* qui sont appelées à résoudre pacifiquement les questions les plus redoutables, sur les *Bourses du travail*, institution récente que l'on connaît peu et qui ne pourra donner de bons résultats que si la politique en est éloignée. Nous avons encore passé en revue les *excès de la production*, les *crises industrielles*, la révolution industrielle amenée par l'*introduction des machines*, etc., etc.

Nous avons pensé que ces diverses études étaient comme le préambule ou le corollaire

des autres chapitres qui traitent des institutions plus ou moins mutuelles et que, de plus,
toutes ces questions étaient tenues entre elles
par des liens étroits. Nous croyons que le
lecteur pensera, sur ce sujet, de la même
façon que nous-même. En effet, le travail
ne précède-t-il pas l'association des intérêts,
n'est-ce pas lui qui en est le moteur souverain,
n'est-il pas la cause première de l'épargne?
Poser la question, c'est la résoudre. Le travail
et son organisation devaient donc figurer aux
premières pages de ce livre.

L'INDUSTRIE

DEVANT LES PROBLÈMES ÉCONOMIQUES ET SOCIAUX

CHAPITRE PREMIER

Le Travail

SOMMAIRE. — *Les anciennes corporations et le régime de la liberté :* le régime industriel ancien ; le travail libre ; la réaction. — *Les Chambres ouvrières syndicales et patronales :* leur organisation ; historique ; leurs travaux et leurs vœux exprimés ; institutions similaires à l'étranger. — *De l'organisation du travail et des salaires :* droit au travail ; fixation des salaires ; concurrence étrangère ; les salaires des divers États voisins comparés avec les salaires français. — *L'égalité des salaires :* les ouvriers actifs et les fainéants ; cessation des études professionnelles amenée par cette égalité, exemple. — *Le marchandage et le travail aux pièces :* leur utilité ; répression des abus. — *La limitation du travail des ouvriers, des ouvrières et des enfants :* dangers de la limitation du travail ; le travail des ouvrières et des enfants réglementé en Suisse, en Belgique, en France, en Angleterre, en Allemagne ; la durée du travail à l'étranger. — *La concurrence au travail libre par les prisonniers et les religieuses.* — *Les grèves :* historique ; leurs dangers ; l'intervention étrangère ; les moyens de les faire disparaître ; la grève des porcelainiers de Limoges ; les chapeliers et les charpentiers parisiens ; les grèves américaines. — *Les Bourses du travail :* leur but, leur utilité ; institutions similaires à l'étranger. — *Les encouragements aux inventeurs :* inventions françaises

1.

exportées faute d'encouragements; les machines à papier, le gaz, la machine à vapeur, l'hélice, le télégraphe électrique, l'appareil frigorifique, etc. — *L'introduction des machines dans l'Industrie* : ses dangers momentanés et l'équilibre rétabli; le filage ancien et moderne en Angleterre. — *Les crises industrielles et les excès de la production* : la crise actuelle dans le monde entier; ses causes et effets; le moulin à bras et les meules des usines ; les métiers de la filature; la machine à imprimer; l'excès de fabrication. — *La taxe de séjour et la proscription des Étrangers* : l'invasion des étrangers ; les taxes insuffisantes proposées ; proposition nouvelle; dangers de la proscription ; état numérique des Français établis à l'étranger et des étrangers établis en France.

LES ANCIENNES CORPORATIONS ET LE RÉGIME
DE LA LIBERTÉ

Dans l'un de nos ouvrages (1), nous avons donné l'historique des anciennes corporations et décrit leur organisation, calquée souvent sur les institutions romaines appelées *collegia artificum*. Nous n'en dirons ici que quelques mots pour en faire ressortir l'esprit étroit d'exclusion et d'égoïsme.

En France, avant la Révolution, l'exercice des métiers était la propriété d'un très petit nombre de maîtres, organisés en associations privilégiées dites *communautés, maîtrises* ou *corporations*. On n'arrivait à la maîtrise que très difficilement, après des épreuves et des dépenses considérables. C'est ce que nous avons déjà prouvé ailleurs. L'immense majorité des travailleurs était donc réduite, vu

(1) *Nos métiers à travers les âges.*

l'exiguité de ses ressources, à végéter et à languir
sous la domination des maîtres qui, eux-mêmes
étaient régis par les lois les plus tyranniques.

C'est ainsi que le maître nouvellement reçu, ne
pouvait exercer son métier que dans la localité de
la réception même. Si ce métier se reliait à plusieurs autres industries, ou qu'il eut besoin de produits appartenant à diverses branches industrielles,
il était obligé de se faire recevoir maître dans chacune des corporations attenant à la sienne ou qui
fabriquaient ces produits. Des règlements très
sévères limitaient le nombre de ses ouvriers, la
qualité des matières premières qu'il devait employer, la nature et les dimensions des articles
qu'il produisait ; ils décrivaient les procédés et les
outils dont il devait se servir, etc. etc. Des syndics ou prud'hommes, délégués à cet effet, procé-
daient à des visites et à des perquisitions inces-
santes pour veiller à l'exécution de ces règlements ;
ils saisissaient souvent les marchandises s'ils
jugeaient leur fabricant en défaut. La jalousie de
métier causait, on le comprend, bien des injustices,
des tracasseries sans nombre et d'odieuses vexa-
tions. On fouillait, on bouleversait tout dans l'atelier, dans l'usine ; on suspendait ainsi le travail, on
arrachait les secrets de fabrication que l'on s'appro-
priait souvent ainsi ; on se mettait au courant des
affaires du voisin.

Les réglements interdisaient-ils la fabrication
d'un objet quelconque, que l'étranger confectionnait

librement, les marchandises saisies étaient détruites, brûlées en place publique, le nom du fabricant était attaché au carcan et la prison suivait. Il en était de même si le fabricant avait acheté ses matières ici plutôt que là et s'il avait donné du travail à ses ouvriers chez eux, au lieu de les faire travailler dans l'atelier même !!

Nous avons dit que lorsqu'un fabricant avait à employer des matières de natures diverses, il devait être reçu maître de différents métiers. Il fallait encore remplir les mêmes conditions lorsque les ouvriers et les outils d'un même industriel pouvaient appartenir à divers corps d'état.

D'aussi déplorables errements amenèrent des résultats significatifs. C'est ainsi que faute d'argent pour acquérir diverses maîtrises ou par suite de tracasseries, l'inventeur du vernissage des tôles et de leur emboutissage dût aller exploiter son invention à l'étranger ; que l'industrie des papiers peints fut tout près de succomber (il fallut créer pour la sauver une manufacture royale). Quant à la fabrication des toiles peintes, elle ne put être autorisée qu'à grand'peine, les oppositions de divers métiers éclatant de toutes parts, et de tous les points du royaume.

On aurait bien tort, on le voit, de supposer que les corporations fussent d'accord entre elles. Au contraire, des dissentiments s'élevaient à chaque instant entre métiers voisins. Ainsi, celui qui réparait un soulier n'avait pas le droit d'y mettre une semelle entière, sous peine d'attenter aux droits du cordonnier. Les procès qui naissaient de ces différends étaient incessants et interminables. C'est de cette façon que se terminaient ou plutôt ne se terminaient pas ces querelles de privilégiés, devenus en quelque sorte les maîtres de petites féodalités.

Au point de vue du progrès, les corporations, non seulement laissaient donc à désirer, mais elles entravaient singulièrement sa marche. La concurrence n'existant pas et les privilèges étant solidement établis, les maîtres n'avaient aucun intérêt à changer la nature des produits ni à en abaisser les prix.

Certains enclos autorisés possédaient le droit de franchise ; on pouvait y exercer librement les métiers, sauf une redevance à payer.

Mais les communautés de ces métiers exerçant dans l'intérieur des villes, étaient naturellement jalouses des artisans renfermés dans ces enceintes avantagées. Aussi leurs jurés s'introduisaient-ils souvent par force chez ceux-ci, brisant leur matériel et dispersant leurs outils et leurs marchandises. C'est ainsi qu'en 1715, les jurés apothicaires se rendirent dans l'enclos de l'hôpital des Quinze-Vingts de Paris et mirent en pièces les bouteilles et ustensiles de l'un de leurs confrères, jugé par eux indigne, prétendant que le droit qu'ils avaient de visiter était général et sans aucune restriction. En 1720, les syndics de la communauté des cordonniers faisaient chasser une partie des ouvriers de ce métier établis dans la même enceinte, ces privilégiés ne voulant pas reconnaître d'autres privilèges que les leurs. C'est ainsi qu'un abus en amène d'autres et c'est là la conséquence inévitable des exceptions au droit commun.

Voilà, indiqué à grands traits, ce qu'était le régime industriel ancien, que certains esprits regrettent encore ! Certainement le maître intelligent avait des égards pour ses bons serviteurs ; il leur faisait partager quelquefois la vie de famille et ne les regardait pas tout à fait comme des intrus. Mais cela n'était-il pas de son intérêt ?

Aujourd'hui l'ouvrier est libre ; s'il fait son devoir, s'il est économe et bon praticien, rien, absolument rien, ne l'empêche de monter aux degrés supérieurs et d'aspirer à la maîtrise. Quatre-vingt-dix-neuf fois sur cent, les patrons de l'industrie du Bâtiment, pour ne citer que celle-là, sont d'anciens ouvriers. Le bourgeois et le patron sont là les artisans de la veille, l'ouvrier peut devenir le patron de demain ; la route est libre et dégagée des privilèges et des permissions humiliantes et coûteuses du passé. Quoiqu'on en dise, l'individualisme érigé en principe depuis 1791 a du bon.

*
* *

Nous venons de parler des regrets que certains esprits rétrogrades expriment de temps à autre. Ces aspirations vers un passé détestable, sembleront douteuses à certains de nos lecteurs, qui pourront alors nous accuser d'exagération. Nous allons leur prouver que nous n'inventons rien.

Le 19 décembre 1886, une réunion ouvrière catholique avait lieu à Saint-Etienne. Il y avait là les cercles de Sainte-Barbe, de Saint-Roch, de Saint-Louis, la corporation des tisseurs stéphanois, l'école professionnelle de Saint-Etienne, les cercles de Roanne, d'Annonay, de la Talandière, de Saint-Martin-en-Coailleux, de Saint-Chamond, d'Ozion, de Grand-Croix et de Lorette.

Dans cette assemblée, plusieurs résolutions furent prises. L'une d'elles, la troisième et dernière, était ainsi conçue :

« Les membres de la réunion ouvrière de Saint-Etienne, assemblés dans cette ville le dimanche 19 décembre 1886,

Considérant :

1° Que les conseils d'arbitrage, pour produire des résultats sérieux de pacification et de paix, doivent être des conseils permanents, c'est-à-dire prévus par des règlements et prêts à fonctionner lorsque les conflits surgissent, sans qu'il soit nécessaire, à ce moment de méfiance réciproque, de décider s'il y a lieu à arbitrage ou non ;

2° Que cette permanence des conseils d'arbitrage ne peut être établie que dans la corporation chrétienne reconstituée ;

Sont d'avis :

Que patrons et ouvriers chrétiens s'unissent pour employer tous leurs efforts à reconstituer la corporation dans leurs professions.

En attendant que cette reconstitution corporative soit complètement effectuée, ils s'efforceront de constituer dans chaque profession, un conseil permanent d'arbitrages qui sera composé d'un nombre égal de patrons et d'ouvriers, auquel on adjoindra, comme tiers départiteur, le bureau du comité de la localité, ou tout au moins des hommes de confiance choisis par les deux groupes et qui ne seront pas de la profession.

Ce tribunal constitué, les patrons et les ouvriers s'efforceront d'y porter leurs conflits avant tout recours au tribunal des prud'hommes.

Les délégations ouvrières, présentes à l'assemblée, porteront cette résolution à la connaissance de leurs associations, et les membres des comités la feront connaitre aux patrons chrétiens de la localité.

Les uns et les autres s'efforceront de la mettre en pratique. »

Ainsi les conseils arbitraux proposés ne sont considérés que comme des palliatifs et c'est en attendant la reconstitution des corporations et de ses monstrueux privilèges que les ouvriers catholiques veulent régler leurs différends devant ces conseils !

LES CHAMBRES SYNDICALES OUVRIÈRES ET PATRONALES

Les Chambres syndicales patronales sont des Assemblées de métiers qui ne s'occupent que d'intérêts spéciaux. Leurs délégués ont pour mission de veiller à ces intérêts, d'étudier les créations nouvelles de quelque importance, les réformes de toute nature, les questions de tarifs, de transports économiques, les ordonnances, lois ou décrets qui intéressent leur industrie ou leur commerce, d'exprimer des vœux, de formuler des griefs, de faire des enquêtes et dresser des rapports sur tous ces sujets, afin d'éclairer leurs collègues et leurs confrères. C'est dire que les Syndicats doivent s'occuper des besoins, des moyens de production des associés syndiqués et de tout ce qui touche, de près ou de loin, au développement des métiers, à leur progrès matériel et moral.

Les Chambres syndicales présentent, entre autres avantages, celui-ci : par les réunions périodiques, les industriels apprennent à se connaître, ils s'éclairent mutuellement et se renseignent mieux que partout ailleurs. Les rivalités de métier s'effacent et la bonne harmonie confraternelle s'apprend là. Voilà l'importance capitale de ces Syndicats.

L'organisation des Chambres syndicales ouvrières ne diffère pas de celle des patrons ; celles-ci leur ont servi de modèle. Elles s'occupent spécialement des questions de salaire et de travail; elles ont organisé, du moins pour la plupart, des bureaux de placement pour les ouvriers sans travail et de renseignements pour les patrons à la recherche d'ouvriers.

Les Chambres patronales et ouvrières s'occupent encore de concourir à la nomination des Conseils de prud'hommes ; les premières préparent en plus les élections aux Tribunaux et aux Chambres de commerce, en désignant aux électeurs spéciaux, les candidats dont ils ont apprécié les mérites.

Les Chambres syndicales sont très souvent chargées de régler les différends survenus entre industriels et commerçants. Elles substituent, dans ce cas, des arbitres très compétents, à peu près gratuits, à ceux très chèrement payés, qui prêtent leur concours, souvent peu éclairé au point de vue technique, aux tribunaux.

Les deux catégories de Chambres syndicales qui nous occupent ont le devoir, plus que jamais, de se rapprocher. Elles exerceront ainsi la plus heureuse influence sur les relations délicates des patrons et ouvriers. C'est ce que nous dirons plus loin, lorsque nous parlerons des commissions mixtes arbitrales.

Ces réunions d'intéressés ne sont point d'origine ancienne, à moins que l'on ne considère les antiques associations dites *Hanses* et *Ghildes* comme autant de Syndicats plus ou moins bien organisés, ce qui est possible.

Nous avons décrit ailleurs l'organisation, souvent

singulière, des corporations déjà vaincues par l'édit de 1776 et que supprima la loi de juin 1791 (1). Ces institutions étaient dès lors condamnées comme attentatoires à la liberté du travail et des transactions. Cependant, sous le premier Empire, quelques tentatives eurent lieu à l'effet de rétablir l'ordre ancien, c'est-à-dire le régime des corporations, non pas avec tous ses monopoles et ses privilèges, mais sans doute mitigé et accommodé aux idées nouvelles. Le pouvoir d'alors encouragea ces essais, qui s'accordaient avec ses principes d'absolutisme. En effet, sous prétexte d'ordre et de police, mais avec la volonté de les diriger, de les maintenir, on donna l'idée à plusieurs groupes de commerçants et d'industriels de s'assembler et de nommer des syndics, ou plutôt des *délégués* (2). Des statuts, plus ou moins complets, furent dressés ; on formula des règlements, on tenta de ressusciter les communautés. Mais ces essais ne furent point heureux, car ces réunions ne firent absolument que végéter. A peu d'exceptions près, on peut dire même qu'elles passèrent inaperçues. Cependant, il faut le reconnaître, elles portaient en elles le germe des associations syndicales. Des esprits plus éclairés, auxquels il est de notre devoir de rendre hommage, à l'occa-

(1) *Nos métiers à travers les âges.* Voyez l'article concernant *les corporations.* Voyez aussi ce qui concerne les Hanses parisiennes et autres, les Ghildes, etc. etc.

(2) En 1809, les maçons syndiqués recevaient de la *Préfecture de police* des encouragements pour constituer un bureau.

sion de ces tentatives informes et maladroites, creusèrent la question, l'étudièrent dans le bon sens ; ils eurent alors l'idée de former des groupes, des sociétés plus utiles, dont le but devait être de travailler à l'amélioration industrielle et commerciale tout en respectant la liberté et le progrès. Ces hommes d'élite, appartenant à diverses carrières, sont les véritables fondateurs des Chambres Syndicales actuelles.

Les sociétés ou réunions dont nous parlons ici, vivant sous des formes et des dénominations diverses, ne furent que tolérées avec plus ou moins d'indulgence, par les gouvernements qui précédèrent celui de Napoléon III. Elles étaient obligées, pour tenir leurs assemblées, de demander une autorisation à la Préfecture de police et de subir, pendant toute la durée de la réunion, la présence d'un agent qui devait fournir un rapport. La loi considérait les Syndicats comme illégaux ; elle pouvait les frapper comme étant des *associations non autorisées.* Ainsi, du jour au lendemain, elles pouvaient être anéanties ! Ce n'est qu'à partir de 1868 qu'elles purent respirer un peu plus librement. Un rapport du ministre, approuvé par l'Empereur, déclara que l'administration « *ne serait amenée à les interdire que si, contrairement aux principes posés par l'Assemblée constituante, dans la loi du 17 juin 1791, les Chambres Syndicales venaient à porter atteinte à la liberté du commerce et de l'industrie, ou si elles s'éloignaient de leur but pour devenir* à un degré quelconque des réunions politiques non autorisées par la loi ».

Cette nouvelle situation permit aux Chambres Syndicales, dès ce moment, de songer à leur émancipation définitive que la loi du 21 mars 1884 a formulée, en les autorisant et en leur reconnaissant la personnalité civile. Cette loi, dite des *Syndicats professionnels*, qui s'imposait d'elle-même, reconnaît et consacre donc leur existence légale. Elle détermine leur mode de formation, indique leurs droits et leurs devoirs.

Au moment où apparut la loi nouvelle, trois cents syndicats patronaux environ existaient, tant à Paris qu'en province.

En 1886, le nombre des Syndicats français était de 1,600 dont 1,400 de patrons et d'ouvriers de l'industrie, et 200 d'agriculteurs et de vignerons. Sur ce nombre, Paris comptait environ 400 Chambres Syndicales, dont 250 ouvrières.

*
* *

Dès leur formation, les réunions syndicales sentirent la nécessité de se grouper, afin d'atténuer les dépenses générales et de pouvoir concentrer un service d'agence et de contentieux. A Paris, le groupe patronal le plus ancien, créé par les premières Chambres Syndicales, est celui qui a longtemps été désigné sous le titre de *groupe de la Sainte-Chapelle*, parce qu'il siégeait dans la rue de ce nom. Ce groupe indépendant, composé actuellement de 29 Chambres, a aujourd'hui son siège rue de Lutèce, n° 3, dans un immeuble appartenant à la Société civile formée par les Syndicats et porte le titre de : *Chambres Syndicales de la Ville de Paris et du département de la Seine (Industrie et Bâtiment).*

Chacune des Chambres de ce groupe a son organisation autonome déterminée par des statuts particuliers. Généralement, son bureau, nommé par le Conseil, est composé de 4 à 6 membres.

Un Conseil supérieur d'administration, composé des Présidents et des Trésoriers des Chambres, a la mission spéciale de régler les dépenses générales, de surveiller les employés, d'admettre ou de rejeter au besoin les demandes d'admission de nouvelles Chambres et de traiter les diverses questions intéressant le groupe tout entier.

Les plus anciens Syndicats de ce groupe ou union sont les suivants : les *Charpentiers* dont les bureaux étaient installés dès 1807, rue de la Mortellerie ; les *Maçons* établis en 1809, dans le même local ; les *Paveurs* organisés en 1810 ; les *Couvreurs* en 1817 ; les *Menuisiers* en 1825 ; les *Fumistes* en 1829 ; les *Serruriers* en 1830 ; les *Peintres* en 1831 ; les *entrepreneurs de Transports* en 1835 ; les *Miroitiers* en 1843 ; les *Carrossiers, charrons, selliers et bourreliers* en 1844 ; les *Tapissiers* en 1848 ; les *fabricants de Pianos* en 1853. Puis viennent les *fabricants d'Appareils pour l'éclairage et le chauffage par le gaz* (1858) ; les *Marbriers* (1862) ; les *fabricants d'Enseignes et stores* (1868) ; les *Démolisseurs* (1880) ; les *entrepreneurs de Sonneries électriques et autres, paratonnerres,* etc. (1881) ; les *Carriers français* ; les *négociants en Verres à vitres* ; les *entrepreneurs de Travaux en ciment* ; les *Constructeurs métalliques de France* ; les *Métallurgistes,* dont les Syndicats sont de fondation plus récente.

Plusieurs de ces Chambres ont établi des assurances mutuelles contre les accidents arrivés à leurs ouvriers ou provenant du fait de ces derniers ; elles ont aussi créé des écoles professionnelles et décernent annuellement des récompenses à leurs ouvriers et contre-maîtres les plus méritants. Ces récompenses, solennellement distribuées, consistent en médailles d'argent, dont la plupart sont dotées de sommes variant entre 100 et 600 francs.

Après le groupe dont nous venons de parler, viennent par ordre d'ancienneté, les fédérations syndicales parisiennes suivantes :

Le *Comité central des Chambres Syndicales,* fondé en 1867 ;

L'*Union nationale du Commerce et de l'Industrie,* fondée en 1858 ;

Certaines Chambres indépendantes sont à signaler. Telles sont celles du *Commerce et de l'Industrie des tissus et matières textiles* ; de l'*Horlogerie de Paris* ; des *marchands carriers et fournisseurs du Bâtiment,* etc., etc.

*
* *

Les Chambres ouvrières se sont d'abord développées lentement; mais à partir des dernières années, elles prirent une extension considérable. Leur nombre s'accroît tous les jours ; on en compte aujourd'hui 1,000 environ. A Paris, elles étaient en 1873 au nombre de 30 seulement, en 1876, on en comptait 120; on peut les évaluer à 300 à l'heure actuelle.

Quelques-unes de ces Chambres se sont aussi groupées. En dehors de certaines fédérations dont le caractère révolutionnaire est tout l'opposé du principe syndical et dont nous ne parlerons pas, nous citerons les Unions suivantes :

L'*Union des Chambres Syndicales ouvrières de France,* dont les tendances sont très modérées et très pratiques ;

L'*Association des typographes français ;*

Le *Cercle de l'Union Syndicale ouvrière.*

Si les Chambres ouvrières sont nombreuses, il faut dire que la quantité des adhérents est peu considérable, l'indifférence étant enracinée profondément dans les idées du travailleur français. La défense des intérêts communs de la profession ne l'intéresse que par moments ; il lui faut des *meneurs,* et c'est un grand mal; car le meneur est presque toujours un politique maladroit et non un économiste. Les sentiments de mutualité, de solidarité, d'apaisement, de concorde, ne l'émeuvent guère ; il ne veut que s'élever au moyen d'une popularité malsaine, souvent trop facile à acquérir.

Espérons qu'un jour les ouvriers, que la loi de 1884 a placés sur un pied d'égalité avec les patrons, sauront centraliser leurs efforts, déployer leur énergie pour s'organiser suivant les notions du juste et de l'équitable, et ne perdant plus leur temps en stériles discussions, qu'ils s'efforceront de ramener l'entente par la conciliation avec les patrons, le tout au profit de la richesse nationale. Ils n'ont pour cela qu'à suivre l'exemple des Chambres Syndicales patronales qui ont placé l'interdiction des discussions politiques au premier rang de leurs statuts et cela de la façon la plus formelle. Cette sage détermination n'a pas peu contribué à leur prospérité et à leur constant développement.

*
* *

Tous les ans, les Chambres Syndicales patronales françaises établies tant en France qu'à l'Etranger, se réunissent en Congrès, sur l'invitation du groupe de l'Union nationale du commerce et de l'industrie. Cette assemblée plénière a pour but d'examiner les questions d'intérêt général et particulier que soulève l'exercice des transactions et de la fabrication, et d'exprimer des vœux destinés à être transmis aux pouvoirs publics et au parlement.

En 1887, ce Congrès réunissait cinq cent dix délégués représentant plus de cinquante mille maisons industrielles et commerciales. Divisés en cinq sections, ses membres se sont livrés à un travail

considérable, abordant les questions suivantes :
1° *Finances* : impôts, patentes, dette publique,
timbre, contributions, octrois, banques, douanes,
entrepôts, docks et magasins généraux, etc.
2° *Transports* : tarifs, colis postaux, responsabilités,
canaux, marine marchande, postes, télégraphes,
téléphones, etc. 3° *Exportation et importation* :
traités de commerce, mesures restrictives, musées
commerciaux, comptoirs d'échantillons, expositions,
questions consulaires, colonisation, etc. 4° *Législation commerciale et industrielle* : tribunaux de
commerce, arbitrage, conciliation, réforme de la loi
sur les faillites, chambres de commerce, conseils
des prud'hommes, syndicats professionnels, propriété industrielle (brevets d'invention, marques de
fabrique), concurrence déloyale, etc. 5° *Economie
commerciale et industrielle* : apprentissage et contrats d'apprentissage, enseignement technique professionnel, relations entre les Chambres Syndicales
patronales et ouvrières, accidents de fabriques,
assurances commerciales, institutions de prévoyance
et d'épargne.

Nous choisissons, dans ce vaste programme, les
vœux exprimés par le Congrès qui touchent aux
divers sujets que nous traitons dans cet ouvrage et
nous les reproduisons ci-dessous :

*Mesures à prendre pour le développement du
commerce français à l'extérieur et pour l'expansion
des produits de l'industrie française à l'étranger.*

Vœu :

« 1° Que l'enseignement des langues étrangères
soit donné d'une façon telle que les jeunes gens, à
la fin de leurs études, soient à même de parler cou-
ramment et pratiquement les langues qui leur ont
été enseignées ; pour atteindre ce résultat, il y
aurait lieu de développer, d'une façon toute spéciale,
l'enseignement des langues vivantes dans les dernières années des études ;

2° Qu'il soit établi, en droit, qu'en temps de paix,
les jeunes gens français, résidant à l'étranger, soient
dispensés, à l'aide d'un certificat consulaire, des
périodes d'instruction militaire.

Musées commerciaux.

Considérant que ce qu'il importe le plus de connaître, ce ne sont pas les produits que nous fabri-
quons chez nous, mais bien ceux qui font concurrence aux nôtres sur tous les marchés ;

Vœu :

Qu'il soit créé des musées commerciaux et industriels, composés essentiellement et exclusivement :
1° des matières premières nécessaires à l'industrie
et toutes de provenances étrangères ; 2° de tous les
produits manufacturés et consommés dans les pays
étrangers.

Tribunaux de commerce.

Vœu :

Que le nombre des juges et celui des Chambres des

tribunaux de commerce de la France et de l'Algérie soient augmentés proportionnellement au nombre des affaires soumises annuellement à chaque tribunal ;

Qu'il soit créé des cours d'appel commerciales.

Arbitrage.

Vœu :

Que les affaires litigieuses soient renvoyées par les tribunaux aux Chambres Syndicales compétentes et que l'article 429 du Code de procédure civile soit modifié en ce sens.

Conciliation en matière commerciale.

Vœu :

Qu'il soit établi une procédure obligatoire de conciliation, préliminaire à l'introduction de toute instance en matière commerciale.

Conseils de prud'hommes.

Vœu :

Que les salariants et salariés de toutes les professions appartenant à l'industrie et au commerce, soient justiciables du Conseil des prud'hommes et y soient proportionnellement représentés ;

Qu'en aucun cas, il ne soit dérogé au principe d'égalité de la représentation, les Conseils de prud'hommes devant être composés d'un nombre égal de patrons et d'ouvriers ou employés ;

Que toute élection faite en vue d'un mandat impératif soit déclarée nulle

Que le bureau particulier du Conseil des prud'hommes ne soit pas public ;

Que la loi projetée sur les Conseils de prud'hommes, maintienne les articles de la loi actuelle en ce qui concerne l'électorat, l'éligibilité et la composition du bureau de jugement ;

Que dans la nouvelle loi, le serment professionnel soit maintenu ;

Que tout justiciable appelé devant le Conseil soit tenu, sur une simple lettre du secrétaire, de se rendre en personne au jour et à l'heure fixés ;

Qu'en cas d'empêchement, il puisse se faire représenter par son mandataire, muni d'un pouvoir spécial, soit un parent, un contre-maitre, un employé ou un confrère ;

Que le pouvoir ne soit pas soumis à l'enregistrement, mais que la signature en soit simplement légalisée ;

Que la compétence des Conseils de prud'hommes, fixée actuellement à deux cents francs, ne soit pas dépassée ;

Que la loi actuelle soit maintenue, en ce qui concerne les appels ;

Que les prud'hommes de pêcheurs de la Méditerranée soient assimilés à tous les autres Conseils de prud'hommes et placés, par la future loi, dans les mêmes conditions que ces derniers ;

Que tous les décrets, lois et règlements concernant les Conseils de prud'hommes, soient réunis en

2.

un seul texte de loi clair et précis, à l'effet de faciliter leur application.

Syndicats professionnels.

Vœu :

Que le Gouvernement, pour toutes les questions au sujet desquelles les Chambres de Commerce seront consultées, consulte aussi les Chambres Syndicales ;

Que les membres des Chambres Syndicales soient appelés à former, pour la plus grande partie, les Comités d'installation et les jurys des récompenses de l'Exposition universelle de 1889 ;

Que la proposition de loi Bovier-Lapierre, relative aux Syndicats professionnels, soit absolument repoussée, parce qu'elle est une loi d'exception, ne visant qu'une seule classe de citoyens et partant, contraire à tous les principes de liberté et d'égalité.

Economie commerciale et industrielle. — Apprentissage et contrats d'apprentissage.

Vœu :

1° Que tout apprentissage à temps déterminé devra être l'objet d'un contrat en double qui pourra être fait sur papier libre et dont l'enregistrement sera gratuit ;

2° Aucune juridiction ne devra accueillir les réclamations relatives aux apprentissages sans la présentation du contrat ;

3° La loi du 22 février 1853 devra être modifiée comme suit :

« Toute personne qui occupera un apprenti ne présentant pas le congé d'acquit de son apprentissage ou le certificat le déclarant libré de tout engagement, pourra être rendue légalement responsable des dommages et intérêts accordés par le tribunal au patron abandonné, quel que soit le nouvel état adopté par l'apprenti. »

Vœu :

1° Que la loi de 1874 sur le travail des enfants et des filles mineures employés dans l'industrie, soit appliquée dans tous les bureaux, ateliers et manufactures de l'État ;

2° Que les Chambres Syndicales soient appelées à coopérer, chacune en ce qui la concerne, à la rédaction du règlement d'administration publique qui devra intervenir après la promulgation de la loi en préparation sur la réglementation du travail dans les manufactures ;

3° Que cette loi autorise le travail de nuit pour les femmes et les filles mineures âgées de dix-huit ans au moins ; et qu'elle laisse toute liberté aux hommes majeurs, tant pour le travail de jour que pour le travail de nuit.

Enseignement technique professionnel.

Vœu :

1° Que la plus grande extension possible soit donnée aux exercices du travail manuel et du dessin dans les écoles primaires, et qu'il soit donné aux enfants des notions élémentaires sur les principales matières premières et sur les procédés généraux de leur transformation, en appropriant ces enseignements aux besoins locaux, c'est-à-dire plus industriels dans les pays de fabriques, plus agricoles à la campagne;

2° Que des écoles d'apprentis soient créées en aussi grand nombre que possible et appropriées aux industries locales pour former de bons ouvriers;

3° Que des cours professionnels du jour, du soir, du dimanche, soient créés en aussi grand nombre que possible, et par spécialités, afin de compléter l'instruction technique des apprentis et des ouvriers;

4° Que des patronages ou sociétés de protection soient créés, avec ou en dehors des cours professionnels, dans le but d'encourager et de récompenser les efforts, le mérite et les résultats des élèves, employés, ouvriers, apprentis; de faciliter leur placement et aussi d'établir entre eux des liens de confraternité;

5° Que des encouragements soient accordés aux patrons ou aux établissements qui formeront les meilleurs apprentis;

6° Que des Écoles professionnelles régionales soient créées en nombre suffisant et appropriées aux besoins industriels, agricoles et commerciaux des régions. Ces écoles, qui formeront le second degré de l'instruction technique, prépareront les jeunes gens pour les carrières industrielles choisies par eux, et pour les écoles supérieures. L'étude des langues vivantes y sera développée;

7° Qu'il soit créé dans les principales villes de France, des Facultés techniques, qui, avec l'École centrale des arts et manufactures, l'École des hautes études commerciales, l'Institut agronomique, l'Institut industriel du Nord, formeront le degré supérieur de l'enseignement technique;

8° Que l'Etat encourage la création de bibliothèques et de musées d'art et d'industrie, par des dons, aux communes qui en auront fondé, de volumes, modèles, gravures et photographies se rattachant à ces matières et reproduisant les principaux chefs-d'œuvre d'art et d'industrie de nos musées nationaux;

9° Que les Chambres Syndicales apportent à toutes ces œuvres leur concours le plus dévoué et le plus désintéressé et que, par leur initiative, elles provoquent ou secondent l'action des pouvoirs publics, de toutes les institutions et de toutes les personnes qui s'intéressent à l'œuvre de l'industrie nationale.

Relations entre les Chambres syndicales patronales et ouvrières.

Vœu :

1° Que les relations amicales continuent et se développent entre les Chambres Syndicales d'employés et d'ouvriers régulièrement constituées pour l'étude des questions intéressant leurs industries respectives;

2° Que des Conseils syndicaux mixtes entre les Chambres Syndicales patronales et celles d'employés et d'ouvriers soient créés en aussi grand nombre que possible pour l'étude des questions les intéressant mutuellement.

Accidents de fabrique.

Vœu :

1° Qu'en matière de responsabilité d'accidents du travail, le droit commun soit maintenu ;

2° Que les instances en matière d'accidents, beaucoup trop lentes aujourd'hui, soient accélérées et que les frais en soient considérablement réduits;

3° Que l'Etat encourage et favorise le développement des associations privées, destinées à préserver les ouvriers des accidents ;

4° Que l'assurance contre les accidents du travail soit rendue obligatoire et qu'il soit fondé, par l'Etat, une Caisse générale de retraite des invalides du travail.

Assurances commerciales.

Vœu :

1° Que chaque président ou délégué des Chambres Syndicales représentées au Congrès, fasse inscrire à l'ordre du jour de sa Chambre la question des assurances ;

2° Que les Chambres Syndicales de France forment, par l'association générale de tous les Syndicats, une vaste assurance mutuelle contre l'incendie.

Institutions de prévoyance et d'épargne.

Vœu :

1° Que la participation du personnel aux bénéfices de l'entreprise soit recommandée comme un des meilleurs moyens de constituer aux employés et aux ouvriers stables, un fonds sérieux de prévoyance. Cette participation, d'ailleurs, doit être librement consentie par le chef d'industrie et ne peut lui être imposée ;

2° Qu'il soit donné aux apprentis, soit dans l'atelier par le concours du patron, soit dans les écoles par celui de l'un des maîtres, les premières notions de la prévoyance, et que, chez les jeunes ouvriers, les dispositions à l'épargne soient autant que possible encouragées ;

3° Que les pouvoirs publics et les industriels provoquent et favorisent, dans la plus large mesure possible, la formation et l'accroissement de l'épargne ouvrière et le développement de toutes les combinaisons économiques ayant pour but l'amélioration des moyens d'existence des ouvriers ; combinaisons au premier rang desquelles se placent les associations coopératives de consommation ;

4° Que dans toutes les mairies, autant que possible, il soit organisé un bureau de travail, ou service de placements gratuit pour les ouvriers et employés de toutes sortes ; que ce service soit également organisé par les soins des Chambres Syndicales et des Sociétés de secours mutuels professionnels. »

Ces vœux libéraux, formulés par les représentants autorisés des Chambres Syndicales et qui ne sont autre chose que les résultats de leurs travaux incessants, démontrent clairement la nécessité incontestable de l'institution des Syndicats qui ne craignent pas d'aborder d'aussi graves questions en proposant de les résoudre par les moyens les plus pacifiques.

Il est bon, afin d'éclairer l'opinion publique, de rapprocher de cette sage attitude, la position prise par le *Congrès annuel de la fédération des travailleurs socialistes révolutionnaires*, qui a eu lieu aussi en 1887, à Paris.

Voici les conclusions votées par ce congrès :

1° Le parti ouvrier devra mener, sans compromission ni faiblesse, *la lutte contre toutes les fractions de la bourgeoisie* ;

2° Il forcera, par une série de mises en demeure, les pouvoirs publics à instituer *les services de la production et de la consommation*, en s'entendant avec les organisations ouvrières ;

3° Suppression de l'*octroi* ;

4° Organisation *socialiste et scientifique du travail* ; réduction de la journée à 8 heures ;

Institution des *Écoles professionnelles* ;

Suppression des adjudications et du marchan-

dage, remise des travaux municipaux aux Chambres Syndicales et Groupes corporatifs, les prix de main-d'œuvre basés sur les tarifs des Syndicats ouvriers et sur ceux de la série de la Ville ;

Mise à la disposition des organisations ouvrières de *locaux, outillages et matériaux* nécessaires à la confection des travaux municipaux ;

Installation d'une *Commission d'hygiène* ;

Réforme du *travail dans les prisons* ;

Augmentation du *salaire des femmes* ;

Allocation par l'État d'une large subvention aux *Caisses de chômage* ;

Fondation de *caisses de retraite* pour les invalides du travail ;

Annulation de tous *contrats et règlements de travail.*

5° Suppression de l'Assistance publique actuelle et organisation municipale du *service public de la solidarité sociale.*

Les délégues de cent quarante Chambres Syndicales ouvrières ont pris part à ce Congrès dont l'esprit, on le voit, n'est guère conciliant. A côté de revendications légitimes, il faut réprouver hautement l'appel à la lutte entre les classes et les utopies funestes à la prospérité du pays, qui ont été émises dans cette manifestation.

* *

3

Jusqu'ici nous n'avons parlé que des Chambres Syndicales françaises. Disons un mot des institutions similaires étrangères.

Les *Trad'es Unions*, dont nous parlons à diverses reprises dans le cours de cet ouvrage, sont des Syndicats professionnels ouvriers dont les attributions sont analogues à celles des nôtres. D'après le rapport de M. Burnett, chef du bureau du travail récemment créé au *Board of trade* (ministère du commerce), le nombre des adhérents à ces Sociétés est d'environ 600,000. Parlant du but que les *Trad'es Unions* poursuivent, M. Burnett rappelle que ces associations ont des règlements « très soigneusement faits pour empêcher que les ouvriers ne se mettent en grève sans mûre réflexion et que, de cette façon, on évite bien des disputes qui pourraient, autrement, prendre un caractère sérieux ».

Il existe en Angleterre, toujours d'après le même rapport officiel, 207 Sociétés enregistrées, comptant 261,000 affiliés et ayant ensemble un capital de douze millions de francs avec un revenu annuel de onze millions et demi. En Ecosse, il y a 15 Sociétés composées de 12,300 membres, possédant un capital de 537,000 francs et dont le revenu annuel est d'environ 400,000 fr. En Irlande, ces Sociétés sont au nombre de 30, mais elles ne comptent que 5,400 membres avec un capital de 100,000 francs et un revenu annuel de 210,000 francs.

L'accroissement des *Trad'es Unions* a été des plus rapides. La Société des mécaniciens qui, en

1885, n'était composée que de 12,500 membres, en comptait 52,000 à la fin de 1886. Pendant la même période, la Société des constructeurs de machines à vapeur portait le nombre de ses adhérents de 1,662 à 5,079 ; celle des fondeurs de 5,685 à 12,037; celle des forgerons qui, en 1860, ne comptait que 856 membres, en possédait alors 2,091. En 1870, la Société des constructeurs de navires en fer n'avait que 7,600 membres ; en 1884, elle en comptait 28,700.

On voit par ces chiffres combien ces associations sont puissantes et que l'esprit de coopération est bien plus vivant de l'autre côté de la Manche qu'en France. De plus, l'ouvrier anglais ne recule pas devant la dépense que nécessite la cotisation relativement élevée qu'on lui demande. Il faut citer ces chiffres, devant lesquels l'ouvrier français reculerait et abandonnerait même le Syndicat qui oserait lui réclamer une aussi forte somme. Les cotisations variant suivant les années, les ouvriers anglais mécaniciens ont versé en 1870, 58 francs ; en 1882, 59 fr. 35 ; en 1879, 71 fr. 50 ; en 1886, 79 fr. 10. En 1880, les fondeurs ont dû verser chacun 99 fr. 90 et l'année avait été désastreuse.

Il faut dire que les *Trad'es Unions* sont en même temps que des Syndicats, des Sociétés de secours mutuels avec adjonction de caisses de retraite.

DE L'ORGANISATION DU TRAVAIL ET DES SALAIRES

Nous venons de voir ce qu'étaient les anciennes corporations et leurs règlementations abusives.

Nous ne reviendrons plus sur ce sujet.

A cette époque, pour être ouvrier, il ne suffisait pas de savoir : il fallait d'abord, pour être admis dans un atelier, avoir fait son apprentissage dans la ville même où l'on se présentait pour travailler ; il fallait payer le droit d'entrée ou *livret* et l'on était soumis à des règlements toujours oppressifs. Quant au salaire, il était impitoyablement arrêté et nulle augmentation ne pouvait se produire Il n'en était pas ainsi qu'en France ; en Angleterre, par exemple, Edouard VI faisait couper l'oreille à l'ouvrier convaincu d'avoir pris part à une combinaison destinée à élever le prix des journées de travail.

La liberté du travail, proclamée par Turgot qui s'exprimait ainsi en 1776 : « Le droit de travailler est la propriété de tous, et la première, la plus imprescriptible de toutes », se divise en trois éléments : choix de la profession, production libre, liberté de fixer le prix des produits ou du salaire. Ces droits sont essentiels et primordiaux.

Les socialistes de 1848 ont proposé deux moyens pour faire passer, dans l'ordre des faits, ce qu'ils appelaient le *droit au travail*. Le premier consiste dans la création d'ateliers nationaux ; le second exige que l'Etat se fasse entrepreneur et fournisse à tout ouvrier le travail et le salaire. Or, ces deux

systèmes ne sont rien moins qu'absurdes ; on a vu,
en 1848, ce que valait le premier, qui n'a abouti
qu'à l'aumône déguisée et à l'oisiveté. Quant au
second, comment raisonnablement exiger que l'Etat
se fasse entrepreneur de chacun de nos métiers ?
Il s'acquitterait fort mal d'une tâche pour laquelle
il est complètement inhabile. D'un autre côté, le
travail serait aussi mal fait que possible et coûte-
rait très cher. L'action de l'Etat serait déplorable
dans ce cas ; il n'y aurait plus de concurrence et
l'Etat aurait remplacé bientôt le régime corporatif
d'autrefois dans son asservissement, sans en offrir
les quelques avantages.

Dans l'antiquité, l'ouvrier était esclave ; il en
était ainsi en Grèce et à Rome. Ce régime, comme
celui des corporations et des privilèges, a pour
résultat forcé de paralyser l'activité du travailleur,
l'ouvrier ne travaillant qu'avec répugnance, puisqu'alors le stimulant de l'intérêt n'existe pas. « La
crainte des peines corporelles, dit le professeur
Baudrillard, cette unique ressource du maître vis-
à-vis de l'esclave inerte et révolté, ne sert qu'à
prévenir l'excès de la paresse et de la négligence.
Elle est incapable d'inspirer une énergie féconde.
La prévoyance du travailleur libre craignant la
misère pour lui et pour les siens, est tout autrement efficace. Si l'on ajoute qu'il entretient
l'espoir d'améliorer sa condition par le travail
et par l'épargne interdite à l'esclave, on comprend-
dra que le travail libre ait été reconnu beaucoup

plus productif que le travail esclave. » Ces lignes, écrites à propos de l'abolition de l'esclavage, sont applicables aussi au travail ancien.

L'ouvrier salarié d'aujourd'hui est un homme qui a établi ou accepté le prix de son travail, dans la plénitude de la liberté. Ce prix varie suivant le rapport qui s'établit entre l'offre et la demande et ceci est une loi naturelle qui régit aussi bien les services de l'homme que le cours des marchandises; cette loi a pour résultat, dans le cas qui nous occupe, un contrat verbal loyalement exécuté de part et d'autre. Cobden dit à ce propos : « Le salaire baisse quand deux ouvriers courent après un maître; il hausse quand deux maîtres courent après un ouvrier. » Que l'organisation du travail soit basée sur le régime du patronat ou de l'association, ce principe éternellement vrai de l'offre et de la demande ne disparaîtra jamais. Quand les salaires haussent dans une localité quelconque, cette augmentation révèle l'insuffisance du nombre des ouvriers et *vice-versa*.

Nous reparlerons plus loin de cette dernière question. Quant à la fixation des salaires par l'Etat, c'est là une véritable utopie. Les vaincus quels qu'ils soient, patrons ou ouvriers, de cette lutte entre le travail et le capital, ne doivent pas recourir à l'intervention du pouvoir, car il apporterait, dans le conflit, l'aveugle rigidité d'une décision qui blesse les uns, protège un instant les autres, et finit toujours par arriver à la tyrannie.

Nous abordons maintenant l'examen d'une théorie nouvelle qui voudrait que l'Etat non seulement *fixât les salaires*, mais encore *réduisît les heures de travail*. Rien de plus funeste à la prospérité d'une nation, on va le voir. « Si les salaires, dit Baudrillard, sont augmentés sans que le travail se soit accru, et ait permis une plus grande production avec le même labeur, les frais de production hausseront. Il faudra vendre plus cher et la consommation se resserrera. La production suivra nécessairement le même sort: de là moins d'ouvriers occupés..... Réduire la durée du travail des ouvriers en leur maintenant le prix de la journée totale, c'est forcer l'entrepreneur à payer autant en échange de moins d'ouvrage; c'est porter atteinte à l'intérêt bien entendu de la classe ouvrière en ce que avec un travail réduit, on obtient une production totale amoindrie. »

En résumé, l'amélioration du sort des ouvriers n'est pas dans ces expédients. La participation dans les bénéfices leur apportera un surcroît de rémunération et s'ils veulent se pénétrer des bienfaits de la mutualité et surtout adopter ce principe dans ses diverses applications, ils arriveront, avec de l'ordre et de l'épargne, à une situation meilleure et préserveront ainsi leur vieillesse de la misère.

**

Disons ici un mot à propos du chiffre journalier des salaires que l'ouvrier français ne trouve point suffisant, et faisons remarquer tout d'abord que les prix de la main-d'œuvre sont très élevés en France relativement aux pays voisins, ce qui rend la concurrence difficile. C'est une vérité tout à fait incontestable et la preuve nous en est donnée par l'introduction de certains produits ouvrés qui n'entraient jamais autrefois en France. Parmi ces nombreux produits, il faut citer en première ligne l'article de Paris, les meubles, les pianos, les porcelaines et faïences, les bois de charpente et de menuiserie ouvrés, etc., etc., fabriqués en Allemagne, en Norvège et ailleurs.

Après avoir parlé des grèves et de l'embarras qu'elles suscitent, M. F. Bertrand, président de la Chambre syndicale des entrepreneurs de charpente du département de la Seine, s'est exprimé ainsi devant les commissaires enquêteurs dits de la commission des 44 :

« En vertu du traité de Francfort, nous pouvons faire entrer dans Paris, rendue sur wagons, de la charpente toute façonnée, prête à être posée, au même prix, sinon à un prix inférieur à celui que nous payons le bois brut français rendu dans nos chantiers. Nous gagnons donc toute la main-d'œuvre et cela n'est pas étonnant : ce que nous payons ici 50 et 60 fr. le stère, vaut en Allemagne 12 fr. 50 et les ouvriers allemands, au lieu de gagner 8 fr. ne gagnent que 2 fr. 50 par jour. »

Dans un rapport dû à M. Jourdain, manufacturier à Saint-Quentin, et adressé à la Chambre de Commerce de cette ville, nous trouvons les documents suivants :

Dans la Pologne russe, les salaires des ouvriers de filature sont de 35 à 40 francs par mois, contre 80 à 140 en France.

Le grand cercle industriel de Crefeld, grâce à la diversité de ses industries, a maintenu à peu près les salaires toujours à un taux inférieur d'environ 20 0/0 aux salaires français.

A Verviers, les ouvriers de la filature et du tissage gagnent, dans les ateliers de teinturerie, d'apprêt, etc., 2 fr. à 2 fr. 50 par jour ; les bons ouvriers capables de servir de contre-maîtres, 3 fr.; les ouvriers fileurs conduisant une paire de renvideurs, 3 fr. 50 ; les ouvriers tisseurs conduisant des métiers mécaniques de grande largeur et à plusieurs navettes, 3 fr. Les ouvriers tisseurs à la main voient chaque jour l'ouvrage leur échapper et ne luttent contre le métier mécanique, qu'en acceptant des salaires de 10 à 14 francs par semaine.

« Ce qui nous a toujours très vivement frappé dans nos divers voyages d'études à travers les grands centres industriels de l'Europe, continué l'honorable rapporteur, c'est, en présence de différences énormes dans les salaires, la presque uniformité du coût de l'existence à conditions égales.

Presque partout, depuis la France aux salaires élevés, jusqu'à la Pologne russe où l'ouvrier est le plus malheureux, un même objet d'alimentation coûte à qualité égale le même prix.

3.

Aussi, cette opinion si souvent émise : que le bon marché de la vie est la cause des bas salaires chez nos concurrents étrangers, est-elle absolument erronée. La vérité, c'est que dans čes pays où l'ouvrier gagne moins, il se nourrit moins·et mène une vie de beaucoup inférieure à l'existence des ouvriers français.

En Allemagne, actuellement, par exemple à Aix-la-Chapelle ou aux environs, la viande vaut de 1 fr. 60 à 2 fr. 20 le kilog.; c'est plus cher que dans nos contrées, mais l'ouvrier n'en mange pas. Le pain, dit *blanc*, qui équivaut à notre deuxième qualité, vaut 32 centimes le kilo ; c'est le même prix qu'ici, mais l'ouvrier n'en mange pas, il se contente du pain noir qu'il paie encore 20 centimes le kilo.

On nous disait à Verviers que les ouvriers, avec leurs salaires actuels, faisaient des économies ; cependant le pain vaut comme en France 30 centimes le kilo, la viande de 1 fr 70 à 1 fr. 80, le beurre 2 fr. 20 ; un logement de deux pièces pour une famille de quatre à cinq personnes se paie de 150 à 180 fr. par an. Et comme nous nous étonnions que les ouvriers puissent non seulement vivre, mais encore économiser dans ces conditions, on nous répondait : Vous ne pouvez comparer notre ouvrier à l'ouvrier français ; le nôtre vit de peu, ne mange pas de viande ; sa nourriture se compose de légumes et principalement de pain avec un peu de beurre ; comme boisson, il a la chicorée décorée du nom de café et largement étendue d'eau. Il faut ajouter que ces ouvriers ne paraissent pour ainsi dire pas au cabaret. »

La conclusion que nous devons tirer de ces faits indiscutables, c'est que les salaires de l'ouvrier français lui permettent (et nous devons nous en réjouir), de vivre beaucoup plus largement que les ouvriers belges ou allemands.

*
* *

Nous sommes loin des théories de Turgot auxquelles on a donné, avec raison, le nom de *loi d'airain.*

« En tout genre de travail, disait ce fondateur de l'économie politique, il arrive nécessairement que le salaire de l'ouvrier doit s'abaisser à un niveau déterminé uniquement par les besoins de l'existence. » Ce qui veut dire absolument que chaque industrie doit procurer des moyens réguliers d'existence à ceux qu'elle emploie, *mais rien au delà.*

Aujourd'hui, grâce au progrès incessant, le patron intelligent n'assimile pas toujours et invariablement le travail à une vulgaire marchandise ; il compte avec le mérite individuel et le rétribue largement. Le salaire actuel, surtout dans les villes, dépasse les nécessités strictes de la vie ; il tient compte de l'intelligence déployée par l'ouvrier et c'est justice. En général, il permet même l'épargne et nous le répétons, si l'artisan est touché par les bienfaits de la mutualité, son avenir et son pain des

vieux jours sont largement assurés par un léger et
facile prélèvement sur ce salaire rémunérateur.

L'ÉGALITÉ DES SALAIRES

L'égalité des salaires qui, on l'a dit, est une prime
offerte à la paresse et à la médiocrité, entraîne de
plus, l'annulation de toute émulation. C'est une vio-
lation du principe qui veut que chacun reçoive selon
sa capacité ; en établissant cette égalité, on fait
peser sur l'intelligence constatée le poids de l'incapacité évidente. Alors toutes les notions du juste,
du raisonnable, de l'équité disparaissent ; c'est le
règne de la bêtise qui s'établit. Que répondrez-vous
à l'ouvrier adroit que ses facultés supérieures dis-
tinguent, lorsqu'il vous dira : à quoi bon accroître
la somme de mes connaissances, puisque je ne tire-
rai aucun bénéfice de cet excédent de travail
manuel ou intellectuel ? Quel stimulant lui offrirez-
vous, en échange de sa dépossession d'intéressé à
sa propre élévation ?

Nous savons qu'une certaine école révolutionnaire
affirme que le premier devoir de l'ouvrier habile,
doué plus heureusement que d'autres, est de faire
acte d'abnégation afin de rehausser, en quelque
sorte, l'incapacité des faibles. Études, recherches,
conception de la pensée, fruits des travaux exécutés après le labeur quotidien, tout cela serait ainsi
sacrifié au profit de ceux qui ne se donnent que le
moins de peine possible. Ces théories humanitaires,

qui touchent peut-être au sublime et plus sûrement au ridicule, ne seront applicables que lorsque nous serons tous devenus des êtres d'une essence bien supérieure à la nôtre. Passer à l'état d'ange ne serait même pas suffisant, car les légions séraphiques comportent des divisions et des subdivisions.

Encore un mot. Nous ne dirons pas : où trouverez-vous un patron qui n'éloignera pas de son chantier l'inhabile dont le salaire serait égal à celui de l'artisan ingénieux, vif et capable ? On nous lapiderait, sans doute.

Mais nous dirons : Les associations ouvrières, les coopérations s'empresseront, dans ce cas, d'éliminer de leurs ateliers les improductifs, ou bien elles ne seront aucunement soucieuses de leurs intérêts. Où iront-ils, alors, ces maladroits, ces hommes mal doués ; de quels dangers ne menaceront-ils pas la société qui les repoussera en qualité d'êtres presque inutiles ?

Ils ne pourront même pas songer à l'émigration en Amérique, car les Etats-Unis mettent de plus en plus en vigueur la loi de 1882, ainsi conçue :

« Les fonctionnaires chargés de surveiller l'émigration devront examiner la situation des personnes arrivant dans les ports. Si elles sont hors d'état de suffire à leurs besoins, ils feront leur rapport et ces personnes ne recevront pas l'autorisation de débarquer ».

**

Il n'est pas de preuve plus concluante que celle que nous allons donner de l'abaissement du niveau professionnel, abaissement dû à l'institution néfaste de l'égalité des salaires.

L'une des industries de la construction parisienne les plus connues, celle de la charpente en bois, n'a depuis longtemps déjà qu'un seul chiffre de salaire pour ses ouvriers. Tous gagnent actuellement 0 fr. 90 par heure, bons ou médiocres, parfaits ou très mauvais, actifs ou fainéants.

Or, nous verrons plus loin, qu'autrefois certains ouvriers charpentiers, plus heureusement doués que leurs camarades, ou ayant plus qu'eux l'amour des études spéciales, enseignaient le dessin du *trait*, c'est-à-dire la théorie de la coupe et de l'assemblage des bois. Le *maître de trait* (c'était ainsi que ce compagnon était dénommé) donnait donc des leçons, soit chez lui, soit dans un local spécial, aux apprentis et aux jeunes compagnons avides d'apprendre les secrets de leur art, afin de devenir à leur tour de bons ouvriers en s'assimilant les principes conservés par la tradition.

Mais l'égalité des salaires, réclamée, exigée par les ouvriers de cette corporation, a complètement détruit l'amour de l'étude et les professeurs et leurs élèves n'existent pour ainsi dire plus.

En effet, il est bien inutile, aux yeux d'un artisan illettré et sans éducation, d'apprendre autre chose que ce qui lui est enseigné mécaniquement, pour ainsi dire, par les travaux journaliers du chantier, puisque cela ne fera que lui prendre beaucoup de temps sans lui rien rapporter. Il n'y a donc plus que quelques esprits d'élite (ceux qui percent quand même, à cause de l'inégalité naturelle des aptitudes), qui apprennent la géométrie afin de faire correctement du trait, une épure de charpente. Ceux-là sont fatalement destinés un jour à conduire le travail des autres ; ils deviendront forcément, et quoi que l'on fasse : contre-maîtres, patrons, gérants d'associations et il faudra les payer davantage que les autres, puisqu'ils rendront de plus grands services.

A chacun selon ses œuvres, c'est la règle invariable de justice proclamée à chaque page de l'Ancien Testament et de l'Evangile, ainsi que par la conscience et la raison humaines.

LE MARCHANDAGE ET LE TRAVAIL AUX PIÈCES

Qu'est-ce que l'ouvrier marchandeur, sinon un artisan presque toujours habile, soigneux, économe, ayant la volonté d'épargner pour arriver un jour à travailler à son compte ?

Celui qui entreprend un travail aux pièces est très souvent, à quelques exceptions près, un homme intelligent, ayant le souci de s'élever et aussi d'apporter le bien-être aux siens. C'est un artisan que son mérite a fait seul élever au rang de maître de métier. Eh bien, c'est à cet homme très souvent recommandable, que l'école socialiste en veut ; c'est

lui qu'elle accuse de vivre aux dépens des autres
ouvriers, quand au contraire, nous le voyons surtout à Paris, rémunérer davantage ceux qu'il emploie, afin de stimuler leur zèle et leur activité!
Mais c'est tout simplement de la démence!

On voudrait empêcher le chef d'un atelier de distribuer le travail comme il l'entend, de faire fabriquer ses produits d'une façon économique, tout en
faisant gagner davantage aux hommes intelligents
qu'il emploie. Et de quel droit irait-on empêcher ce
qui est si naturel, ce qui est si bien dans la logique
des faits de la production? Le travail aux pièces
permet la concurrence et au fond, il diminue la
dépense de celui qui achète, puisque les objets
ainsi fabriqués coûtent moins cher.

Cette vérité élémentaire devrait crever les yeux!
Le marchandage a certainement ses abus, mais
quelle institution humaine ne les a pas? On reproche
au marchandeur, nous venons de le dire, d'exploiter
les ouvriers qu'il emploie en sous-ordre, soit en les
faisant travailler aux pièces et à bas prix, soit en
réduisant le taux de leurs journées. Mais il est facile à
l'entrepreneur patron ou au chef d'un atelier d'associés, d'empêcher cette exploitation par une clause
du contrat ou marché qui intervient lors de la
remise du travail aux pièces. Quant à faire disparaître le marchandage, on n'y arrivera certainement
pas et l'on se pénétrera surtout de la vérité de cette
assertion, si l'on veut bien se rendre compte que
toute opération dont le paiement est basé sur des

prix débattus ou arrêtés d'avance, n'est autre chose qu'un *travail aux pièces*. Tels sont les travaux donnés par adjudications et dont les rabais consentis ont pour base les prix des séries dressés par les ingénieurs des ponts et chaussées ou par les architectes du gouvernement et des villes (1).

LA LIMITATION DU TRAVAIL DES OUVRIERS, DES OUVRIÈRES ET DES ENFANTS

On travaillait autrefois douze heures dans les ateliers d'hommes ; dans notre jeunesse, la journée était encore de onze heures. Depuis, elle a été fixée à dix heures ; aujourd'hui on veut la réduire à huit. Où s'arrêtera-t-on ?

Sans vouloir discuter là-dessus, nous émettrons cette doctrine qui nous est dictée par le sentiment de la liberté : que l'on ne peut imposer au tempérament de l'homme un minimum ou un maximum d'heures de travail, qu'il soit ouvrier du chantier, ou de l'atelier, employé, artiste, etc. car il faudrait alors tenir compte de ses aptitudes, de sa force, de son courage, de ses besoins et de son ambition, en un mot de ses facultés et de ses aspirations. Il faudrait aussi empêcher l'ouvrier qui travaille chez lui de se mettre à la besogne trop tôt le matin et de s'occuper le soir. On ne peut donc, ou plutôt on ne devrait

---

(1) Le *marchandage* n'est autre chose, en effet, que l'action d'un ouvrier intelligent qui prend un travail à prix débattu ou à forfait.

donc jamais, en bonne logique, fixer la durée des heures destinées au travail, à cause des inégalités que nous venons de formuler et encore de la situation plus ou moins florissante des affaires, de la nature des métiers, etc, etc.

Quand nous faisons intervenir ici les spécialités de métiers, nous entendons parler de ceux qui sont régis, soit par les lois de l'invention, de la concurrence, soit par les modes, ou toute autre exigence qui réclame une somme importante de travail à exécuter pour ainsi dire, à l'heure même. Qui ne connaît les *moments de presse* auxquels il faut bien obéir ?

. Actuellement la réduction des heures de la journée de travail avec le salaire maintenu, aurait un résultat des plus funestes en France, nous l'avons déjà dit ; elle amènerait une élévation du prix des produits fabriqués et nous serions écrasés par la concurrence étrangère dont les produits sont à bas prix, *parce que la main d'œuvre est à très bon marché* au dehors. C'est ainsi, pour donner un exemple frappant de ce fait, que les ouvriers tailleurs de limes d'Arnay-le-Duc, qui travaillent onze heures par jour et dont le salaire est de 3 fr. 50, ne pourraient voir diminuer leur nombre d'heures avec le même prix de journée, sans perdre leur travail, parce que l'Allemand livre pour 1 fr. 60 le paquet de deux limes que les Français ne peuvent vendre au-dessous de deux francs.

Or, il faut placer en première ligne l'intérêt national et songer à ne pas l'exposer à une ruine certaine, à lui fermer les marchés du monde, en faisant hausser les prix de production par l'augmentation de la main-d'œuvre. Pour que le principe du travail, réduit à sa plus simple expression en tant que limitation de temps de présence à l'atelier s'établisse, il faudrait qu'il s'appliquât au même moment dans le monde entier.

Cela est-il dans les limites du possible ? Que le bon sens réponde !

Jusqu'à présent, il ne s'est fait beaucoup de bruit à propos de la réduction de travail que pour ce qui concerne le travail de l'ouvrier.

On devrait bien penser davantage à l'ouvrière et à l'enfant, car il y a là, pour le coup, une question d'humanité et d'hygiène.

On l'a dit : en France, les femmes subissent généralement une véritable exploitation industrielle ; elles travaillent de douze à quinze heures et on leur impose des veillées fréquentes, contrairement à la loi de 1874.

Le *Moniteur des Syndicats ouvriers* nous apprend que des abus analogues s'étant produits en Suisse, de tous côtés les gouvernements locaux se sont efforcés d'y mettre un terme et que, entre autres cantons, celui de Bâle vient d'édicter une loi d'un caractère éminemment tutélaire.

Dans cette loi, le travail est fixé, pour les ouvrières, dans tous les genres d'industrie, à onze heures par jour au maximum, et à dix heures pour

les jours précédant les dimanches et les jours fériés.
Pour que cette limite soit dépassée en raison de
circonstances exceptionnelles, une autorisation
administrative est nécessaire et elle ne s'accorde
qu'après enquête.

Tout travail est interdit le dimanche.

La journée doit être interrompue par un inter-
valle d'au moins une heure, en dehors du temps
nécessaire pour les repas.

On ne peut qu'applaudir à de pareilles dispositions qui protègent la santé des jeunes filles et des
mères de familles.

« En Belgique, dit le *Travail National*, dans un
compte-rendu des opérations d'enquête de la commission royale du travail, à part le décret impérial
du 3 janvier 1813, prohibant le travail des enfants
au-dessous de dix ans dans les mines, la loi n'a rien
fait pour assurer la protection des femmes et des
enfants. Cette indifférence du législateur est d'autant plus étonnante que la Belgique est peut-être
le pays où les plus graves abus aient lieu. L'initiative privée en a corrigé plusieurs, mais l'enquête
a montré que beaucoup de ces abus subsistent encore.
Les déposants ont demandé, en ce qui concerne les
femmes, la suppression complète de leur travail, surtout dans les travaux souterrains et dans certaines
industries insalubres ou dangereuses, la fixation
d'un temps de repos obligatoire de six à huit
semaines avant et après les couches, avec paiement
intégral du salaire pendant ce chômage forcé, la

suppression du travail de nuit pour les femmes et les filles et l'adoption de mesures propres à éviter la promiscuité des sexes dans les ateliers.

Pour les enfants, on a demandé que le minimum d'âge d'admission dans les fabriques, fût fixé à douze ou quatorze ans et que, jusqu'à seize ans, la journée ne fût que de six heures avec l'instruction gratuite et obligatoire pour tous.

De son côté, le rapporteur de la commission a été d'avis que les travaux souterrains et les travaux de nuit dans les fabriques ou chantiers devaient être interdits aux femmes et aux filles, que les enfants ne devaient y être employés avant douze ans, que de douze à treize ans, la journée ne devait pas dépasser treize heures, avec un repos de deux heures. »

Ce projet nous paraît insuffisant (1).

En France, en Angleterre, en Allemagne, la femme n'est point admise au travail souterrain des mines. En Angleterre, le travail des nuits et celui du dimanche lui sont interdits.

La commission d'enquête belge s'est surtout occupée de la question relative à la limitation de la journée de travail. Après une longue discussion très approfondie, dans laquelle les raisons diverses de l'affirmation et de la négation ont été exposées, la majorité de ses membres a déclaré qu'elle ne peut recourir à l'intervention de l'Etat, ni proposer

(1) Le *Travail National*, n° du 2 octobre 1887.

de restriction, attendu qu'elle doit compter, pour amener les améliorations désirées, sur l'entente des patrons et des ouvriers, sur l'action de diverses associations, en un mot, sur l'initiative privée plutôt que sur des prescriptions législatives.

En résumé, la limitation de la durée des heures de travail se comprend lorsqu'il s'agit des femmes et des enfants employés dans les manufactures. Mais quand il s'agit de l'homme, c'est autre chose et toutes les lois qu'on pourrait faire pour réglementer le travail, ne seraient jamais appliquées, à moins qu'il ne s'agisse de sauvegarder la santé de l'ouvrier. En dehors de cette question souveraine, rien ne doit porter obstacle au travail libre.

**

L'ouvrier français est privilégié au point de vue de la durée journalière du travail.

Suivant les rapports officiels allemands, fournis par les inspecteurs des manufactures, le travail, dans cette partie de l'Europe, est en moyenne de 11 heures 1/2. C'est ainsi qu'à Dusseldorf, les chaudronniers travaillent de 12 à 14 heures ; les deux tiers des usines de Magdebourg travaillent de 11 heures 1/2 à 12 heures et l'autre tiers 12 heures. En Bavière, la journée est de 11 à 12 heures ; à Cologne, à Planen, elle est de 12 heures. En Slesvig-Holstein, en Hesse-Nassau, à Arnsberg, à Minden-Munster, elle est encore de 11 heures.

Les filatures de Francfort - sur-le-Mein et de Postdam font des journées de 12 heures en hiver et de 14 heures en été. Les ouvriers en étoffes d'Aix-la-Chapelle sont occupés de 11 à 12 heures par jour, les fileurs de 13 à 14 heures.

On cite encore, parmi les ouvriers dont la journée est la plus longue, les ouvriers fabricants d'aiguilles et de fils métalliques des villages de Feldberg, les potiers du Westerwald, enfin les polisseurs de verres de Fürth, qui travaillent sans s'interrompre la nuit et le jour, et ne se reposent et ne dorment que le dimanche.

En Russie, la durée moyenne du travail est de 12 heures dans 36,8 0/0 des fabriques, de 11 heures dans 20,8 0/0; vingt pour cent de ces fabriques obligent l'ouvrier à travailler la nuit.

Abrégez donc, ouvriers français, en présence de cet état de choses, vos heures de travail, tout en maintenant le prix de vos journées! Luttez donc ensuite contre ces obstinés et redoutables travailleurs étrangers! Vous aurez beau déployer vos talents, fabriquer mieux qu'eux, avec plus de goût, vous n'en aurez pas moins ruiné votre pays et vous-mêmes et vous serez réduits à la misère la plus noire.

Nous savons bien qu'il s'agit, en somme, pour les promoteurs sérieux du projet de réduction, de répartir le travail en un plus grand nombre de mains et de parer aux désastreux effets du chômage. Mais il faudrait admettre que la chose arrive partout à la fois comme nous l'avons déjà dit, autrement les ouvriers étrangers, frappés de ces avantages, arriveraient de toutes parts ou bien, si cette invasion était combattue, notre pays serait ruiné.

LA CONCURRENCE AU TRAVAIL LIBRE PAR LES PRISONNIERS ET LES RELIGIEUSES

On a à peu près tout dit sur ce sujet. Il ne faut donc pas nous y arrêter longtemps.

Cette concurrence est désastreuse, on le sait, surtout pour les métiers qui font vivre les femmes. M. Barberet, dans l'une de ses monographies professionnelles, nous apprend, par exemple, que si le personnel de la lingerie se compose en France de 200,500 personnes environ, 2,500 de ces ouvrières sont des prisonnières des maisons centrales, d'arrêt et de correction, et 150,000 (c'est-à-dire les trois quarts du total), appartiennent à des établissements religieux tels qu'ouvroirs, maisons de refuge, internats, etc., etc. Ouvroirs, couvents et prisons ne paient la main-d'œuvre guère au delà des frais de nourriture du personnel qu'ils occupent (1). Supporter un tel état de choses, c'est se prêter à une diminution telle du salaire, qu'elle réduit à la misère l'ouvrière libre et la pousse fréquemment au désordre, quand ce n'est pas au suicide.

Les législateurs se sont préoccupés souvent de

(1) *Le Travail en France*, tome IV, p. 11.

ce triste résultat de l'organisation du travail dans les prisons et les établissements religieux, mais ils n'ont pu trouver de solution pratique à cet état de choses. Notre opinion est que le travail des prisons devrait être rémunéré au prix ordinaire et que c'est à l'État de profiter du bénéfice qui en résulterait. Quant aux ouvroirs et couvents qui offrent leur collaboration à des prix excessifs de bon marché, on doit se demander si, en présence de la loi qui interdit les communautés religieuses, leur existence doit être plus longtemps tolérée. Il est vrai que cette question soulève une grande difficulté économique et politique, car elle touche à la liberté des transactions et du travail. Mais nous n'avons jamais caché qu'à notre humble avis, les excès de la liberté étaient tout aussi condamnables que les autres excès.

Il y faut bien songer : les communautés et les prisons accaparent à vil prix le travail de l'ouvrière ; elles ne lui donnent en échange que les privations et le chômage, triste compensation qui ne la force que trop souvent à recourir à des moyens inavouables pour échapper à la fatigue et à la misère.

LES GRÈVES

On appelle ainsi les coalitions d'ouvriers faites en vue d'obtenir des augmentations de salaires, des réductions des heures de travail, etc., etc. Ces coalitions se manifestent tout d'abord par l'abandon des ateliers et l'interdiction d'y reprendre les travaux. Autrefois la loi punissait tous ceux qui se coalisaient ainsi ; aujourd'hui les ouvriers sont libres de se concerter et de délaisser leurs chantiers et leurs usines. Mais par la force même des choses, ils sont frappés plus sévèrement encore.

En effet, les ouvriers sont les plus éprouvés lors des grèves, car ils sont alors les victimes de misérables manœuvres politiques ou de la concurrence étrangère. Non seulement ils perdent les salaires qu'ils auraient gagnés pendant leur chômage volontaire, mais de plus leurs épargnes disparaissent ; ils se réduisent eux, leurs femmes et leurs enfants, à la misère. S'il y a amélioration plus tard, elle n'est pas toujours suffisante pour compenser les souffrances et les pertes d'argent qui résultent des grèves.

Nous savons qu'en France, les grèves datent du XVe siècle, et que la ville d'Orléans fut le théâtre de l'une des premières coalitions d'ouvriers. En 1401, les compagnons Jacques et Soubise, qui construisaient les tours de la cathédrale de cette ville, furent tout à coup abandonnés par tout le personnel placé sous leurs ordres. Le Parlement bannit tous les corps d'état qui s'étaient mis en rebellion et les ouvriers durent quitter Orléans.

Depuis ce temps, et surtout dans les premières années du XIXe siècle, les grèves devinrent très fréquentes. Elles prirent leur nom de la place de

Grève à Paris, parce que c'est sur cette place que se réunissent, de temps immémorial, les ouvriers sans travail.

En 1864, une loi créa le droit de coalition qui ne fit qu'accroître le nombre des réclamations ; elles devinrent même plus ardentes que jamais. La possibilité de se concerter, de se coaliser, n'aboutit qu'à de nouveaux désordres.

Les *Trad'es Unions*, véritables sociétés de secours mutuels de l'Angleterre, ont, dit M. O. Lami, « déserté le terrain conservateur pour courir les aventures libérales. Les *old fellows* de Manchester, en particulier, voulant agrandir leur domaine et *internationaliser* leur action, ont constitué un capital considérable au moyen duquel ils soutiennent les ouvriers de leur pays et ceux des autres nations, non point certes pour favoriser le commerce et le travail étranger, mais pour monopoliser, au profit de l'Angleterre, toute industrie et tout négoce, en rendant par les exigences de la main-d'œuvre la production industrielle impossible aux autres peuples. »

Des secours, insuffisants toujours, ont été ainsi envoyés souvent aux grévistes de France, surtout par les Anglais qui ne sont pas suspects de tendresse pour l'industrie de notre pays. Pendant le temps du chômage ainsi prolongé, l'étranger écoule ses produits, travaille doublement, et comme nous l'avons déjà dit ailleurs, vend très cher, même à ses protégés aveugles, qu'il semble soutenir frater-

nellement pour mieux profiter de ses erreurs et de
ses dangereuses illusions.

Le principe généreux de la participation aux
bénéfices, si son application se généralise, doit supprimer forcément les grèves, l'ouvrier n'ayant plus
qu'un seul intérêt : la prospérité de la maison à
laquelle il appartient. C'est ce que M. Finance,
délégué des ouvriers peintres en bâtiment et adver-
saire résolu de la participation, qu'il considère
comme un danger au point de vue des revendications sociales, a dit en déposant devant la commission parlementaire des 44. Voici ses propres
paroles :

« La participation présente de grands avantages
pour les entrepreneurs, et il est certain que si
j'étais entrepreneur, je l'adopterais, parce que je
serais assuré que mon personnel ne me quitterait
pas en cas de grève. *Tous les ouvriers de la corporation pourraient faire grève que ceux des maisons
en participation ne broncheraient pas* (1). »

En attendant, il est certain que les grèves pourraient être évitées si les Unions Syndicales de
patrons et d'ouvriers créaient des Commissions
arbitrales chargées de trancher les difficultés qui
naissent entre les producteurs et les employés.

Elles doivent être anéanties par l'union du capital et du travail, forcément amené par l'application
générale du principe de la participation dont nous

_____

(1) Enquête des 44, page 43.

ne pouvons cesser de parler à tout instant, dans un livre qui a pour but d'étudier les questions primordiales qui doivent assurer l'existence de l'industrie et de son organisation rationnelle.

*
* *

Le *Moniteur des Syndicats ouvriers* nous donne l'historique de la grève des ouvriers porcelainiers de Limoges, grève qui a été pour eux plus qu'une calamité publique, puisqu'elle a amené leur ruine complète.

« L'industrie de la porcelaine, dit M. Larran, assurait depuis longtemps la prospérité de tous ; la misère était inconnue à Limoges, grâce à cette puissante ressource, le bien-être même y régnait. L'étranger recherchait ses produits, ils avaient un cachet particulier que nul autre pays ne savait imiter ; les Allemands et les Anglais mettaient tout en jeu pour amoindrir cette influence ; ils n'y parvenaient pas..... Les étrangers devaient éprouver le plus vif dépit de cette supériorité qui les écrasait, sans compter qu'elle portait une sérieuse atteinte à leurs intérêts. Aussi fallait-il, par tous les moyens en leur pouvoir, réduire cette force indomptable ; il fallait la miner sourdement et arriver à sa dislocation : de quel côté fallait-il frapper ? On avait déjà tenté, en appelant quelques bons ouvriers limousins, d'imiter les genres, on n'avait pas réussi.....

Restait la grève, cet agent de désordre ; c'est avec son aide qu'ils livreront l'assaut... »

4.

Ici, M. Larran raconte l'intervention de politiciens, « toujours à l'affût des circonstances qui peuvent augmenter leur popularité ». La grève fut déclarée ; ses résultats furent terribles. Les Allemands avaient engagé à prix d'or nos meilleurs ouvriers pour en faire autant de professeurs ; leur main-d'œuvre étant de moitié inférieure à celle des porcelainiers de Limoges, ils nous enlevèrent bientôt le marché américain qui alimentait surtout nos fabriques et inondèrent de leurs produits la France elle-même. L'Anglais et l'Allemand, sous prétexte de solidarité universelle, apportèrent quelque argent, pour prolonger une grève si profitable à leurs intérêts, afin de mieux faire disparaître l'industrie limousine.

« La municipalité, continue M. Larran, encouragea la grève par son attitude ; elle se montrait plus préoccupée d'acquérir de la popularité que de défendre les intérêts qui lui étaient confiés..... Le prétexte invoqué, c'était l'augmentation du salaire. On pourrait croire peut-être que c'étaient les moins favorisés qui étaient travaillés par les soudoyés de toute espèce. Eh bien, c'est une erreur ; ceux-là résistèrent à toutes les excitations, tandis que les agents de cette œuvre désolante trouvèrent un facile écho parmi ceux dont le salaire était de 7, 8 et 10 francs par jour ! »

A propos des allocations étrangères, l'écrivain ajoute sagement :

« Cette solidarité aurait dû éveiller des doutes

dans leur esprit, ce qui les aurait amenés à chercher à quel mobile les Allemands et les Anglais
pouvaient obéir. Étaient-ils capables, par devoir de
solidarité, d'un pareil désintéressement ? Il faudrait
d'abord ne pas connaître les Anglais, pour supposer qu'ils sont les esclaves du grand principe de la
fraternité des peuples ; quand ils donnent, ces bons
évangélistes, c'est à bon escient... Et les Allemands
donc, qui est-ce qui oserait penser qu'il est un seul
terrain où ils peuvent marcher avec nous la main
dans la main ?.....

Donc ces deux races seront à jamais nos ennemies
jurées ; elles tendent à s'élever sur nos ruines, à
assurer leur prospérité sur notre misère. Rien
cependant de ce rôle odieux n'éveilla des soupçons
dans l'esprit des malheureux porcelainiers...

Le bas prix des produits allemands et français
leur fit gagner promptement du terrain ; c'était
moins finement exécuté, mais ça se vendait bien ..
Les intermédiaires, en achetant ces imitations à
60 pour cent au-dessous des prix de Limoges, réa-
lisèrent des bénéfices inespérés..... Dès que les étrangers constatèrent que les positions qu'ils avaient
conquises offraient une résistance suffisante, ils fer-
mèrent vite les cordons de leur bourse. *Les ressources, disaient-ils en matière de consolation,
étaient épuisées.* »

C'est alors qu'après avoir été obligés d'aller
casser des cailloux sur les routes, les porcelainiers
de Limoges, la plupart de véritables artistes durent,

ou s'expatrier, ou se résigner à rentrer dans leurs ateliers, avec un salaire réduit de 50 0/0.

Avant la grève, l'industrie porcelainière de Limoges produisait 16 millions de francs ; ce résultat n'est plus que de 5 millions actuellement.

Cette histoire d'une grève est saisissante ; elle nous donne la valeur exacte de l'intervention étrangère. C'est une dure leçon qu'il est bon de rappeler, afin de faire comprendre, autant que possible, aux ouvriers, quel est souvent le but secret de leurs misérables excitateurs.

Il ne faudrait pas croire que cet exemple terrible soit unique. En effet, la grève de Limoges n'est pas la seule qui ait fait succomber une industrie tout entière. A la suite de la grève de 1865, la chapellerie parisienne a, pour ainsi dire, disparu, et cela d'une façon irrémédiable, sans aucun espoir de retour. En 1845, les charpentiers parisiens s'étant mis en grève, l'industrie nouvelle de la charpente en fer apparut et remplaça si bien l'antique industrie de la charpente en bois que celle-ci n'est plus actuellement que l'ombre d'elle-même. Les grévistes avaient tué le métier ou plutôt l'art de la charpenterie qui faisait autrefois l'orgueil des corporations de la construction. Par leurs exigences, ils avaient réalisé la fable de La Fontaine, de la Poule aux œufs d'or.

*
* *

La France n'est pas seule à souffrir des grèves, c'est-à-dire des arrêts forcés de la production nationale au bénéfice des étrangers. Pour ne citer qu'une nation voisine, l'Italie, de 1860 à 1878, a vu éclater chez elle 634 grèves (*scioperi*). Sur ce nombre considérable, la Lombardie apparaît pour 161 grèves, le Piémont pour 131, Naples pour 66, la Toscane pour 41, Venise pour 38, la Sicile pour 35, la Ligurie pour 34 ; Rome en voit éclore 33, les Marches 30, la Sardaigne 7. On le voit, aucune des provinces de ce pays n'est épargnée.

Ces grèves ont atteint les industries qui suivent : tissus, 108 ; machines et forgerons, 22 ; maçonnerie 35 ; verriers et poêliers, 12 ; fabriques de papier 6 ; boulangerie, 27 ; mines, 22 ; charpentiers, 21 ; tailleurs et chapeliers, 10 ; tanneurs, 6 ; fabriques de tabac 12 ; imprimeurs-typographes, 25, etc., etc.

Elles avaient pour objectif : pour 233 d'entre elles, une augmentation de salaires ; 25 demandaient une réduction des heures de travail ; 9 réclamaient la suppression du travail des machines ; 14 voulaient l'exclusion de certains ouvriers ; 3 exigeaient une nouvelle organisation de paiement ; 12 demandaient une extension de travail. Les autres grévistes protestaient contre des règlements d'atelier, voulaient s'affranchir d'une certaine discipline, etc., etc. Ces revendications, ou légitimes ou injustes, sont du reste, partout de même nature.

**

. Pourquoi pas une note gaie, dans ce livre sérieux ?

Un grand journal parisien (1), après avoir annoncé les résolutions prises par un groupe *anarchiste*, *collectiviste* ou *matérialiste* (on s'y trompe) et en tout cas *anti-capitaliste*, dans un meeting du dimanche précédent, résolutions parmi lesquelles on remarquait celle *de la cessation générale du travail à Paris*, traite de la question de cette grève quasi-universelle, au point de vue humoristique.

Il admet l'hypothèse de l'acceptation de la suspension du travail, deux heures après la résolution, et la suspension du travail immédiate ; il en détaille alors les conséquencees, étant donné que la chose est arrivée.

Laissons parler l'auteur de cette fiction spirituelle, tout en faisant remarquer qu'elle est un peu excessive :

« Les organisateurs de la grève générale, dit-il, sont persuadés qu'en se retirant en masse, les ouvriers forceront la main aux capitalistes et aux patrons et obtiendront ainsi, tout de suite et tous ensemble, une forte augmentation de salaire et une forte diminution des heures de travail.

« Mais les capitalistes et les patrons n'ont pas pu capituler en deux minutes. Pour le moment, ils se bornent à réfléchir.

« Le Parisien cependant, si *débrouillard* qu'il soit, n'a pas appris la nouvelle sans quelque émo-

(1 L'*Evénement*, n° du mercredi 9 novembre 1887. Ce meeting a eu lieu à la salle Favié, le dimanche 6 du même mois.

tion. Il lui a fallu deux heures — ou presque — pour parer aux dangers de la crise et reconstituer sur de nouvelles bases sa vie journalière.

« Donc voici, impartialement et implacablement résumé, le compte-rendu de ce qui s'est passé hier et de ce qui se passera aujourd'hui :

«Les boulangers n'ont pas livré de pain. C'était un coup terrible... La famine !... Seulement, les riches, les capitalistes et les patrons ont immédiatement fait venir de leurs propriétés de la farine, avec laquelle ils ont pu se fabriquer de l'excellente galette cuite au four. Cela leur a donné l'idée de fabriquer aussi de la pâtisserie, au lieu de l'acheter à des prix exorbitants chez les pâtissiers en vogue. Ceux qui n'ont pas de propriété rendant du blé, ont demandé de la farine aux propriétaires amis et en ont commandé en Russie et en Orient.

« *Les pauvres, les ouvriers et employés qui, depuis hier, ne travaillant plus n'ont plus de salaires, ont seuls été privés de pain.*

« Les marchands de vin, cafetiers et restaurateurs ont dû fermer boutique. Les riches, ayant une cave approvisionnée, n'ont pas encore souffert de cette disette générale. Bien mieux, ils se sont dispensés d'aller au café et ont économisé les pourboires traditionnels aux garçons.

« *Les pauvres, les ouvriers et employés, n'ayant plus de salaires, n'ont bu que de l'eau et n'ont pas trouvé de restaurant ouvert.*

« Les bouchers n'ont tué ni veaux, ni bœufs, ni

moutons. Les riches ont profité de la saison de la chasse pour abattre quelques pièces de gibier et ont remplacé sur leur table le gigot de présalé par un faisan, le rognon par le salmis de bécasses et l'escalope par le râble de chevreuil.

« *Les ouvriers n'ont pas mangé de viande.*

« Les approvisionneurs des halles : marchands de fruits, de comestibles, de pommes de terre, n'étant pas des ouvriers, ont continué à apporter leurs produits à Paris. Seulement, ils en ont doublé le prix. Les riches n'en ont pas trop souffert.

« *Les pauvres seuls n'ont rien pu acheter, et de tout ce qui précède, il résulte qu'ils n'ont rien mangé ni bu depuis trente heures.*

« Les mineurs ne sont pas descendus dans les mines (1) et la production est suspendue de ce chef. Les mines se comblent et dans huit jours, elles seront inexploitables à jamais. Les riches ont leur provision de bois et de charbon pour tout l'hiver. Par mesure de précaution, ils ont commandé à l'Angleterre et à l'Allemagne, de grandes quantités de combustibles.

« *Les pauvres n'ont pu se chauffer ni s'éclairer.*

« Les coiffeurs ont abandonné leur peigne et leur rasoir. Les riches se sont décidés aussitôt à se raser eux-mêmes, ce qui est bien plus rationnel. Et la mode dorénavant, sera aux chevelures longues

(1) Ici, le rédacteur suppose que la grève est devenue générale en France.

pour hommes, ce qui vaudra bien mieux, pour la santé, en hiver.

« Les constructeurs, charpentiers, menuisiers, etc. ont suspendu leurs travaux. Les propriétaires ont renvoyé à l'été prochain la continuation de leurs constructions, ce qui vaut mieux, les travaux effectués en hiver, avec l'humidité permanente, étant toujours défectueux.

« *Les pauvres, qui ne peuvent plus payer leur loyer, ne sauront bientôt plus où se loger.*

Les tailleurs, chapeliers, cordonniers et chemisiers n'ont pu livrer leurs commandes. Les riches ont télégraphié à Londres et, à partir de ce matin même, vont recevoir régulièrement les malles d'effets dont ils ont besoin.

« *Les pauvres n'ont plus ni habits, ni linge.*

« Les théâtres sont fermés. Aussitôt nos artistes ont accepté des propositions magnifiques à l'étranger (1).

« *Les artistes qui ont de petits appointements, les choristes et les figurants, sont seuls sur le pavé.*

« Tous les établissements de bains sont clos. Il reste aux riches la baignoire installée depuis longtemps dans leurs appartements.

« *Les pauvres ne peuvent plus se laver, si ce n'est à la Seine, ce qui est peu pratique par ce temps.*

---

(1) Nous demandons pardon à l'auteur de cet article d'en supprimer quelques passages qui n'ont rien à voir avec l'esprit de notre œuvre.

« Les cochers, valets d'écurie et carrossiers se sont retirés. Les riches ont leurs chevaux qu'ils sont enchantés de monter chaque matin et leur voiture qu'ils sont ravis de conduire l'après-midi. Obligés qu'ils sont de faire la pansage eux-mêmes, ils constatent que les bêtes se portent mieux, étant à l'abri des caprices des domestiques.

« *Les pauvres n'ont même plus de tramways qui les amènent de Saint-Denis ou des Batignolles pour trois sous ; ils sont obligés de venir surveiller à pied les résultats de la grève, ce qui n'est guère commode pour des gens qui n'ont plus de souliers.*

« Les domestiques, cuisinières, femmes de chambre ont rendu leurs tabliers. Les dames riches, au lieu d'aller porter leurs aumônes en ville le matin, restent pour faire leurs chambres et le dîner de leur famille. Cet exercice est excellent pour elles ; elles constatent qu'il y a beaucoup moins de casse dans la maison et elles n'ont pas à donner le sou du franc.

« En somme, si l'existence du Parisien riche est modifiée, remuée, bouleversée, elle n'est pas moins prospère. Tout ce qui est nouveau plaît, et ce genre de vie, auquel on n'était point accoutumé, semble fort séduisant.

« *Par contre, l'existence de l'ouvrier est intolérable désormais.*

« Il faut ajouter que cette situation n'est que provisoire. Les capitalistes vont se lasser des habitudes qu'ils sont obligés de prendre, et demanderont le retour aux anciennes traditions. Les patrons, ou du moins quelques-uns d'entre eux, dont la fortune pourrait être menacée à la longue, voudront reprendre leur industrie ou leur commerce.

« C'est là-dessus que comptent les ouvriers. Or, voici ce qui va se passer :

« Avant huit jours, les riches auront déserté Paris et voyageront pendant tout l'hiver en Italie, en Afrique, en Espagne, et en Orient où ils dépenseront leurs revenus. Au printemps, ils reviendront dans leurs terres qu'ils continueront d'exploiter avec des fermiers capitalistes comme eux. Ils diront un éternel adieu à Paris, désormais ville morte.

« D'autre part, les industriels étrangers, luttant d'émulation, nous enverront leurs produits.

« Enfin toutes les places laissées vacantes par nos ouvriers parisiens, seront occupées vers la fin de la semaine, par des centaines de mille ouvriers italiens, allemands et anglais qui viendront s'offrir à vil prix.

« Résumé : *Paris aura perdu deux cent mille Parisiens riches.*

« *Il se sera enrichi de cinq cent mille ouvriers étrangers et pauvres.* »

On ne saurait mieux faire ressortir, sous une forme agréable et bourrée de faits, l'idiotisme de ceux qui poussent aux grèves et qui ne sont en réalité, que des ennemis du bien public et de la fortune nationale.

★
★ ★

Aux États-Unis, où les grèves sont très fréquentes et où l'amour de la statistique est très développé, on a voulu connaître leurs causes et leurs résultats. Les renseignements donnés par les patrons et les ouvriers ont abondé. Il en est résulté les documents suivants : ·

Du 1er novembre 1885 au 31 octobre 1886, il y a eu trois mille grèves dont deux mille trois cent seize ont été analysées. Celles-ci ont fait disparaître, pour un temps plus ou moins long, le travail dans 2,061 fabriques ; elles ont frappé 127,392 ouvriers. Le salaire perdu dans ces 2,061 fabriques se chiffre à 2,583, 554 dollars, soit 12,692,770 francs. Les associations ouvrières ont soutenu les grévistes jusqu'à concurrence de 1,640,400 francs. La perte sèche a donc été de 11,052,370 francs ; cette somme énorme a par conséquent manqué aux familles des grévistes. Que de sacrifices et de larmes cette privation d'argent ne fait-elle pas supposer !

Comme résultats, un peu plus de sept cents grèves se sont terminées par une solution favorable pour les ouvriers, quatre cent vingt-six ont amené une conciliation ; huit cent quatre-vingt-trois n'ont apporté aucun changement à l'état de choses établi. A la fin de 1887, et après plus d'une année de chômage et de misère, plus de trois cents grèves étaient encore pendantes.

LES BOURSES DU TRAVAIL

Proposées par la Commune de Paris en 1790, repoussées par l'Assemblée législative de 1851, les Bourses du travail sont de création très récente.

Elles ont surtout pour objet de servir d'intermédiaires entre les employeurs et les employés pour régulariser la production, la tarifer d'une manière équitable, concentrer les renseignements provenant de tous les centres industriels et qui ont trait à la réglementation, aux salaires, à l'organisation du travail. C'est là que les délégués des Chambres syndicales doivent aller chercher ces renseignements précieux; de plus, ils pourraient là échanger leurs idées, émettre leurs avis sur ces questions primordiales de l'industrie.

Les Bourses du travail sont encore des bureaux de placement n'ayant rien de commun, hâtons-nous de le dire, avec les établissements de ce nom qui, trop souvent, exploitent les malheureux sans occupation. A cet effet, des délégués élus annuellement par les Chambres syndicales ouvrières, tiennent des registres destinés à inscrire les offres et les demandes de travail. Ces registres sont mis à la disposition du public, à chaque instant de la journée et sans rétribution.

Ces institutions d'ordre économique sont donc des offices de renseignements qu'il ne faut pas laisser envahir par la détestable politique, sous peine de les voir périr. La politique n'a en effet rien à voir absolument dans l'existence des Bourses du travail, ou sinon, elle éloignera l'un des facteurs de la production, c'est-à-dire le chef d'établissement dont la présence est indispensable là pour rendre l'institution utile et complète.

Dans le discours d'inauguration de la première bourse du travail (la salle de la Redoute), prononcé par le président du Conseil municipal de Paris, dans le courant de février 1887, il fut annoncé que « la salle était désormais mise à la disposition de tous les groupes professionnels pour leurs assemblées générales. La Bourse centrale, ajoutait l'orateur, sera en grand ce que va être l'annexe que nous vous ouvrons. Elle contiendra, outre les bureaux des syndicats, une vaste salle de réunion, un *hall* couvert où viendront s'abriter les grèves d'embauchages qui se tiennent actuellement sur la voie publique, exposant les ouvriers aux intempéries des saisons ; d'autres salles seront destinées aux réunions moins nombreuses, aux bibliothèques, aux conférences et aux cours.

La Bourse mettra à la disposition de tous, sous une forme simple et pratique, les offres et les demandes de travail et les documents relatifs à la statistique du travail; elle donnera à cette statistique une publicité large, impartiale et régulière; en un mot, elle contiendra tous les organes nécessaires à son but ; si pour le bon fonctionnement de tous ses services, des employés lui sont nécessaires, la ville les lui donnera, sans qu'il puisse jamais résulter de leur présence, une direction ou une tutelle administrative.

. . . .

. . . .

Nous n'avons pas eu seulement en vue de mettre fin à l'exploitation de milliers de malheureux par les bureaux de placement, quoique cela eut suffi à justifier notre œuvre. Nous avons visé plus haut. Toutes les forces sociales sont organisées : le crédit a ses marchés dans le monde entier ; le commerce ses bourses, ses chambres, ses tribunaux ; le travail, source primordiale de toutes les richesses, vient à peine de conquérir, sous la forme syndicale, un commencement d'existence légale ; nous lui donnons la faculté d'affirmer cette existence en constituant dans toutes les professions des unions syndicales véritables, largement ouvertes à tous, sans distinction d'école ou d'opinion.

Les Chambres syndicales ouvrières ont maintenant, dans la plénitude de leur liberté, une tâche grande et laborieuse à accomplir ; entourées de tous les éléments d'information et d'instruction, elles auront, à côté des questions spéciales à chaque industrie, à étudier toutes celles qui touchent aux conditions générales du travail et qui, discutées, scrutées par les véritables intéressés, apparaîtront sous leur vrai jour et entreront dans le domaine des réformes pratiques.

Les *Trade-Unions*, ou syndicats professionnels ouvriers, ont créé des Bourses du travail en Angleterre, mais de leur propre initiative et sans avoir eu recours aux autorités, même municipales. Elles acquièrent, dit M. Larran, « très promptement une grande puissance, parce qu'elles savent se maintenir dans la limite des questions intéressant le travail dans ses rapports avec le capital, *en proscrivant rigoureusement tout ce qui, de près ou de loin, touche à la politique.* Toutes les forces du travail ainsi réunies, donnèrent aux patrons l'idée de grouper les leurs. »

« Les deux partis échangèrent au début quelques coups ; mais des esprits clairvoyants s'interposant, elles se sont depuis souvent entendues en se rapprochant ; de nombreuses grèves ont ainsi été évitées et la réglementation des salaires a pu bien souvent s'établir sur des bases acceptées par chaque intéressé. »

Les Anglais nous donnent là deux bons exemples : *ne pas s'occuper de politique et faire de la conciliation.* En suivant cette conduite, les ouvriers de tous les autres pays se serviront des Bourses du travail pour s'instruire, étudier les questions économiques et les développer au point de vue de leurs intérêts les plus chers ; ils penseront eux aussi, à faire des concessions réciproques afin de faire disparaître, sinon à jamais, du moins pour longtemps, les combats incessants que se livrent les patrons et les travailleurs.

Ajoutons que Nimes possède actuellement sa Bourse du travail et que les villes de Marseille et de Bordeaux en seront prochainement dotées. Cette dernière ville annexera probablement à sa bourse une bibliothèque technique où les ouvriers pourront trouver des éléments d'instruction professionnelle, en outre d'une saine distraction, en attendant l'embauchage.

C'est du moins le vœu formulé par l'Union des Chambres syndicales ouvrières de Bordeaux, vœu auquel on ne saurait trop applaudir.

*
* *

L'organisation administrative de la Bourse du Travail a été arrêtée par le conseil municipal de Paris, en séance du 28 octobre 1887.

Le règlement général qui détermine cette organisation est ainsi conçu :

« Article premier. — Jusqu'à l'ouverture de la Bourse centrale, l'annexe A est le siège central de la Bourse du travail (1).

« Cette Bourse comprend des bureaux pour un certain nombre de Chambres syndicales et groupes corporatifs, ainsi que des salles de réunion pour les assemblées générales des adhérents aux différentes Chambres et groupes professionnels de Paris.

(1) Ce paragraphe a trait à la construction de la Bourse du travail de la place du Château d'Eau, et à l'annexe de la rue Jean-Jacques-Rousseau.

5.

« Les salles pourront aussi être mises à la disposition des intéressés pour les cours professionnels.

« Art. 2. — La Bourse du travail est administrée par une Commission administrative de vingt et un membres, élus pour une année par les délégués des Chambres et groupes de Paris.

« La Commission administrative nomme dans son sein un secrétariat composé de deux secrétaires, d'un trésorier et d'un archiviste.

« Art. 3. — Les secrétaires, le trésorier et l'archiviste reçoivent une rétribution bi-mensuelle fixée à raison d'un franc de l'heure.

« Les autres membres de la Commission administrative reçoivent une indemnité fixée « par jetons de présence » et à raison de un franc de l'heure.

« Art. 4. — La Bourse du travail est ouverte au public aux heures fixées par la Commission administrative.

« Les Chambres et groupes doivent ouvrir à tous les intéressés, leurs registres de demandes et offres de travail et tenir ces registres régulièrement.

« Les corporations fixent les heures pendant lesquelles leurs délégués recevront ces demandes et offres.

« Art. 5. — Le secrétariat de la Bourse du travail établit, sous le contrôle de la Commission administrative, une statistique mensuelle du travail, notamment en ce qui concerne les demandes, les offres, le nombre des personnes placées, le prix des salaires, la durée de la journée de travail, etc.

« Le cadre de cette statistique sera préparé par les soins de la Commission du travail.

« Cette statistique sera transmise tous les trois mois au Conseil municipal.

« Art. 6. — Le secrétariat enregistre les demandes des salles pour assemblées générales et cours professionnels.

« Art. 7. — Le Conseil municipal exerce le droit de contrôle sur la Bourse du travail.

« La Commission du travail aura dans ses attributions le contrôle prévu par le règlement général sur le fonctionnement de la Bourse du travail.

« Ce contrôle porte sur tout le fonctionnement de la Bourse du travail et notamment sur la nomination de la Commission administrative, la tenue des registres de statistique, de demandes et offres de travail et sur l'emploi des crédits alloués par le Conseil municipal.

« Art. 8. — Les délégués des Chambres et groupes ont la faculté d'établir un règlement intérieur, à la condition de respecter les dispositions du présent règlement général.

« Art. 9. — Un crédit de 20,000 francs sera inscrit au budget de la ville de Paris, pour le paiement des rétributions et indemnités prévues à l'art. 3 ainsi que pour frais de bureau.

« Il est alloué, dès maintenant, un crédit de 5,000 francs pour solder la dépense afférente au dernier trimestre de 1887. »

LES ENCOURAGEMENTS AUX INVENTEURS

En France, les encouragements ont constamment manqué à l'invention, et c'est l'étranger qui s'est emparé de la plupart des créations françaises pour en profiter, quand elles n'ont pas été mises à néant.

C'est ainsi que l'Angleterre nous a ravi l'invention de la fabrication du papier par les procédés mécaniques. En 1799, Louis Robert, employé à la papeterie d'Essonne, imagina une série de machines propres à produire des feuilles de papier de longueur indéfinie; il vendit son brevet au directeur de l'établissement. Celui-ci n'ayant pas trouvé en France l'argent et les encouragements nécessaires pour perfectionner les appareils mécaniques de Robert, alla porter l'invention aux fabricants de Londres qui mirent à sa disposition des sommes considérables. Les machines françaises furent donc construites en territoire ennemi, en 1803; elles ne revinrent que par importation en 1814, dans notre pays.

La machine à fabriquer les bas fut inventée par un serrurier normand; n'ayant pu obtenir de privilège en France, cet habile ouvrier alla porter aussi son invention en Angleterre.

Il en fut exactement ainsi pour le gaz qui fut appliqué en Angleterre en 1798, c'est-à-dire douze ans après la découverte de Philippe Lebon, ingénieur français qui, dès 1786, eut l'idée de faire servir à l'éclairage les gaz provenant de la distillation des combustibles et qui, en 1789, prit un brevet pour un appareil qu'il nomma *thermolampe, ou poêle qui chauffe et éclaire avec économie.* Lebon fut ruiné par ses entreprises et Murdoch, ingénieur anglais qui avait eu connaissance de ses travaux, fut le premier qui en retira des avantages. En 1805, et par ses soins, la manufacture de James Watt fut éclairée par le gaz extrait de la houille, mais ce gaz était mal épuré. L'Allemand Winsor qui avait appliqué largement le gaz à l'éclairage en Angleterre, voulut introduire en France, dès 1815, cette magnifique industrie. Mais il eut à soutenir une lutte terrible contre ceux dont les intérêts étaient menacés par l'application de l'invention nouvelle. Il y succomba et se ruina complètement.

On sait encore que Denis Papin, protestant fidèle à sa foi, fut contraint de s'expatrier lors de la funeste révocation de l'édit de Nantes. Ce furent les étrangers, Anglais, Allemands et Italiens qui recueillirent les fruits de son génie ; il réalisa chez eux la plus grande partie de ses inventions, parmi lesquelles figurent la *machine à vapeur* et son application à la navigation. En 1707, il installa sur un bateau qui navigua sur la Fulda, une machine motrice de ce genre, qui mettait en action deux roues à aubes, mais les bateliers du fleuve la mirent en pièces.

Faut-il encore rappeler que Frédéric Sauvage, inventeur du propulseur à hélice, détenu dans la prison pour dettes de Boulogne, vit de sa fenêtre les expériences de son hélice qui furent faites dans ce port par le navire anglais *le Ruttler* ? Ce spectacle douloureux le rendit fou. Un peu d'argent eut sauvé cet illustre constructeur ; il eut alors conservé à la France sa précieuse découverte dont Londres s'était bien vite emparée.

Citons encore Cugnot, l'inventeur de la première voiture à vapeur qui est, du reste, déposée au Conservatoire des Arts et Métiers. Pour celui-ci, une pension de 600 livres lui fut allouée, mais la Révolution, qui encourageait cependant l'industrie, lui supprima cette modeste allocation que Bonaparte lui fit rendre.

Enfin, et il faut le dire à notre honte, car le fait s'est passé tout récemment, l'inventeur de l'admirable appareil frigorifique à conserver les viandes fraîches, l'ingénieur Giffart, a dû porter son invention aux Anglais, qui, en exploitant son système, ont gagné annuellement des millions. Ce procédé n'avait pu déterminer cependant nos capitalistes à risquer leurs billets de banque.

Sous Henri IV, un fait étrange se produisit. Il s'agit de la découverte du télégraphe électrique que l'on voit, avec stupéfaction, décrite dans un ouvrage très rare intitulé :

L'incrédulité et mescreance dv sortilege plainement convaincue, par P. de l'Ancre, conseiller du Roy en son conseil d'Estat. A Paris chez Nicolas Bvon, ruë Sainct-Jacques, à l'enseigne Sainct-Claude et de l'Homme-Sauuage.

MDCXXII

La citation est tirée de la page 247 :

« A l'Arithmantie (1) se peut aussi raporter, ce
« grand et beau secret qu'un Allemand fit voir au
« Roy Henry le Grand, qui est l'industrie et dexté-
« rité de faire parler et entendre les hommes absens
« pour esloignez qu'ils soient et, ce par le moyen
« de l'aimant. Il frotta premièrement deux esguilles
« d'aimant, et puis les attacha séparément en deux
« diuers horloges, autour desquels estoient escrites
« et grauées en rond les vingt et quatre lettres de
« l'Alphabet : Si bien que lorsqu'on vouloit dire ou
« faire entendre ce qu'on désiroit : on remüoit et
« dressoit la pointe de l'esguille sur les lettres qui
« estoient nécessaires pour composer et signifier
« tous les mots et parolles qu'il falloit : et à mesvre
« qu'on tournoit et dressoit vne esguille, celle de
« l'autre horloge, pour si distant et séparé qu'ils fust,
« suivoit entièrement ce mesme mouuement. Le
« Roy voyant vn si beau secret luy deffendit de le
« diuulguer, comme pouuant porter des très dange-
« reux aduertissemens es armées et villes assié-
« gées. »

Si Henri IV n'avait pas trouvé cette invention
inopportune, on aurait été en possession du télégraphe électrique, il y a plus de deux siècles et
demi. Tout porte à croire que les autres décou-

(1) Peut-être doit-on lire : *Arithmomancie*, sorte de divina-
tion dans laquelle on prétend connaître l'avenir par les
nombres.

vertes modernes dérivant de l'électricité, auraient suivi celle-ci de très près.

Nous pourrions multiplier ces exemples qui suffisent pour démontrer la nécessité d'encourager les hommes utiles dont le génie illustre leur pays, ajoute à sa gloire et à la fortune publique en procurant à son commerce et à son industrie d'incomparables avantages. C'est ce que font quelquefois l'Etat et quelques sociétés d'encouragement, mais cela est tout à fait insuffisant, selon nous et surtout trop rare.

L'INTRODUCTION DES MACHINES DANS L'INDUSTRIE

On a longtemps prétendu et l'on prétend encore que l'introduction des machines dans l'industrie est redoutable, à ce point de vue qu'elle ôte le travail aux ouvriers. Il est bien établi cependant, par les résultats acquis chez tous les peuples policés, que l'emploi des machines, loin d'avoir diminué le nombre des employés, n'a fait que les augmenter dans une proportion considérable, tout en restreignant leurs fatigues, en leur épargnant des travaux pénibles ou rebutants et en améliorant leur sort.

Il y a toujours des intérêts mêlés aux anciennes méthodes, et ils se trouvent lésés souvent par l'adoption des idées nouvelles. C'est ainsi qu'en 1849, nous avons, nous qui parlons ici, failli être victime de la brutalité des rouliers bourguignons que le chemin de fer de Lyon, pour lequel nous conduisions des travaux, semblait menacer de la ruine.

Pour répondre au prétendu danger de l'introduction des machines dans l'industrie, Frédéric Bastiat a écrit les lignes suivantes :

« Jacques Bonhomme avait deux francs qu'il faisait gagner à deux ouvriers. Mais voici qu'il imagina un arrangement de cordes et de poids qui abrège le travail de moitié. Donc il obtient la même satisfaction, épargne un franc et congédie un ouvrier. Il congédie un ouvrier, c'est ce qu'on voit ; mais derrière la moitié du phénomène qu'on voit, il y a l'autre moitié qu'on ne voit pas. On ne voit pas le franc épargné par J. Bonhomme et les effets nécessaires de cette épargne.

« Puisque par suite de son invention, J. Bonhomme ne dépense plus qu'un franc en main-d'œuvre à la poursuite d'une satisfaction déterminée, il lui reste un autre franc. Si donc, il y a dans le monde un autre capitaliste qui offre son franc inoccupé, ces deux éléments se rencontrent et se combinent, et il est clair comme le jour qu'entre l'offre et la demande de travail, entre l'offre et la demande de salaire, le rapport n'est nullement changé. L'invention et un ouvrier payé avec le premier franc font maintenant l'œuvre qu'accomplissaient auparavant deux ouvriers. Le second ouvrier payé avec le second franc réalise une œuvre nouvelle. Qu'y a-t-il donc de changé dans le monde ? Il y a une satisfaction nationale de plus ; en d'autres termes, l'invention est une conquête gratuite, un profit gratuit pour l'humanité. Elle donne pour résultat définitif un accroissement de satisfaction, à travail égal. Qui recueille cet excédent de satisfaction? C'est d'abord l'inventeur, le capitaliste, le premier qui se sert avec succès de la machine et c'est là la récompense de son génie et de son audace. Dans ce cas, comme nous venons de le voir, il réalise sur les frais de la production une économie, laquelle de quelque manière qu'elle soit dépensée (et elle l'est toujours), occupe juste autant de bras que la machine en a fait renvoyer. Mais bientôt la concurrence le force à baisser son prix de vente dans la mesure de cette économie elle-même. *Et alors ce n'est plus l'inventeur qui recueille le bénéfice de l'invention, c'est l'acheteur du produit, le consommateur, le public, y compris les ouvriers; en un mot l'humanité.* Et ce qu'on *ne voit pas*, c'est que l'épargne ainsi procurée à tous les consommateurs, forme un fonds ou le salaire puise un aliment qui remplace celui que la machine a tari.

« Ainsi donc, en reprenant l'exemple ci-dessus : Jacques Bonhomme obtient un produit en dépensant deux francs en salaires. Grâce à son invention, la main-d'œuvre ne lui coûte plus qu'un franc. Tant qu'il vend le produit au même prix, il y a un ouvrier de moins occupé à faire ce produit spécial : *c'est ce qu'on voit*; mais il y a un ouvrier de plus occupé par le franc que Jacques Bonhomme a épargné : *c'est ce qu'on ne voit pas.* Lorsque par la marche rationnelle des choses, Jacques Bonhomme est réduit à baisser d'un franc le prix du produit, alors il ne réalise plus une épargne ; alors il ne peut plus disposer d'un franc pour commander au travail national une production nouvelle. Mais, à cet égard, son acquéreur est mis à sa place, et cet acquéreur, c'est l'humanité. Quiconque en achetant un produit, le paie un franc de moins, épargne un franc et tient nécessairement cette épargne au service du fonds des salaires : *c'est encore ce qu'on ne voit pas.* »

Les machines, *on le voit*, sont donc un élément de richesse et de prospérité, et l'économie qu'elles apportent à la production, ne font que changer de direction pour alimenter d'autres industries. Elles ne peuvent donc, ni amener la misère, ni faire baisser les salaires. Voyez l'imprimerie mécanique, pensez aux pauvres copistes d'avant Gutenberg et comparez !

En Angleterre, lors de l'introduction de la machine à filer, c'est-à-dire en 1769, il y avait : cinq mille deux cents fileuses au petit rouet et deux mille sept cents tisseurs ; leur salaire s'élevait au plus à quatre millions par an. D'après Baines, en 1833, il existait quatre cents quatre-vingt-sept mille individus employés à la filature et au tissage du coton, et, en comptant les industries annexes, huit cent mille ouvriers recevant un salaire de 455 millions. Il faut ajouter que ce salaire avait augmenté dans des proportions bien supérieures à ce qui pouvait résulter de l'augmentation générale.

Lorsque les machines s'installent dans un atelier, il est clair qu'elles apportent là un trouble momentané. Leur invasion est en quelque sorte révolutionnaire. Mais on sait maintenant que ce trouble n'est que passager. La cause est gagnée, mais non sans peine. Allez donc aujourd'hui proscrire les machines comme certains esprits faux le demandaient; faites donc un choix et prohibez certaines d'entre elles qui déplacent le plus d'ouvriers comme d'autres raisonneurs moins absolus le réclamaient! Ces propositions stupides, qui ont cependant semé souvent la révolte et amené la destruction des machines, sont retournées d'où elles viennent, c'est-à-dire aux petites maisons.

Tout progrès s'achète par quelques souffrances ; c'est à l'homme de savoir les atténuer.

LES CRISES INDUSTRIELLES ET LES EXCÈS DE LA PRODUCTION

Depuis plusieurs années, une crise commerciale et industrielle sévit sur le monde tout entier, mais surtout sur l'Europe ; on ne saurait en prévoir la fin.

En Angleterre, la situation est des plus graves. L'industrie du coton constate, d'année en année, une diminution sensible de ses débouchés : c'est la concurrence formidable des États-Unis et de l'Inde qui se fait sentir toujours de plus en plus. L'industrie de la fabrication du fer est en souffrance ; là on ne trouve qu'un remède à appliquer : *la réduction de la production*. La construction des navires est pour ainsi dire arrêtée, les mesures protectionnistes prises en pays étranger ont amené le chômage dans nombre d'usines et d'ateliers ; des milliers d'ouvriers sont à la charge de l'assistance publique et chaque jour des grèves, des réductions de salaires, des renvois d'ouvriers sont annoncés de tous les côtés ; aussi l'ouvrier anglais se révolte-t-il de temps à autre.

En France, la situation est peut-être moins grave, mais elle est encore alarmante. On constate une énorme diminution dans les articles de luxe et dans certains autres objets de fabrication spéciale. La construction des maisons est pour ainsi dire arrêtée dans les grandes villes. La moins value qui en résulte dans les revenus de la nation et dans les rentrées des impôts se fait sentir d'une façon très marquée depuis quelques années (1). La concurrence étrangère est, de plus, favorisée par des prix de transports par eau et par voie ferrée considérablement réduits.

En Belgique, en Hollande, la situation n'est pas meilleure ; une grande quantité d'ouvriers sont sans travail.

En Espagne, la situation de l'industrie est mauvaise ; en particulier, l'industrie textile est dans

---

(1) Le tableau C de l'impôt des patentes nous montre qu'en 1886, il n'existe plus en France que 191,699 fabricants contre 225,332 en 1877.

l'état le plus précaire. En Catalogne, les manufactures se ferment chaque jour; on cite entre autres celle de MM. Battlo y Battlo, qui laisse sans travail plus de quinze cents familles. A Grenade, la situation des ouvriers de la construction devient alarmante; plus de deux mille familles sont sans travail.

L'Allemagne fait depuis quelques années des efforts gigantesques pour augmenter son exportation et se créer de nouveaux débouchés. Elle a en vue surtout la lutte commerciale et industrielle avec la France, dont elle médite la ruine. Nous savons ce que l'homme implacable de Berlin nous a promis. Après les désastres d'une guerre terrible, après nos défaites militaires, nous serons, s'il faut l'en croire, vaincus de nouveau et cette fois sur le champ de bataille des affaires. Ces menaces ne se réaliseront pas sans doute, mais il est très exact d'affirmer cependant, qu'en dix ans, l'Allemagne a augmenté son commerce extérieur d'un milliard, tandis que le nôtre diminuait juste de cette énorme somme et que depuis 1880, les produits manufacturés français diminuaient de 500 millions, pendant que l'Allemagne augmentait les siens de 700 millions.

Malgré tout, il y a encore là nombre d'industries en détresse. Les perspectives de l'industrie métallurgique y sont des plus tristes; le tissage et le filage y ont à lutter contre des difficultés nombreuses, la situation de l'industrie de la soie est déplorable; partout les marchés sont inondés de produits. Toutes les Chambres de commerce de l'Allemagne se plaignent du renchérissement des produits bruts et à demi-fabriqués, qui rend difficile le concours sur les marchés étrangers. Enfin les droits sur les céréales ont anéanti les grands mouvements commerciaux de grains avec les ports de la mer Baltique, et ruiné l'exportation des farines.

En Autriche, toutes les industries se plaignent des difficultés immenses qu'elles ont de conserver leurs débouchés et même d'arrêts complets dans les ventes. Ce sont les sucres, les fers, les machines et les filatures qui souffrent le plus. Pour ce qui concerne l'exportation au sud et au levant et dans les États du Danube, il faut ajouter à la concurrence acharnée des divers peuples des difficultés sans nombre provenant des tarifs spéciaux.

A quoi attribuer ce malaise général, cette absence de travail et d'affaires ? Nous répondrons : à diverses causes, dont voici les principales :

La première et la plus importante pour l'Europe, est la diminution progressive et fatale des demandes des États d'outre-mer.

Si l'affaissement du marché anglais provient de l'émancipation industrielle de l'Inde, l'Europe tout entière a pour rival le peuple américain qui, après avoir créé 300,000 kilomètres de chemins de fer sur son énorme territoire, a fondé de tous les côtés les manufactures les plus considérables, des usines de premier ordre. Il y a là une immense population de 60,000,000 d'âmes, qui demandait tout autrefois

aux autres peuples et qui commence à se suffire à
elle-même (1).

En Asie, le Japon acclimate l'industrie euro-
péenne ; ce pays finira par rendre son industrie
indépendante. Comme exemple, la consommation
des allumettes est fournie actuellement par les
fabriques indigènes. Le Japon produit une notable
partie de sa consommation d'articles de laine, de
draps, de papier, de savon, de verrerie. Le Japonais
est vif, entreprenant, actif ; avec ce caractère, il
saura s'affranchir de plus en plus de la domination commerciale étrangère et il envahira très pro-

---

(1) En vertu d'une loi mystérieuse qui fait marcher la civilisation de l'Est à l'Ouest, l'industrie, l'une des conséquences
de cette civilisation, dont le berceau a été l'Asie, et qui s'est
installée triomphalement ensuite en Europe, semble vouloir
s'expatrier de nouveau pour prendre possession des deux
Amériques. Ce fait patent est redoutable et cette évolution
du monde doit vivement frapper les esprits. Il y a là, en
effet, plus que du hasard et l'on doit réunir toutes les forces
capables d'enchaîner ce mouvement, qui pourrait faire des
nations artistiques et industrielles comme une deuxième
édition du Céleste-Empire, que les arts ont abandonné pour
porter au loin leur richesse et leur fécondité.

Ce grand péril menace notre vieux continent et, chose
grave, les grands efforts industriels des temps modernes
aident puissamment à sa marche. Plus on a augmenté le
nombre des chemins de fer, plus on a percé d'isthmes et de
montagnes, plus on a diminué les chances de fortune pour
les pays anciennement riches, dit un écrivain judicieux (1).
Comment, en effet, des populations denses, occupant un sol
fatigué, pourraient-elles entrer en lutte avec des pays vierges,
d'une inépuisable richesse (2) ?

(1) M. Amédée Bocher : *L'Avenir de l'Europe en face du progrès moderne.*
(2) Les États-Unis éteignent leur dette. L'Europe augmente tous les jours la sienne ; elle
atteint aujourd'hui l'énorme chiffre de 120 milliards de francs.

chainement les marchés asiatiques qu'il peut alimenter à bon marché, sa main-d'œuvre étant des
moins élevées.

En Europe même, où l'on comptait autrefois des
peuples sans industrie, auxquels les autres États
fournissaient le nécessaire, les statistiques officielles constatent les plus grands changements.
C'est ainsi qu'en Grèce, il s'est créé d'importantes
industries. Il y a vingt ans, on ne voyait aucune
cheminée d'usine au Pirée ; actuellement, il y en a
plus de cinquante. Trois mille ouvriers y fabriquent
annuellement pour 27 millions de francs de produits.

Partout l'industrie révèle sa puissance. L'Italie
elle-même, cette nation qui ne comptait que par
l'art pur, est maintenant un peuple en pleine
renaissance économique, qu'il faut s'habituer à considérer comme un concurrent sérieux sur le terrain
industriel et commercial.

On nous objectera, en se plaçant au point de vue
général, que tout cela n'est que du déplacement. Si
l'on fabrique moins en Europe, il semble, en effet,
qu'on devra fabriquer davantage en Amérique, et
que la production sera toujours la même, comme
quantité et comme résultat final. Mais ce raisonne-
ment n'est pas exact, car la situation industrielle
de l'Amérique est loin d'être bonne, chacun le sait.
Depuis 1884, les États-Unis souffrent d'une crise analogue à celle qui frappe la vieille Europe. Pour caracté-
riser la situation, il y avait en 1885, quarante lignes

6

de chemins de fer en faillite et dans les centres industriels de l'État, plus de quatre cent mille ouvriers sans travail.

La crise est donc universelle.

« L'invention et les grandes applications de la vapeur, dit le professeur Baudrillart, marquent dans l'histoire de l'humanité une de ces rares périodes sur lesquelles il ne faudrait pas juger de l'état ordinaire de l'industrie. Par elles, l'industrie a eu aussi sa crise révolutionnaire qui est venue précisément coïncider avec l'avènement tumultueux du régime improvisé de la liberté et de la concurrence. C'est là un phénomène dans le développement des nations modernes. »

Cette invention, cette application, ont, en effet, donné un essor considérable à l'industrie. Il a fallu construire des machines, des navires, des chemins de fer qui ont actuellement un développement de 488,000 kilomètres, un matériel énorme enfin ; l'outillage moderne a dû se créer de toutes pièces *et il est à peu près terminé.*

Voilà l'une des grandes causes de la crise financière, économique, commerciale et industrielle qui atteint le monde entier.

Vient ensuite l'excès de production qui entre aussi pour une part dans l'arrêt du travail. On aura beau nous dire qu'un excès de production n'est jamais qu'un terme relatif ; qu'en face de lui, il y a toujours un défaut de production correspondant, nous ne sommes pas de cet avis.

Dans l'antiquité, le moulin à bras que faisait fonctionner l'esclave, produisait de la farine pour vingt-cinq personnes ; un moulin à eau peut moudre cent cinquante fois plus de blé ; quarante meules installées dans une usine (cela n'est pas rare), et surveillées par vingt ouvriers, réduisent en farine 720 hectolitres par jour, c'est-à-dire de quoi alimenter soixante-douze mille personnes. Un homme peut donc aujourd'hui produire la farine nécessaire à trois mille six cents individus ou cent quarante-quatre fois plus que l'esclave romain ; c'est-à-dire que deux cent soixante-dix-huit ouvriers peuvent moudre pour un million d'habitans, tandis qu'il fallait autrefois quarante mille esclaves pour opérer un tel travail.

Il faut cinq ouvriers pour surveiller deux métiers accouplés de huit cents broches. Or, une bonne fileuse ne fait qu'une quantité de fil égale à la moitié d'une broche. L'ouvrier qui suffit à la marche de cent soixante broches produit donc trois cent vingt fois plus de fil qu'une fileuse.

Une bonne machine à imprimer mue par la vapeur, avec deux ou trois hommes, tire 6,000 exemplaires à l'heure. On peut dire que le typographe actuel fait la besogne d'au moins dix mille copistes.

On pourrait continuer de donner des exemples de cette fécondité extraordinaire due à l'invention et aux perfectionnements incessants des machines. *Produire davantage et à bon marché*, formule économique de notre temps, est bien, mais on doit se demander, puisque cette production s'accroît sans cesse, si l'écoulement est en rapport avec la fabrication. La solution de ce problème nous paraît être négative. L'excès dans la fabrication est évident; les magasins regorgent de marchandises et le bienfait de la grande production se transforme en fléau.

En résumé, depuis les grandes inventions modernes, l'humanité est entrée dans une phase nouvelle. Jamais, dans l'histoire du monde, pareil spectacle ne s'était révélé. Pendant de longs siècles de labeur, le travail mercenaire des bras avait amplement suffi aux besoins restreints des sociétés; l'outillage, quoique à l'état rudimentaire, répondait aux nécessités du moment; les routes et les canaux étaient les uniques moyens de transport. Tout à coup, les génies se sont affirmés: les machines apparaissent alors, la fabrication devient énorme, les chemins de fer viennent révolutionner l'industrie des transports. Comme effet de cette dernière création, les voyages deviennent un jeu. A la fin du XVIIᵉ siècle, on mettait un mois pour aller de Paris à Marseille; on y va maintenant en vingt heures. Les communications entre les peuples de l'univers ne deviennent plus qu'un jeu, l'affaire en quelque sorte d'un instant, et voilà l'univers inondé de produits de toute nature.

Au bas mot, les idées, les forces, l'application qui en résultent, aussi bien dans les arts que dans l'industrie et le commerce se centuplent. En effet, cent voyages se font pour un; il y a là une économie de temps considérable qui aide encore à la multiplication de la production. Arrêtons-nous un instant sur ce fait incontestable :

« Supposez, dit Joseph Garnier, une ligne fréquentée par un demi-million de voyageurs. L'économie d'une heure par chaque voyageur, en produit une pour la masse, de 500,000 heures, soit de 50,000 journées, représentant le travail annuel de cent soixante-six hommes et qui n'augmentent pas d'un sou les dépenses de l'alimentation générale ».

Nous vivons dans des temps inouïs.

Les fabricants, cessant d'être des producteurs raisonnables, ont saturé le monde de leurs produits en travaillant sans cesse, le jour et la nuit, supprimant les repos, trouvant les heures trop courtes et cherchant, pour ainsi dire, querelle à la vapeur, trop lente au gré de leurs désirs. La loi de la production rationnelle a été méconnue, foulée aux pieds ; auss l'effet de cet accès de folie ne s'est pas fait attendre : l'excédent s'est amoncelé de tous les côtés, les débouchés étant insuffisants. *Le renouvellement des besoins a une limite qu'il ne faut pas franchir.*

Il serait bien difficile de mettre un frein aux dérèglements de la production qui répond trop amplement aux nécessités humaines. Il n'y aurait cependant que ce moyen là de terminer des crises industrielles semblables à celle que nous traversons. Mais comment l'employer, ce moyen ? Nous ne nous sentons pas de force à résoudre ce problème. Il nous semble même insoluble, à moins que les ruines qui s'accumulent de jour en jour ne s'accroissent encore et que le terrain se déblaie de lui-même, ce qui pourrait bien arriver. *Quand la machine est surchauffée, elle éclate.*

LA TAXE DE SÉJOUR ET LA PROSCRIPTION DES ÉTRANGERS

Tout homme qui vit au milieu d'une société constituée en nation, doit contribuer aux dépenses que cette société s'impose afin de pouvoir veiller à la sécurité publique et procurer la plus grande somme de bien-être à tous. Il est extraordinaire que cette vérité, qui crève les yeux, ne frappe pas davantage les imaginations. Quoi, l'étranger viendra nous enlever nos travaux ; il viendra vivre de notre vie, la place qu'il occupe dans nos ateliers, à nos comptoirs, manquera à l'un de nous, et cet homme sera soustrait à nos devoirs, à nos charges, à nos obligations militaires !

Les traités de commerce s'opposent à l'établissement des taxes de séjour, nous objecte-t-on. Eh bien, il faut les reviser aussitôt que possible, voilà tout. Peut-être n'avons-nous pas toujours été de cet avis, mais en présence de l'envahissement extraordinaire des étrangers en France, il est du devoir de nos gouvernants d'aviser, car il y a là péril en la demeure nationale.

Nous n'en sommes plus à la fraternité universelle ; les avantages du cosmopolitisme ne nous touchent plus ! Moins de générosité folle et davantage de prudence nous siéront tout à fait, d'autant plus surtout, que les ouvriers et employés étrangers emportent le secret de nos procédés et l'habileté professionnelle qu'ils ont acquise à nos dépens, le tout pour nous faire une concurrence de plus en plus redoutable.

Il est un fait à signaler ; en cas de misère ou de maladie, l'ouvrier étranger tombe à la charge de l'assistance publique au détriment du Français malheureux, et cela dans l'énorme proportion de 48 0/0!

Il n'est pas jusqu'aux écoles créées et entretenues par l'Etat qui ne soient fréquentées par les étrangers qui, libres de tout devoir envers la France, continuent paisiblement leurs études et reçoivent même, contrairement aux vœux des fondateurs, des prix devant être distribués à des nationaux. C'est un état de choses qui ne peut continuer.

Ces considérations et ces faits ont ému nos députés, qui ont nommé une commission chargée d'étudier une proposition tendant à l'établissement d'une taxe de séjour sur les étrangers résidant en France. Cette commission a pris les résolutions suivantes :

« 1° Les étrangers résidant en France paieront une taxe équivalente à celle proposée dans la loi organique pour les jeunes gens exemptés du service militaire ; cette taxe est de 12 francs.

« 2° La taxe sera perçue au profit des communes ;

« 3° Les étrangers résidant en France devront en faire la déclaration dans un délai de deux mois, à partir de la promulgation de la loi, sous peine d'amende. »

Cette taxe serait insignifiante. En bonne logique, la taxe de séjour devrait être proportionnelle aux ressources et aux affaires de l'étranger qui vient s'installer en France pour y gagner de l'argent et le remporter aussitôt que possible, souvent dans un pays qui nous est hostile. C'est là, qu'on le sache bien, une perte définitive pour la France, que ce capital qui lui échappe.

Pourquoi encore ne fixerait-on pas cette taxe à la somme équivalente à celle du temps que l'Etat réclame aux Français pour le service militaire ? Cet impôt du sang, auquel échappe l'étranger par suite de son émigration, lui permet d'offrir ses services à un prix inférieur à la normale, puisqu'il travaille toute sa vie sans être dérangé de ses occupations, qu'il ne s'occupe en aucun cas de ses devoirs nationaux, et que, par conséquent, toutes ses années peuvent être consacrées au travail.

Si l'on adoptait ce mode d'impôt si logique, il faudrait estimer la somme du gain annuel de l'étranger, la multiplier par les cinq ou les trois années de service actif sous les drapeaux, y ajouter les journées d'appel des réserves et de la territoriale et tabler là-dessus pour arrêter le chiffre du recouvrement annuel. S'il s'agit d'ouvriers ou d'employés, on ferait facilement faire ce recouvrement par le chef de l'établissement qui emploie les étrangers ; il opérerait par le système des retenues sur les paies et les appointements mensuels.

*
* *

En France, les constructeurs et entrepreneurs, on le sait, sont tenus à une responsabilité de dix années; le Code civil leur impose cette charge énorme, par son article 1792, à laquelle ils ne peuvent se soustraire lorsque l'édifice qu'ils ont construit périt, même par le vice du sol.

Eh bien, l'architecte et l'entrepreneur étrangers peuvent construire tout ce qu'ils voudront dans notre pays; ils échapperont complètement à la loi en cas de danger pour eux, par leur disparition. Quoi de plus rationnel? L'étranger est un nomade qui vient chercher fortune dans des pays plus prospères que le sien; quand sa provision est faite, il s'en retourne.

C'est ce qu'a, du reste, compris la commission parlementaire chargée d'examiner le projet de loi précité. Son rapporteur estime que « l'Etat doit être invité à ne choisir, pour exécuter ses travaux, que des adjudicataires français et que les départements et les communes doivent écarter les entrepreneurs étrangers, en s'appuyant notamment sur l'article du Code civil qui impose la responsabilité de dix années. »

Lors même que ces propositions seraient mises en usage, il resterait encore les étrangers constructeurs de travaux particuliers, qu'il serait juste de frapper d'un impôt de garantie équivalent à la charge de responsabilité imposée aux entrepreneurs français.

*
* *

Certains esprits, trouvant le système de la taxe de séjour ou insuffisant ou impraticable, ont été jusqu'à proposer l'interdiction de l'emploi des ouvriers étrangers aux travaux français. Cette proscription serait des plus maladroites, sinon des plus funestes.

Nous avons déjà fait remarquer ailleurs que les pays étrangers sont des débouchés précieux pour nos travailleurs. A Turin, Milan, Florence, Naples et Rome, on compte plusieurs milliers de nos compatriotes des deux sexes occupés dans les magasins de modes, de couture, de fleurs, de coiffure, etc. Il en est de même en Russie, ou la colonie française est des plus nombreuses ; dans le district consulaire de Moscou seul, on constate la présence d'une grande quantité de nos nationaux qui, grâce à leur habileté dans le travail, y gagnent largement leur vie.

Si, par l'application des doctrines de proscription que l'on émet à la légère, ces ouvriers de luxe étaient chassés de l'étranger, ils reviendraient en France disputer à leurs anciens camarades un travail souvent trop rare, car ces projets rétrogrades provoqueraient certainement à l'étranger, des mesures qui ne seraient, en somme, que de justes représailles.

Ce qu'il y a de singulier, c'est que de pareilles idées aient germé dans des esprits partisans de la fraternité universelle. Nous livrons ce fait au lecteur, sans vouloir en tirer de longs commentaires.

*
* *

Voici, du reste et très exactement, le nombre de Français établis à l'étranger, d'après le tableau dressé par M. Lagneau sur les documents livrés par nos consuls :

Iles Britanniques { Angleterre .	12,989	
Irlande. . . .	132	
Ecosse. . . .	58	
Jersey	2.870	
Belgique	35,000	
Hollande	1,546	
Danemark. . . .	116	
Suède et Norvège	54	
Russie	2,652	
Autriche	2,844	
Allemagne	6,429	
Suisse	45,000	
Italie	4,718	
Espagne	10,642	
Portugal	1,817	
Grèce	269	
Turquie d'Europe	507	
Turquie d'Asie. .	1,726	
Tripoli	76	
Egypte	14,207	
Maroc.	105	
Cap de Bonne-Es-		
pérance.	31	

Perse	51
Indes anglaises .	925
Pointe-de-Galle .	19
Siam	15
Chine	148
Japon	43
Iles Philippines. .	34
Canada	3,173
Etats-Unis	109,870
Haïti	442
Santiago-Cuba. .	859
Saint-Thomas . .	125
Nouvelle Grenade,	141
Costa-Rica, Gua-	
témala, San-Sal-	
vador	604
Vénézuela.	1,395
Brésil	592
Confédération ar-	
gentine.	23,196
Uruguay.	23,000
Chili	1,650

C'est donc un chiffre total de trois cent dix mille français qui nous reviendraient de diverses contrées du globe, si la proscription des étrangers devenait réciproque. On voit qu'il faut y regarder à deux fois lorsque l'on veut résoudre des questions de cette importance.

Trois cent dix mille Français sont donc établis à l'extérieur ; ce chiffre est de beaucoup inférieur à celui des seuls Allemands qui vivent de leur industrie sur notre territoire. On voit apparaître ces étrangers dans tous nos métiers ; le commerce et la banque en regorgent et cette multitude, qu'il faut frapper d'impôt, se contente d'une rémunération inférieure à celle que réclament les ouvriers et les employés français.

*
* *

Dans aucun autre pays, l'affluence des étrangers n'est aussi grande qu'en France ; leur nombre est hors de toute proportion, nous venons de le dire, avec celui des étrangers qui résident dans les états voisins.

Un million cent quinze mille, voilà ce nombre, qui donne un étranger sur trente-quatre habitants de notre sol et qui est environ le trentième de sa population totale.

Les départements des frontières et des côtes sont ceux qui reçoivent le plus l'immigration des peuples moins bien partagés au point de vue des ressources et du bien-être. Ces immigrants ne pénètrent plus avant sur le territoire que si le travail qu'ils viennent chercher leur manque dans les régions qu'ils abordent tout d'abord. Ils se fixent donc, pour la majeure partie, aussi près que possible de leur pays natal, parce qu'ils ont l'idée du retour. C'est ainsi que raisonnent les Allemands, les Suisses, les Belges et les Italiens.

Aussi le département des *Vosges* compte-t-il 9,129 étrangers, soit 1 sur 45 habitants ;

La *Meuse*, 9,159 étrangers, soit 1 sur 32 ;

La *Meurthe-et-Moselle*, 32,884 étrangers, soit 1 sur 13 ;

Le territoire de *Belfort*, 8,342 étrangers, soit 1 sur 9.

Si les Allemands nous envahissent ainsi, les Belges inondent les départements du Nord, aussi :

Les *Ardennes* comptent 37,591 étrangers, soit 1 sur 8 habitants ;

Le *Nord*, 305,524 étrangers, soit 1 sur 5.

Les Italiens et les Suisses apparaissent dans les départements suivants :

Haute-Savoie, 8,142 étrangers, soit 1 sur 34 habitants ;

Savoie, 8,073 étrangers, soit 1 sur 33 ;

Basses-Alpes, 4,156 étrangers, soit 1 sur 32 ;

Hautes-Alpes, 4,511 étrangers, soit 1 sur 30 ;

Var, 24,672 étrangers, soit 1 sur 15 ;

Alpes-Maritimes, 45,515 étrangers, soit 1 sur 5.

A Paris, il y a environ 200,000 étrangers qui fournissent un énorme contingent à la misère publique et à la criminalité.

La statistique, du reste, indique que les étrangers résidant en France, figurent pour un dixième dans le chiffre des condamnés pour crimes et délits de droit commun. Un rapport présenté à la Société

7

économique politique de Lyon par M. le substitut
Bérard, le 5 mars 1886, prouve que la proportion
annuelle des étrangers traduits devant les cours
d'assises françaises, est de 38 par 100,000, c'est-à-
dire plus de trois fois supérieure à la proportion de
toute la France, qui n'est que de 12 pour 100,000.
Le dernier compte de la justice criminelle publié
(celui de 1885), porte le chiffre de 426 étrangers sur
un nombre total de 4,184 accusés.

Sur 1,000 étrangers inscrits sur les contrôles des
bureaux de bienfaisance de Paris, on trouve 407
Allemands, 356 Belges, 72 Hollandais, 51 Italiens,
47 Suisses.

On voit que l'hospitalité nous coûte cher.

*
* *

En dehors de l'objection dont nous avons parlé
plus haut, les adversaires de l'impôt à établir sur
les étrangers ont soutenu qu'aucune charge de ce
genre n'existait chez les autres peuples. Or, ceci
est une erreur profonde.

La loi prussienne du 3 juillet 1876 établit un
impôt sur les métiers ambulants (Gewerbetrieb im
umherziehen) exercés par les étrangers. Cette loi
prescrit la nécessité d'une autorisation pour les
marchands forains et édicte une taxe ordinaire de
48 marks (60 francs), pouvant être portée à 72 et
même à 144 marks pour les professions lucratives.
L'article 14 de la loi va même jusqu'à élever à huit

fois le taux normal, l'impôt à percevoir sur les ressortissants d'un pays où les marchands ambulants prussiens sont moins bien traités que les nationaux et plus mal que les autres étrangers (1).

L'immigration est de plus réglementée en Angleterre, en Belgique, en Hollande, en Russie, en Danemarck, en Suède, en Suisse, etc. Dans plusieurs de ces pays, le droit d'expulsion est réservé à l'administration publique ; dans les Pays-Bas et en Portugal, les autorités exigent un permis de résidence. Le gouvernement de cette dernière nation frappe même l'étranger d'une *taxe de séjour*.

(1) Entretine de M. Pradon, député de l'Ain, rapporteur du projet de loi sur le séjour des Etrangers, avec un rédacteur du *XIX° Siècle*.

CHAPITRE II

Juridictions industrielles et commerciales

LES COMMISSIONS MIXTES DES SYNDICATS ET LES ARBITRAGES

Il a été souvent question de soumettre à des commissions mixtes, c'est-à-dire composées d'ouvriers et de patrons choisis et désignés par les Chambres Syndicales, les questions économiques de travail, de salaire, d'hygiène des ateliers, etc., etc., qui reviennent à chaque instant occuper les esprits et dont la solution pratique est si difficile à obtenir des tribunaux ou des parlements.

Ce procédé d'examen si logique amènerait forcément les appréciations les plus judicieuses, les plus exactes, et les jugements ou les lois rendus ou édictés sur les rapports de ces commissions, seraient basés sur la vérité même, exprimée par les hommes les plus compétents en ces matières.

L'antagonisme entre le travail et le capital se développe de plus en plus, il est plus redoutable encore lorsque les hommes s'éloignent les uns des autres ; au moyen des commissions mixtes, des rapprochements auraient lieu et peut-être, l'esprit de concorde et les concessions mutuelles aidant, pourrait-on s'entendre. Dans tous les cas, beaucoup de solutions satisfaisantes seraient obtenues, il n'en faut pas douter. Il faut donc appeler de tous ses vœux, la création des commissions mixtes arbitrales, ou conseils de conciliation composés d'ouvriers et de patrons.

. Nous venons de dire que ces commissions pourraient éviter les grèves si les deux principaux facteurs du travail, c'est-à-dire le patron et l'ouvrier, se mettaient d'accord pour leur soumettre les questions irritantes qui ne cessent d'apparaître entre eux.

C'est ce qu'une Chambre syndicale ouvrière, celle des vitriers français, a parfaitement compris. Elle a pris, dans l'une de ses réunions, la sage résolution suivante :

« L'Union syndicale des vitriers français fera tout son possible pour prévenir les grèves totales ou partielles, en proposant aux patrons la création d'une commission arbitrale composée mi-partie de patrons et mi-partie d'ouvriers. »

Nous applaudissons à ces paroles de concorde et d'apaisement.

Les ouvriers chapeliers, répondant à un questionnaire qui leur était adressé par M. Barberet (1), s'expriment ainsi à propos de l'arbitrage :

« Lorsqu'un différend existe entre un patron et ses ouvriers, la Commission du travail, composée de trente membres dont cinq de chaque catégorie, se réunit et convoque ordinairement ensemble le patron et les ouvriers. *L'accord se fait souvent.* Si le litige n'est pas aplani de la sorte, ou si une grève se produit, la commission du travail propose *l'arbitrage.* Les arbitres sont au nombre de dix, dont cinq patrons et cinq ouvriers. Cette manière de procéder nous évite d'aller aux prud'hommes, où nous sommes représentés par deux des nôtres, mais presque toujours *monteurs* ou *galetiers,* au détriment des autres spécialités, dont les membres sont cependant plus nombreux. Les monteurs et les galetiers sont plus remuants et ont plus d'initiative que les *fantaisiens.* Il serait bon que chaque spécialité fût représentée directement, et à tour de rôle, au Conseil des prud'hommes. »

On le voit, l'arbitrage est organisé régulièrement chez les chapeliers ; il a cet important avantage

(1) *Le Travail en France.* Monographies professionnelles, tome III, p. 187.

sur les Conseils de prud'hommes d'être composé d'éléments divers représentant les nombreuses spécialités du métier, de façon que les différends, les litiges soient toujours examinés par les hommes les plus compétents. C'est là un résultat très précieux que les Conseils de prud'hommes n'offriront jamais, vu la multiplicité des subdivisions industrielles.

Des commissions arbitrales ont été aussi créées par les Chambres Syndicales d'ouvriers et de patrons carrossiers, charrons et selliers. Elles amènent très souvent l'accord.

Il en est de même dans les industries du bronze et dans beaucoup d'autres métiers.

Les céramistes patrons et ouvriers, dès 1874, ont constitué une commission mixte dont le but est « de s'entendre sur toutes les mesures d'intérêt général concernant leur métier, et aussi pour intervenir à l'amiable dans les différends qui pourraient s'élever entre patrons et ouvriers. »

Dans la lettre-circulaire qui annonçait cette entente, le conseil syndical ouvrier s'exprimait ainsi :

« Les justes réclamations ouvrières ont trouvé de l'écho dans la Chambre syndicale des patrons ; ils ont pressenti que le mouvement économique qui caractérise notre époque, ne devait pas être livré à l'isolement et à l'indifférence. Le vœu général est de concourir à l'amélioration des conditions du travail, *afin d'éviter des crises fatales à tous*. C'est dans cet esprit que nous vous faisons appel (1). »

(1) *Le Travail en France*, par M. Barberet. t. II, p. 404.

De son côté, la Chambre syndicale ouvrière de la Boucherie, qui entretient les rapports les plus cordiaux avec le Syndicat patronal de ce métier, a procédé, en septembre 1887, à la nomination d'une commission mixte de patrons et d'ouvriers, chargée d'étudier la création d'une caisse de secours en cas d'accidents.

Enfin, la Chambre syndicale du papier emploie le système de l'arbitrage entre les ouvriers et les patrons pour régler leurs différends; les neuf dixièmes de ces litiges se terminent ainsi à l'amiable.

Il faut que ces institutions se généralisent. On voit que la bonne volonté se montre déjà un peu de tous les côtés.

Dans sa déposition devant les 44 députés de la commission d'enquête sur le travail, M. Lyonnais, ancien ouvrier du Creusot, député lui-même, après avoir exprimé diverses idées théoriques sur le travail, dit :

« Quand nous en serons arrivés là, nous continuerons par l'institution des commissions arbitrales entre patrons et ouvriers ; ce sera, passez-moi le mot, le clou de l'organisation ouvrière, *parce qu'au lieu de se manger, on tâchera de s'entendre* !

« Je mets dans les commissions arbitrales futures tout l'avenir de l'industrie de mon pays. »

Le deuxième congrès des Chambres syndicales patronales de France, nous l'avons vu plus haut, a exprimé le vœu qu'il soit créé des conseils mixtes entre les Chambres syndicales patronales et ouvrières, « en aussi grand nombre que possible, pour l'étude des questions intéressant leurs professions respectives ».

Les commissions arbitrales pourraient être considérées comme le premier degré de la juridiction commerciale et industrielle. Lorsqu'elles ne pourraient arriver à la conciliation, les affaires seraient renvoyées aux Conseils des Prud'hommes, devenus alors le deuxième degré de cette juridiction, et qui dégagés d'une grande quantité de litiges arbitrés, étudieraient plus à l'aise les questions professionnelles qui leur resteraient à résoudre.

**

En Angleterre, le fonctionnement des Trades-Union comprend l'arbitrage. Leur conseil supérieur, sorti du sein même des corporations, compte plusieurs de ses membres ayant siège à la Chambre des communes. Ce conseil connait des questions de grèves ; les arbitrages auxquels il prend part sont toujours obéis et pourtant il n'y a pas de sanction. Mais patrons et ouvriers ont reconnu là, la nécessité de s'entendre et les premiers se rendent très volontairement à l'appel du Conseil, lorsque celui-ci juge nécessaire de les faire comparaître devant lui.

En Suisse, le Comité central de la fédération horlogère, dont le président est le président du Conseil d'Etat de Neufchâtel, à propos d'une grève qui venait d'éclater à Soleure déclarait, en novembre 1887 « que la fédération veut supprimer les grèves par l'application de l'arbitrage ». Ce Comité se compose de sept patrons, sept ouvriers, un secrétaire, plus le président.

**

L'arbitrage, en général, est un moyen de résoudre les différends sans le secours des huissiers, des avoués, etc.; il donne la possibilité d'épargner les procès, et de terminer les litiges dans le plus prompt délai.

L'article 1003 du code de procédure dit : *Toutes personnes peuvent compromettre sur les droits dont elles ont la libre disposition* (1), ce qui veut dire, en bon français, qu'en résumé on n'est pas obligé de subir les exigences et les dépenses d'argent et de temps de la procédure, et que l'on peut terminer les contestations autrement que devant les cours de justice.

« On trouve, dit M. Doussaud (2), l'arbitrage à tous les âges de l'humanité et chez tous les peuples. Ainsi chez les Indous, les parties avaient la liberté du choix entre l'arbitre et le magistrat. »

Une loi de Solon édictait la même latitude en ces termes : « si les citoyens veulent choisir un arbitre pour terminer les différends qui se sont élevés entre eux *pour leurs intérêts particuliers,* qu'ils

(1) Code de Procédure civile, livre III. *Des arbitrages.*
(2) Journal *le Bâtiment,* n° du 16 octobre 1887.

prennent celui qu'ils voudront d'un commun accord ; qu'après l'avoir pris, ils s'en tiennent à ce qu'il aura décidé ; qu'ils n'aillent point à un autre tribunal ; que la sentence de l'arbitre soit un arrêt irrévocable ».

Il en était de même à Sparte, où les arbitres jugeaient les litiges qu'on leur soumettait, dans les temples, après avoir fait jurer aux parties qu'elles acceptaient et leur avoir fait promettre d'exécuter la sentence.

Les lois des douze tables prescrivaient aux familles de s'entremettre pour terminer les différends ; elles ordonnaient d'assigner aux parties trois arbitres, lorsqu'il s'élevait des contestations au sujet des limites de leurs champs.

Enfin, à Rome, le compromis était, comme chez nous de nos jours, une convention consistant à nommer des arbitres pour terminer des difficultés, en s'obligeant à exécuter la décision ou à payer une certaine somme.

La loi des Visigoths, non seulement consacra le droit des parties de choisir des arbitres, mais encore accorda aux sentences rendues par ceux-ci la même force qu'aux décisions des juges.

En France, on trouve l'arbitrage fonctionnant à toutes les époques.

Les deux sentences arbitrales rendues par Louis IX, en janvier 1263, entre le roi d'Angleterre et ses barons, et en septembre 1268 entre le comte de Luxembourg et celui de Bar ; le compromis entre les rois de France et d'Angleterre en 1546, soumettant un procès à la décision de quatre avocats ; la nomination de Louis XII comme arbitre entre les ducs de Gueldre et de Julien ; le choix du parlement de Grenoble pour juger, sous François I⁰ʳ, les prétentions de deux princes sur une terre du Milanais, et la nomination en 1570 de Jean Begot, conseiller au parlement de Dijon, par le roi d'Espagne et les Suisses, pour fixer les limites de la Franche-Comté, prouvent suffisamment que l'arbitrage a été constamment pratiqué.

Un édit du mois d'août 1560 porte, du reste, que tous différends entre marchands pour faits de leur commerce, les demandes de partage et les comptes de tutelle et d'administration seront renvoyés à des arbitres.

Une ordonnance de mars 1673 institue l'arbitrage pour les contestations entre associés commerciaux.

Enfin, la déclaration des droits de l'homme consacre « le droit qu'ont les citoyens de faire prononcer sur leurs différends par des arbitres de leur choix (1). »

En présence de ces faits, et en s'appuyant sur ces autorités magistrales, ne serait-il pas tout naturel de s'en rapporter aux décisions d'arbitres choisis par les parties sur les listes des Chambres syndicales, pour tous les différends et affaires liti-

(1) Art. 86 et suivants. — L'art 91 dit formellement : « Il y a des arbitres publics élus par les assemblées électorales ». Leurs fonctions sont déterminées dans les art. 92, 93 et 91.

gieuses de métiers ? Quoi, il dépend des gens en désaccord d'en finir tout de suite, sans frais, en se passant des tribunaux, en évitant le code de procédure, en supprimant les intermédiaires obligés dans les procès, en fixant même à court terme, la date de la solution désirée, et ils ne se serviraient pas de ce précieux moyen ! Ils ne s'empresseraient pas de saisir l'occasion de se faire juger par des pairs, sans frais pour ainsi dire !

Eh bien, non, ils ne le feront pas ! Demandez pourquoi à sainte Routine !

LES PRUD'HOMMES

On voit de tous temps, dans l'histoire des corporations, apparaître les prud'hommes, officiers des maîtrises chargés de la surveillance et de l'exécution des règlements des métiers. D'autres fonctionnaires élus, portant le même titre, existaient dans certaines villes, notamment dans nos ports de mer ; ceux-ci avaient pour mission de concilier les différends survenus dans l'exercice des métiers de la navigation et des pêcheries.

Aujourd'hui les prud'hommes forment des conseils composés mi-parti de patrons, mi-parti d'ouvriers élus par leurs pairs ; ils jugent gratuitement les différends en matière d'arts et métiers, entre les ouvriers et les maîtres. Leur institution correspond en matière commerciale à celle des juges de paix en matière civile.

A Lyon, un conseil de prud'hommes fut institué en vertu d'une loi datée du 18 mars 1806. Il était composé de neuf membres dont cinq négociants fabricants et quatre chefs d'atelier. Il conciliait et jugeait des contestations entre les fabricants, ouvriers, chefs d'atelier, compagnons et apprentis, constatait les contraventions aux lois et règlements, les soustractions de matières premières qui pourraient être faites par les ouvriers et les infidélités commises par les teinturiers. A cet effet, les prud'hommes, — et c'est là une réminiscence de l'organisation des corporations, — pouvaient faire des visites et des perquisitions ; ils envoyaient ensuite leurs procès-verbaux aux tribunaux compétents. Enfin la conservation de la propriété des dessins, et divers autres privilèges leur étaient confiés.

En 1810, les ouvriers patentés furent admis dans la composition du Conseil des prud'hommes lyonnais ; le nombre des conseillers ne fut plus fixé, mais les marchands fabricants devaient toujours être un de plus que les chefs d'atelier, les contremaîtres, les teinturiers et les ouvriers. Le décret daté de ladite année, charge les prud'hommes de veiller à la conservation de la propriété des marques de fabrique, indique la composition et le fonctionnement des bureaux particuliers et du bureau général, règle leurs inspections dans les ateliers ayant pour objet unique d'obtenir des informations sur le nombre de métiers et d'ouvriers, etc, etc.

L'ordonnance du 29 décembre 1844 établit à

Paris un conseil de prud'hommes pour l'industrie des métaux et celles qui s'y rattachent. L'ordonnance du 9 juin 1847 y a ajouté trois nouveaux conseils : un pour les tissus et les industries annexes, un pour les produits chimiques et un pour les industries diverses.

Une ordonnance du 9 juin 1847 porte que la juridiction du conseil des prud'hommes instituée à Paris, pour l'industrie des métaux, s'étendra à tout le ressort du Tribunal de commerce du département de la Seine.

Un décret en date des 27 mai et 5 juin 1848 réorganise l'institution qui nous occupe. Il fixe le nombre des membres de chaque conseil, qui devra être au minimum de six et au maximum de vingt-six, les prud'hommes ouvriers toujours en égal nombre à celui des prud'hommes patrons. Il règle le mode d'élection, déclare électeurs tous les patrons, chefs d'atelier, contre-maîtres, ouvriers, compagnons âgés de vingt et un ans et résidant depuis six mois au moins dans la circonscription du Conseil des prud'-hommes. Les éligibles doivent être âgés de vingt-cinq ans et être domiciliés depuis un an dans la même circonscription. Les chefs d'atelier et contre-maîtres ne peuvent former plus du quart des membres du Conseil. La présidence des conseils devra être alternativement déférée, par voie d'élection, à un patron et à un ouvrier, les patrons élisant le président ouvrier et les ouvriers, le président patron.

Pour éviter tout antagonisme dans la composition des conseils, le décret a établi une combinaison des plus ingénieuses. Les patrons et les ouvriers sont convoqués séparément par le préfet pour nommer, au scrutin de liste, un nombre de candidats triple de celui des membres à élire. Huit jours après la publication du résultat de cette élection, a lieu une nouvelle convocation pour l'élection des conseillers ouvriers par les patrons et pour celle des conseillers patrons par les ouvriers.

Une loi du 7 août 1850 a facilité l'accès de la juridiction des prud'hommes, en décidant que tous actes de procédure et de jugement seraient rédigés sur papier visé pour timbre et enregistrés en *débet*, dispensant ainsi le plaideur de l'avance des frais.

Les conseils prononçaient alors en dernier ressort jusqu'à concurrence de cent francs, et indéfiniment à charge d'appel. C'est le chiffre de la condamnation, et non celui de la demande, qui déterminait le cas d'appel.

La loi de 1853 fut moins libérale. Pour être électeur, il fallait avoir vingt-cinq ans et trente ans pour être éligible, les patrons et les ouvriers exerçant leur industrie depuis cinq ans au moins et depuis trois ans domiciliés dans la circonscription du Conseil. Les vice-présidents et les présidents étaient nommés par l'Empereur et pouvaient être pris en dehors des éligibles. Les patrons nommaient les prud'hommes patrons; les ouvriers les prud'hommes ouvriers. Les jugements devinrent définitifs et sans appel lorsque le chiffre de la demande n'excédait pas 200 fr. en capital ; au dessus de ce chiffre, ils étaient susceptibles d'appel devant le Tribunal de commerce. Enfin les conseils pouvaient être dissous par décret de l'Empereur, sur la proposition du ministre compétent.

Ces dispositions spéciales ont été abrogées depuis, bien entendu.

La loi du 7 février 1880, (la plus récente), n'a résolu que des questions de détail et notamment celle de la composition des bureaux, au point de vue des éléments patronaux et ouvriers.

Nous nous sommes étendu sur ce sujet qui a beaucoup d'importance. En effet, les conseils de prud'hommes rendent de très réels services ; il est malheureux de constater que la passion politique, qui n'a absolument rien à faire là, mais qui envahit tout, a la haute main sur les élections de ces conseils. De là, entre conservateurs ou républicains modérés et anarchistes ou collectivistes (on se perd dans ces divisions), des luttes incompatibles avec les fonctions judiciaires si honorables que confère la loi à des industriels et à des ouvriers que le mérite seul devrait indiquer.

Aujourd'hui les conseils parisiens sont toujours au nombre de quatre ; ce nombre est insuffisant. Aussi, les Chambres syndicales de l'Industrie et du Bâtiment ne cessent-elles de réclamer l'institution d'un cinquième conseil spécial à la construction. Cette réclamation est, du reste, prise en considéra-

tion par le gouvernement et si nos ministères ne
changeaient pas aussi souvent de titulaires, il est
tout à fait probable que cette création aurait eu
lieu.

Le conseil des métaux est divisé en catégories
qui sont au nombre de cinq ; celui des industries
diverses en compte six. Ces deux conseils
sont surchargés d'affaires parce qu'ils comprennent, entre autres industries, celles du Bâtiment mélées aux instruments de musique, à l'horlogerie, à l'imprimerie etc., etc. On comprend
dès lors combien la subdivision en spécialités serait
nécessaire, et l'on sera tout à fait convaincu de
l'utilité de cette mesure, quand nous apprendrons au
lecteur qu'un serrurier, par exemple, se trouve souvent placé en conciliation, devant des conseillers
absolument incompétents dans son affaire, puisqu'ils
appartiennent à des corps de métier tout-à-fait
étrangers au sien, qu'ils soient horlogers ou mécaniciens même (1).

*
* *

Donnons ici une idée de l'importance et du nombre
des affaires qui ont été portées, dans le courant des
années 1885 et 1886, devant la juridiction des pru-
d'hommes français.

(1) Voyez pour les modifications à apporter aux Conseils
des Prud'hommes, les vœux exprimés en 1887 au congrès
des Chambres Syndicales, pages 28 et suiv.

En 1885, le nombre des conseils qui ont fonctionné a été de 117 ; ils ont été saisis de 39,878 affaires, sur lesquelles 16,254 ont été conciliées, 4,512 termi-nées par des jugements en dernier ressort, 1,046 par des jugements susceptibles d'appel. Les autres affaires ont été en partie, du moins, retirées.

Les 39,878 affaires se répartissent de la manière suivante :

Apprentissage	1,015
Congés	3,889
Salaires.	26,996
Malfaçons.	1,721
Livrets d'acquit du tissage . . .	118
Affaires diverses	6,139

Ce dernier chiffre comprend les applications de tarifs, les questions d'expertises, les règlements de comptes, exécutions de conventions, indemnités diverses etc., etc.

L'Algérie n'a eu, pendant la même période, que deux conseils de prud'hommes en fonctionnement. Ce sont ceux d'Alger et de Constantine. Ils ont examiné 808 affaires dont 366 ont pu être conciliées, 99 ont été jugées en dernier ressort, 13 jugées avec possibilité d'appel. La répartition de ces affaires est celle-ci :

Congés.	12
Salaires.	426
Malfaçons.	12
Divers.	358

En 1886, le nombre des conseils de prud'hommes
a été de 120 ; ils ont été saisis de 42,016 affaires
sur lesquelles 16,409 ont été conciliées, 4,919 terminées par des jugements en dernier ressort, 1,052
par des jugements susceptibles d'appel. Les autres
affaires ont été retirées, ou reportées à 1887.

La répartition des affaires est la suivante :

Apprentissage 839
Congés 4,039
Salaires 30,516
Malfaçons. 1,311
Livrets d'acquit du tissage 60
Affaires diverses 5,251

Les deux seuls conseils algériens que nous avons
cités plus haut, ont seuls fonctionné ; 1,014 affaires
leur ont été soumises : 481 ont été conciliées, 106
ont été terminées par des jugements en dernier
ressort, 18 par des jugements susceptibles d'appel,
enfin les autres affaires ont été ou retirées ou
reportées à l'exercice suivant.

Leur répartition a lieu de la manière suivante :

Congés 61
Salaires 504
Malfaçons. 108
Divers 371

*
* *

Le mandat impératif est une instruction spéciale
donnée par les électeurs à leurs délégués qui sont,

dès lors, astreints à se prononcer dans un sens
déterminé d'avance sur les questions à venir. Par
conséquent, ces délégués, ayant accepté l'engagement de ne voter que suivant les obligations qu'ils
ont acceptées et dans le sens étroit qui leur est
assigné, n'ont plus besoin de s'occuper des discussions de l'assemblée à laquelle ils appartiennent,
des travaux spéciaux des Commissions, des rapports établis après enquêtes et études. Tout cela
devient inutile ; tout ce qui se fait habituellement
pour redresser l'erreur possible, tout ce qui doit
rectifier un jugement trop précipité ou erroné, tout
ce qui peut, en un mot, éclairer davantage, devient
forcément étranger à ces étranges élus. La
réflexion leur est en quelque sorte interdite, puisqu'ils n'ont qu'à obéir à un mot d'ordre. Les questions ont beau leur apparaître sous un nouveau
jour (et tout ce qui touche aux principes économiques se transforme à chaque instant), ils ne connaissent que leur consigne et doivent voter, même
contre leurs idées les plus intimes que des circonstances imprévues viennent de modifier. Ils sont dans
la main et sous la surveillance de leurs électeurs.

Tel est le mandat impératif, tels sont ses effets.
Ce mandat, qui supprime le libre arbitre, est im-
posé à Paris aux prud'hommes ouvriers.

On ne saurait trop s'élever contre cette interdiction de penser par soi-même, prescrite à des
hommes qui ne craignent pas d'accepter de pareilles
charges. Electeurs et élus font là œuvre de passion,

d'injustice, de déraison. En effet, il y a refus aux affaires, du bénéfice des circonstances atténuantes et négation de la marche du progrès, qui cependant défait en un moment l'ouvrage des siècles. Une question peut changer de face au milieu même d'une séance ; la vérité et la raison peuvent se dégager tout-à-coup de la plus simple des phrases. Dans le cas où le mandat impératif est en désaccord avec ces transformations possibles, l'élu qui a reçu ce mandat ne doit admettre ni changement, ni initiative personnelle, ni modification de sa pensée par la persuasion.

C'est abaisser singulièrement le caractère dont le magistrat est revêtu que de lui retirer son indépendance, de lui imposer d'avance ses verdicts et de le soumettre à une surveillance incessante. Procéder ainsi, c'est vouloir perdre les institutions auxquelles ces juges appartiennent.

LE TRIBUNAL DE COMMERCE ET LES ARBITRAGES SYNDICAUX

Nous savons que la procédure des tribunaux de commerce dont nous n'avons pas à faire l'historique ici, est sommaire et rapide, et que ces tribunaux rendent les plus grands services, à cause de leur compétence en matière commerciale et industrielle.

Comme les autres tribunaux, le Tribunal de commerce désigne des arbitres chargés de l'éclairer dans les questions spéciales, d'examiner certains comptes, certaines pièces dont l'étude occasionnerait une perte de temps considérable, de faire les vérifications nécessaires, d'entendre les parties, de chercher à les concilier, et en tous cas de donner son avis au tribunal.

Depuis longtemps déjà, les Chambres syndicales présentent au tribunal de Commerce des listes d'arbitres qui sont acceptées. Les affaires renvoyées à un homme de métier sont en général conciliées ; peu d'entre elles donnent lieu à des rapports. Les frais nécessités par ces envois sont extrêmement minimes et les affaires sont tout de suite et consciencieusement étudiées (1).

Les appels des jugements des tribunaux de commerce sont portés devant les cours d'appel. Mais une proposition de loi, due à l'initiative parlementaire a été présentée à la Chambre. Elle aurait pour but de soustraire les affaires aux formalités, aux lenteurs et aux frais des juridictions ordinaires, en créant des cours d'appel commerciales.

L'organisation commerciale et industrielle serait alors aussi complète que possible.

*
* *

(1) La moyenne des affaires renvoyées aux arbitres des chambres syndicales, est d'environ 1500 par année et la dépense occasionnée par ces arbitrages, ne dépasse guère en moyenne, dix francs par affaire.

Aux élections de décembre 1887, le programme auquel avaient acquiescé les candidats proposés par les Syndicats patronaux du département de la Seine, était celui-ci :

1° Renvoi des litiges à l'arbitrage gratuit des chambres syndicales, de préférence au renvoi aux arbitres salariés ;

2° Etablissement des préliminaires de conciliation en matière commerciale ;

3° Revision et réforme de la loi sur les faillites ;

4° Réforme de la procédure et réduction des frais ;

5° Augmentation du nombre des juges consulaires ;

6° Création d'une Cour d'appel de commerce élue ;

7° Loi de répression contre les fraudes et dissimulation dans les ventes de fonds de commerce.

Ce programme résume les vœux exprimés à diverses reprises par les industriels et commerçants parisiens.

Les juges consulaires sont trop peu nombreux, vu le chiffre annuel des affaires (75,000 environ).

Quant aux préliminaires de conciliation, leur établissement serait d'un grand secours. Sur une simple citation sans huissier, par lettre recommandée émanant du greffier, par exemple, les parties seraient appelées devant deux juges siégeant en conciliation et là, sans intermédiaires, on tenterait de les concilier. C'est du reste ce qui se passe aux prud'hommes. Il n'y aurait aucun frais et cette conciliation n'en serait que plus facile, puisqu'en général l'entente ne se fait pas parce qu'aucune des parties ne veut payer les frais. C'est là, on le voit, une proposition bien simple et des plus pratiques.

Il est certain que ces détails, pleins d'intérêt sans doute, n'ont pas l'ampleur des hautes et graves questions sociales. Cependant, elles ont aussi leur valeur, et comme tout se tient dans l'organisation industrielle et commerciale, nous n'avons pas hésité, en en disant un mot, à faire apparaître, dans cette œuvre élémentaire, le Tribunal de commerce qui, du reste, est le Tribunal de l'appel des conseils des prud'hommes, actuellement la première juridiction des métiers.

8

CHAPITRE III

L'Enseignement professionnel

SOMMAIRE : *L'Enseignement professionnel supérieur* : Création de cet enseignement ; matières à traiter ; la chaire créée à l'École spéciale d'architecture de Paris. — *Les Écoles professionnelles, l'apprentissage* : historique, les législateurs et les professeurs anciens ; les professeurs ouvriers ; l'apprentissage au moyen âge ; les écoles nationales d'arts et métiers ; écoles municipales diverses, école Diderot, etc.; les écoles d'apprentis chez les particuliers ou fondées par les Chambres syndicales ; l'école Saint-Nicolas ; les écoles de l'assistance publique ; les écoles professionnelles en Allemagne, en Autriche, en Angleterre, en Suisse, en Russie, en Belgique, en Hollande, en Italie, en Roumanie, dans les États-Unis d'Amérique, au Brésil, etc., etc.; l'instruction professionnelle des femmes en France et à l'étranger ; déposition devant les 44 ; le système d'éducation et d'instruction du Familistère de Guise ; le projet de loi sur l'instruction professionnelle ; l'enseignement commercial dans le monde entier, ses relations avec la pédagogie industrielle : exemple ; la société de protection des apprentis et des enfants employés dans les manufactures. — *Les Bibliothèques d'art industriel populaires de la ville de Paris et de l'Étranger* : les livres technologiques en Chine. — *Les musées industriels et commerciaux* : le Conservatoire des Arts et métiers ; les musées des villes en France, en Allemagne, en Belgique ; le musée des arts décoratifs.

L'ENSEIGNEMENT PROFESSIONNEL SUPÉRIEUR

L'enseignement que M. Lami, économiste distingué, appelle l'*enseignement coopératif*, n'est pas pour nous, autre chose que la vulgarisation des sciences économiques concernant surtout les institutions de prévoyance et les différents systèmes qui se rattachent à l'organisation du travail. Cet enseignement est aujourd'hui de première nécessité.

L'instruction professionnelle doit être répandue abondamment dans la classe ouvrière, spécialement par les trois moyens pratiques que nous allons décrire : les *écoles d'apprentissage*, les *bibliothèques* et les *musées industriels*.

Mais en même temps que cet enseignement raisonné et scientifique se répandra de plus en plus, il faudra aussi instruire les personnes destinées à conduire les ouvriers, de façon à former un corps puissant d'excellents chefs, depuis les contre-maîtres jusqu'aux directeurs des établissements les plus importants ; il faudra, disons-nous, les pousser vers une connaissance approfondie des principes de l'économie sociale appliquée au travail. Le mécanisme du mouvement économique, qui embarrasse et obstrue souvent la marche de l'industrie, doit leur être démontré. Les difficultés qu'amène la lutte entre le travail et le capital, les solutions proposées, les expériences en cours, les résultats obtenus, doivent composer les éléments de cet enseignement indispensable.

De pareilles études, faites consciencieusement par des hommes qui ont, en réalité, *charge d'âmes*, auraient pour résultat final d'assurer à l'ouvrier placé sous leurs ordres, la présence constante d'un conseiller habile et prudent. Les saines doctrines touchant les questions les plus difficiles, seraient alors répandues partout, comme elles doivent l'être ; les fausses théories qui ne s'adressent qu'aux appétits grossiers, seraient réfutées plus facilement. Enfin celui qui, à un degré quelconque de la hiérarchie industrielle, commande à d'autres hommes, pourrait enseigner, sous une forme claire, succincte et précise, les principes de la loi éternelle de l'offre et de la demande, des grandes questions de solidarité et de mutualité, le fonctionnement des institutions d'épargne et de prévoyance. La mission de faire connaître aux esprits en retard ces utiles fondations, ces questions de vie et de mort industrielles, est l'un des devoirs de l'homme de cœur que n'arrêtent point les limites matérielles et qui, dédaignant l'indifférence et l'ingratitude, veut faire germer quand même, dans d'autres esprits, les idées qu'il sent justes, équitables, pratiques et fécondes. Il sait d'avance cet homme de bien, que les intelligences auxquelles il va s'adresser seront souvent rebelles. Mais le bon grain, s'il se dessèche sur la pierre où il est tombé, se développe vite dans un sol favorable. Qu'un travailleur heureusement doué comprenne, qu'une nature de bonne volonté s'assimile les connaissances qu'il vient de voir développer devant lui, la récolte sera bonne et le professeur improvisé sera récompensé au-delà de ses efforts, en songeant que la sécurité et la grandeur du pays repose surtout sur une bonne organisation du travail et sur l'habitude de l'épargne inséparable des idées d'ordre et de devoir.

Conclusion : l'instruction professionnelle doit être donnée surtout par les conducteurs et les chefs d'industrie, sous une forme paternelle et en dehors des allures pédagogiques. Pour cela, il faut absolument comprendre, dans les programmes de toutes les écoles industrielles supérieures, des cours théoriques et pratiques de science sociale appliquée aux métiers, d'économie industrielle, enfin l'enseignement des questions de mutualité avec leurs solutions bienfaisantes, si peu appréciées jusqu'ici, faute de propagande intelligente.

Que l'on ne se hâte pas de crier à l'utopie, cet enseignement existe, dans un seul établissement il est vrai, mais l'exemple est donné : il sera suivi.

*
* *

L'enseignement professionnel supérieur, tel que nous le comprenons, est donné, grâce à l'initiative libérale de M. Goffinon, ancien entrepreneur de couverture, l'un des porte-parole les plus autorisés du système de la participation aux bénéfices de

8.

l'entreprise, à l'école spéciale d'architecture de Paris. Les élèves de cette école pourront donc désormais jouer un rôle tout nouveau, en devenant les vulgarisateurs de la science économique et des institutions de prévoyance. Les sujets traités sont les suivants : 1° Etudes comparées des divers modes de rémunération du travail : *salaires à la journée, à la tâche, avec primes, participation, coopération ;* 2° Etudes comparées des systèmes d'épargne et de prévoyance : *assurances, caisses de retraites, sociétés de secours mutuels, associations diverses, syndicats, etc.*

Le sommaire de ce cours, tout nouvellement créé, mentionne en termes exprès : *le rôle de l'association et de la participation ; l'antagonisme apparent des intérêts disparaissant à mesure que la lumière se fait et réalisant l'harmonie générale.*

Cette fondation est intéressante et des plus utiles en ce sens surtout, qu'elle développe les plus justes, les plus raisonnables et les plus généreuses idées dans de jeunes cerveaux qui retiendront ses leçons libérales pour les répandre plus tard à leur tour.

LES ÉCOLES PROFESSIONNELLES, L'APPRENTISSAGE

Les grosses questions de l'enseignement professionnel ont occupé les peuples les plus anciens, il n'en faut pas douter.

Les Chinois, les Japonais eurent, dès les temps les plus reculés, des professeurs et des livres techniques propres à cet enseignement. Dans les écoles persanes, après l'éducation commune, on préparait les jeunes gens, soit au service militaire, soit à la pratique des métiers.

Le législateur Solon combattait l'idée antique qui consistait à considérer le travail manuel comme un état déshonorant. Il déclarait aux Athéniens que personne ne devait être dédaigné à cause de sa profession, que toute charge est digne d'estime, et que la plus grande ignominie était de tomber dans la pauvreté par suite de paresse. Les garçons ne devaient pas seulement, selon lui, cultiver leur esprit, mais aussi apprendre quelque profession sur laquelle ils puissent fonder leur existence. Tout porte à croire que le sage Solon poussait à l'enseignement professionnel ; mais il ne faut pas oublier qu'à cette époque, une grande partie de la population grecque était esclave et qu'il ne s'adressait là qu'au peuple libre, minorité dans la nation.

A la fin du moyen âge, les bourgeois allemands fondèrent une grande quantité d'écoles dans lesquelles on enseignait, en outre de l'instruction élémentaire, l'arithmétique, le style commercial, la physique, la technologie. De 1262 à 1281, ces établissements furent créés à Lubeck, à Breslau, à Weimar, à Hanovre, à Hambourg. Kiel, Stettin, Leipzig, Nuremberg, Augsbourg ne tardèrent pas à suivre cet exemple.

Amos Coménius, né en 1592, en Moravie, était fils d'un meunier. Après avoir reçu une certaine

instruction dans une école latine et parcouru la
Hollande et l'Angleterre pour se perfectionner dans
l'étude, il devint en 1627, recteur de l'école savante
de Lissa (Pologne). Il fut bientôt distingué de tous
par son mérite et fut appelé dans divers Etats, entre
autres l'Angleterre, la Hongrie et la Suède, pour
organiser les écoles de ces pays. En dernier lieu,
il s'établit à Amsterdam.

Coménius fut un instituteur qu'il faut placer au
premier rang, au double point de vue de la théorie et de la pratique. Il voulait qu'on établît un
système ordonné d'écoles, comprenant : l'école
populaire, que tous les enfants, riches et pauvres,
devaient suivre, l'école latine, l'académie. Après
avoir terminé les cours du premier degré de ce système, l'enfant devait, ou se vouer à des affaires pratiques, ou se livrer à de plus hautes études, selon
qu'il était plus ou moins doué heureusement.

Dans l'énumération des études que comprend
l'école populaire, nous remarquons *les cours
populaires sur les métiers et les arts*. « L'école,
dit Coménius, est un atelier de l'humanité : elle doit
former les hommes à employer justement et adroi-
tement leur raison, leur langue et leurs talents
techniques, la sagesse, l'éloquence, l'habileté et la
prudence. » Son système repose entièrement sur le
système de l'intuition : « Personne, dit-il, ne s'avi-
sera de donner à l'apprenti un cours théorique sur
son métier; on le laisse regarder ce que fait le
maître, puis on lui donne dans les mains l'outil

dont il apprend à faire usage. C'est en forgeant que l'on devient forgeron. »

Francke, l'un des chefs de la secte religieuse le piétisme, né en 1635 en Alsace, créa en Allemagne des établissements grandioses qui existent encore de nos jours et portent son nom. Il fonda entre autres, des écoles des pauvres avec des classes pour les garçons et les filles ; dans son plan d'instruction, figure, à côté de la physique et de la chimie, un atelier pour la taille et le polissage du verre. On enseignait encore dans certaines de ces écoles, la technologie de la librairie, de l'imprimerie, etc., etc.

Les philanthropes allemands créèrent aussi des institutions modèles, particulièrement à Dessau, dans lesquels ils admettaient, mais pour combattre surtout la précocité virile chez les jeunes gens, les travaux de menuiserie et de tour, qu'ils considéraient comme des exercices violents qui, outre le but sanitaire, tendaient à développer l'habileté pratique.

Kindermann, né en 1740 à Koënigwalde, dans la Basse-Bohême, peut être considéré comme le créateur des écoles industrielles, en Autriche. Dans son école de Kaplitz, il introduisit l'enseignement du filage, de la couture, du tricot, l'élevage des vers à soie, etc., etc. Il fut nommé, par l'impératrice Marie-Thérèse, directeur de l'instruction populaire en Bohème et honoré par elle du titre de *Chevalier de Schulstein* (Pierre d'école).

Le duc de Holstein, Pierre, avait à lui huit mille serfs en 1796 ; il les affranchit, mais jugeant cette mesure insuffisante et voulant faire des hommes de ces esclaves émancipés, il créa des écoles pour les filles et les garçons. Ces institutions furent fondées avec un tel esprit pratique, qu'elles pourraient encore servir de modèles à nos écoles professionnelles d'aujourd'hui.

Les cours, dans les trois classes, comprenaient en dehors de l'instruction, de deux à quatre heures de travail manuel. Les filles se livraient alors à l'effilage, au dévidage du chanvre, au tissage ; l'application aux travaux de luxe étaient considérée comme une récompense. Quant aux garçons, outre les occupations du jardinage qui formaient un enseignement spécial, ils fabriquaient des chaises, des pétrins, des pelles de boulangerie, des cuillers et autres ustensiles de bois, etc., etc.

Enfin et pour clore ces recherches historiques, disons que c'est à partir du commencement du XIXᵉ siècle, que la Suisse a établi ses écoles de travail pour les enfants pauvres, qui sont de véritables écoles industrielles. En effet, Fellemberg érigea en 1804, sur son propre domaine à Hofwyl, près de Berne, une institution de ce genre, où il formait des enfants abandonnés ou misérables, aux travaux concernant l'économie rurale et industrielle, tout en leur donnant les connaissances scolaires et en les élevant moralement. Son collaborateur, Verhli, contribua au développement de ces écoles et après

lui, les établissements fondés sur le modèle de celui
de Hofwyl furent appelés « *écoles de Verhli* ».

*
* *

Il faut rendre justice à l'artisan d'autrefois ; s'il
fut fort peu soucieux de ses intérêts, cependant on
doit le regarder comme le créateur de l'enseignement professionnel en France.

En effet, les Compagnons du Devoir, de temps
immémorial, établirent des écoles où les plus
distingués d'entre eux, s'érigeant en professeurs
après les rudes travaux de la journée, enseignaient
le trait chez les charpentiers et les menuisiers, la
coupe de pierre chez les constructeurs, le dessin
industriel approprié aux divers métiers, dans les
autres corps d'état. Cet enseignement, tout de tradition, a en partie disparu vers le commencement
du siècle actuel (1). Malgré ses imperfections, il
faut le regretter, surtout au point de vue du grand
développement intellectuel que déterminent les opérations géométriques.

On sait qu'au temps des corporations, l'apprentissage était soumis à des règlements très sévères.
L'esprit général des statuts des jurandes et maîtrises était des plus étroits, son but étant de res-
treindre le plus possible le nombre des maîtres,
afin de concentrer le monopole et les privilèges

(1) Les Enfants du père Soubise continuent l'enseignement
du dessin de charpente.

dans les mains de quelques-uns seulement. On ne pouvait atteindre à la maîtrise qu'après avoir satisfait à des épreuves multipliées, tracassières et des plus difficiles. Le compagnon avait aussi à subir des examens rigoureux.

En première ligne de cette nomenclature de travaux imposés, et tout naturellement, il faut citer l'apprentissage qui était d'une durée souvent excessive, sauf toutefois pour les fils de maîtres.

Les prix des droits d'enseignement professionnel étaient aussi très élevés. Dans plusieurs corporations, le nombre des apprentis était limité. En réalité, l'apprenti restait de cinq à huit ans dans l'atelier qu'il avait choisi. Les plombiers, les charpentiers, les maçons ne devaient avoir qu'un seul apprenti; ces derniers ne pouvaient le prendre à moins de six années de service. La durée de l'apprentissage du charpentier était l'une des plus courtes; elle était fixée à quatre ans (1). Pour rendre hommage à la vérité, il faut dire que l'apprenti prenait son mal en patience, parce qu'il était considéré comme faisant partie de la famille et admis à la table, au foyer du maître, qu'il considérait alors comme une sorte de chef paternel.

Ces difficultés n'existaient pas qu'en France. En Italie, où les corporations étaient constituées de très longue date, l'apprentissage durait de cinq à sept ans aux frais de la famille de l'apprenti qui

(1) F. Husson, *Nos métiers à travers les âges.*

devait avoir l'âge requis, prêter serment et payer un droit d'inscription. Les privilèges qui suivaient l'apprentissage étaient achetés à prix d'argent. On ne devenait ouvrier là que par faveur et après un examen coûteux.

La Révolution qui balaya tant d'abus, supprima les corporations, portant ainsi le premier coup à l'enseignement raisonné du travail manuel, en détruisant tout ce qui lui semblait contraire à la liberté individuelle. Jusque-là, nous venons de le dire, l'apprenti était, en quelque sorte, un membre de la famille du maître. Un contrat sérieux liait les deux parties, car les actes ou brevets d'apprentissage étaient dressés en présence des jurés des corporations, par devant notaire, et consignés sur les registres de la Communauté. En présence de ces formes solennelles, l'apprenti comprenait qu'il s'agissait pour lui d'une grave question : celle de son avenir, et ces conventions étaient loyalement tenues de part et d'autre. L'avènement de la liberté du travail fit disparaître ces actes règlementaires qui, très certainement, offraient des garanties mutuelles que l'on ne retrouva plus depuis ; et logiquement, l'enseignement pratique professionnel déclina. Dans les villes, l'apprenti disparut même.

A l'époque actuelle, les ateliers de Paris sont pour ainsi dire complètement dépourvus d'apprentis, le patron ne se souciant aucunement d'avoir chez lui des jeunes gens instables, qui font perdre leur temps à ses ouvriers, sans rendre pendant longtemps aucun service et qui délaissent son atelier sous le plus futile prétexte.

Or, plus d'études professionnelles, plus de bons ouvriers et absence de contre-maîtres ; ce serait la décadence des métiers à bref délai, dans un pays qui compte huit millions de Français vivant de l'usine.

C'est ce qui a été compris depuis longtemps par l'État, lorsqu'il a eu l'idée de fonder les *écoles nationales des arts et métiers*, qui lui coûtent annuellement plus d'un million de francs.

Ces écoles, au nombre de trois, sont établies à Angers, à Châlons-sur-Marne, et à Aix (Bouches-du-Rhône). Elles sont destinées à former théoriquement et pratiquement des ouvriers instruits et habiles dans la fonderie, la forge, l'ajustage, la mécanique, la serrurerie, la construction des modèles et la menuiserie. Les études durent trois années. L'enseignement théorique professionnel comprend : la comptabilité industrielle et commerciale, le dessin des machines, la géométrie élémentaire et descriptive, la mécanique, la chimie et la physique élémentaires, le lever des plans et le nivellement. L'instruction pratique comprend : les travaux de forge, de fonderie, de moulage, d'ajustage, de tour, de serrurerie, de modelage et de menuiserie; les objets fabriqués répondent à la consommation locale ou sont commandés par des particuliers qui en paient la valeur. Les élèves sont internes et ne sont admis que de treize à seize ans. L'État et les départements y entretiennent des bourses et des fractions de bourses. Parmi les bourses de l'Etat, une bourse entière, deux trois quarts de bourse et deux demi-bourses sont assignés à chacun de nos départements.

Ces établissements fournissent d'habiles contre-maîtres à l'industrie ; ils ont rendu des services nombreux et signalés dans les grandes usines, dans la marine, les chemins de fer et les ponts et chaussées. Leurs anciens élèves se sont constitués en Société amicale et s'occupent de l'amélioration des moyens de production et de l'outillage, etc. Ils offrent spécialement à l'entreprise les éléments de recrutement d'un excellent personnel, imbu de l'esprit d'ordre et de travail acquis dans ces établissements.

Un décret, en date du 4 avril 1885, a réorganisé ces écoles ; il détermine les conditions d'admission et rectifie leur programme. Un cours d'hygiène industriel y a été créé. L'Etat a pensé avec raison que l'industriel et le chef d'atelier doivent pouvoir mettre, par leurs conseils, les ouvriers en garde contre les divers dangers auxquels ils sont exposés ; qu'ils doivent être capable de leur donner les premiers soins lorsqu'ils sont victimes d'un accident et que, par là, l'influence et la considération du chef de métier s'en trouveraient augmentées.

*
* *

Dans un ordre inférieur, mais non moins nécessaire, diverses villes telles que Vierzon, Armentières, Voiron, comprenant le danger de l'affaiblissement des métiers, ont fondé diverses écoles professionnelles d'apprentissage.

L'école professionnelle de tissage de Lyon a été créée par la municipalité de cette ville, qui vota pour son premier établissement, une somme de 80,000 fr.

Cette école renferme un assez grand nombre de métiers à tisser les étoffes, les perles, etc. Les salles d'études peuvent recevoir cent cinquante élèves. Deux fois par semaine, on y donne des leçons théoriques, pour démontrer la multiplicité des fils qui varient jusqu'au nombre de dix mille.

Disons ici un mot des cours professionnels de *l'Association philotechnique.*

Ces cours, destinés aux adultes, ont lieu le soir en semaine et dans le jour le dimanche, ils comprennent l'enseignement théorique et pratique des matières suivantes : mécanique et construction ; ameublement, construction des bâtiments ; arpentage et nivellement ; électricité et magnétisme appliqués aux machines, à l'éclairage, à la télégraphie, à la téléphonie ; technologie des industries alimentaires avec projections à la lumière oxyhydrique et visites dans les usines ; coupe de pierre et de charpente, etc., etc.

Des certificats d'études, relatifs aux arts de la construction, sont remis aux élèves méritants qui ont obtenu au moins quatre nominations et dont les examens ont été satisfaisants. Ces examens comprennent : 1º la langue française ; 2º la construction pratique; 3° la géométrie descriptive; 4° la coupe de pierre et de charpente; 5° l'arpentage et le nivellement; 6° le dessin; 7° l'hygiène et 8° le droit usuel.

L'association philotechnique a été fondée par des hommes pénétrés de cette conviction: que le peuple devait être initié aux procédés et méthodes scientifiques et qu'il fallait ouvrir un enseignement où le savoir positif passerait avant tout. Dès 1848, ils imprimèrent à cet enseignement un caractère très spécialement technique et professionnel, qui donnait à l'ouvrier-élève l'amour de sa profession en s'aidant des lumières de la science.

C'est imbus de ces idées, qu'ils rédigèrent ainsi le premier article des statuts de l'association:

« L'association a pour objet principal de donner gratuitement aux ouvriers adultes une instruction appropriée à leur profession. »

*
* *

De son côté, la ville de Paris a fondé et subventionné plusieurs écoles d'apprentissage; ces écoles sont remarquablement organisées. Nous citerons tout d'abord celle du boulevard de la Villette, dite Ecole Diderot, la première en date et qui peut servir de type aux créations industrielles de ce genre à venir.

Dans cette école, l'enseignement manuel et théorique est entièrement gratuit. Les élèves, pour y être admis, doivent posséder leur certificat d'études primaires, ou subir un examen qui le remplace. Les études techniques se divisent en deux sections : les travaux d'instruction préparatoire et ceux d'application réelle. Tous les élèves sont externes, ils passent successivement pendant une année, dans les ateliers où l'on travaille le fer et le bois. Cette période d'exercice, en les familiarisant avec l'outillage, doit aussi leur permettre de choisir la profession qu'ils accepteront définitivement et pour laquelle ils seront plus spécialisés pendant les deux dernières années de l'apprentissage (1).

Les cours pratiques contiennent les spécialités suivantes :

La forge ; le tournage sur métaux ; l'ajustage ; la serrurerie ; la mécanique de précision ; le modelage ; la menuiserie ; le tournage sur bois.

Mais les élèves reçoivent aussi des leçons de français, d'anglais, de mathématiques, de chimie, de physique, d'histoire, de géographie, de dessin et de droit usuel.

Des certificats d'apprentissage sont délivrés aux jeunes gens dont le savoir est jugé suffisant ; la direction de l'école s'occupe alors de leur placement, en choisissant les maisons dans lesquelles on peut le plus s'occuper d'eux, aux points de vue matériel et moral. Des gratifications, des prix, des bourses de voyage sont accordés aux apprentis méritants. Enfin la Chambre syndicale des entrepre-

(1) *L'Enseignement professionnel à Paris*, par Ed. Goffinon.

neurs de serrurerie leur décerne annuellement des médailles et des livrets de caisse d'épargne.

La ville de Paris a encore fondé l'école professionnelle spéciale de la rue Tournefort, où l'on enseigne aussi le travail du bois et du fer, le modelage et la sculpture ; l'école du meuble ; celles de physique et de chimie industrielle, du livre. Cette dernière est seulement en construction.

*
* *

A côté de ces écoles officielles, il faut citer celles qui ont été créées grâce aux efforts individuels ou collectifs des particuliers.

Des institutions professionnelles, dans lesquelles on enseigne théoriquement et pratiquement les jeunes gens qui se destinent aux métiers, ont été ainsi établies : par la Chambre syndicale patronale de l'ameublement, qui a donné à son école le titre de *Patronage des enfants de l'ébénisterie*; par celle des tapissiers, sous le nom de *Patronage des apprentis tapissiers* ; par M. Girard, constructeur-mécanicien, qui reçoit dans ses ateliers plus de quatre-vingts apprentis travaillant le fer et le bois sous la direction de contre-maîtres et d'ingénieurs spéciaux ; par les Chambres syndicales de l'horlogerie, de la bijouterie, de la gravure, des papiers, des dentelles, tulles et broderies ; par : l'imprimerie Chaix, MM. Moutier, serrurier à Saint-Germain, Redouly et Cⁱᵉ (maison Leclaire), Octrue, fabricant d'appareils à gaz, Barbas, Tassart et Balas, entrepreneurs de couvertures, Ninet, directeur de l'école centrale des métaux précieux et artistiques, etc., et en dernier lieu, presque simultanément, par les deux Chambres syndicales ouvrière et patronale de la couverture et plomberie de Paris, enfin par un groupe d'ouvriers menuisiers qui ont installé à leurs frais, une école de dessin et de modelage (1).

Ces écoles prennent, du moins pour la plupart, les jeunes gens sortant des écoles primaires âgés de treize à quatorze ans, avec leur certificat d'études. Leurs programmes indiquent qu'elles doivent perfectionner l'instruction primaire élémentaire, tout en donnant les notions théoriques sur le métier à apprendre, et initier l'élève à la pratique de ce métier.

Ces programmes, parfaitement exécutés dans quelques grands établissements modèles, tels que celui de M. Chaix, donnent les meilleurs résultats.

En 1873, la Chambre syndicale ouvrière de la carrosserie du département de la Seine, a fondé des cours d'instruction professionnelle. Ces cours sont subventionnés par le Conseil municipal de Paris.

La Chambre syndicale patronale de cette industrie ayant formé, en 1878, une association dont le

_____

(1) Cette école est subventionnée par la Chambre syndicale patronale des entrepreneurs de menuiserie et de parquets du département de la Seine, dont M. Haret père est le président.

but était surtout d'établir des cours professionnels et artistiques, créa ces cours comprenant deux divisions comportant chacune un enseignement triennal : 1° celle *des forgerons, serruriers et charrons, dite de montage* ; on y apprend, dans le cours de la première année, le dessin linéaire, les notions de géométrie et de mécanique, la construction d'une roue ; la seconde année comporte l'enseignement des [diverses essences des bois, leur cubage, leur débit, la nature des fers, leur résistance, la construction d'un avant-train ; le programme de la troisième année comprend le montage des voitures, le moyen de déterminer le passage des roues, l'équilibre des charges, lesétudes sur la suspension et la traction. La deuxième division, dite *cours de menuiserie*, a le programme suivant : 1re année, dessin linéaire, géométrie descriptive ; 2e année, essence des bois, cubage et débit, application à la menuiserie en voitures de la géométrie descriptive, plans d'ensemble d'une caisse de voitures à l'échelle réduite ; 3e année, plans d'ensemble d'une caisse avec les traits de construction, de grandeur naturelle. Les professeurs, rétribués, sont au nombre de six.

Les élèves qui ont reçu cet enseignement et qui sont sortis honorablement de cette école, sont très recherchés par les carrossiers ; ils trouvent immédiatement de bonnes situations chez ces industriels.

Dès 1830, les ouvriers menuisiers en voitures suivaient des cours du soir professés par quelques-uns de leurs camarades. Cet enseignement, très incomplet, a cependant fait progresser l'industrie sur quelques points spéciaux et accéléré l'apprentissage.

On voit que dans le métier qui nous occupe, l'étude est appréciée aussi bien par les ouvriers que par les patrons. Ceux-ci réclament la création d'une école municipale sur le modèle de celle du boulevard de la Villette et ont étudié tous les plans d'une école semblable (1).

***

L'Ecole Saint-Nicolas, dirigée par les Frères de la doctrine chrétienne, a été fondée en 1827. Tous ses élèves sont internes. Elle renferme quinze ateliers appartenant aux métiers suivants : relieurs, tourneurs en optique, compositeurs-typographes, monteurs en bronze, ciseleurs sur métaux, facteurs d'instruments de musique en cuivre, doreurs sur bois, menuisiers en meubles, selliers, malletiers, sculpteurs sur bois, graveurs sur bois, facteurs d'instruments de précision, graveurs géographes, mécaniciens. Les ateliers sont dirigés par des patrons exerçant ces métiers et qui sont représentés par des contre-maîtres habiles. Toutes les productions sont créées en vue d'un but utilisable, l'enfant n'apprenant son métier que sur des objets qui seront livrés au commerce. Les patrons sont donc inté-

(1) Déposition de M. Huret-Belvallette, devant la commission des 44.

ressés au développement complet et rapide de l'apprentissage ; ils surveillent leurs élèves avec un soin qui s'explique par le désir très légitime de tirer parti, après les premières années d'études, de la science qu'ils ont dépensée. Aussi, lorsque la période d'apprentissage est terminée, les élèves trouvent-ils facilement leur place dans l'atelier du patron.

Le caractère religieux de l'institution implique une discipline sévère dont les effets se font heureusement sentir : les ateliers sont tenus avec grand soin, l'outillage est en excellent état.

Chaque élève s'exerce dans l'un des métiers pendant un mois, et lorsqu'il a fixé définitivement son choix, les parents prennent l'engagement verbal, avec le chef de l'atelier, de lui confier l'enfant pour un apprentissage dont la durée varie suivant les difficultés de la profession (1).

L'Assistance publique a fondé pour les jeunes gens moralement abandonnés plusieurs écoles professionnelles, l'une à Montévrain, pour les industries de l'imprimerie et du meuble. Fondé en 1885, cet établissement récompense ses élèves méritants au moyen de bons points, transformés plus tard en dépôts d'argent à la caisse d'Épargne. Un entrepreneur exploite l'atelier d'ébénisterie, fournit les outils, paie en partie le contre-maître et rétribue les enfants. Les élèves-imprimeurs travaillent pour l'Assistance. La seconde école est installée à Ville-

(1) E. Goffinon, idem.

preux ; on y enseigne l'horticulture et le jardinage.
Ces créations ont donné des résultats très satisfaisants, aux points de vue moral et pratique.

Enfin et tout récemment, cette même administration a installé : à Alençon une vaste école d'imprimerie destinée aux enfants de cette catégorie malheureuse. Elle les place aussi dans des établissements particuliers, tels que : l'école industrielle
protestante de Paris où les élèves apprennent la
cordonnerie, la fabrique de mosaïques de Vierzon,
la manufacture de faïences de Choisy-le-Roi, l'école
de chapellerie de Meaux-Villenoy (Seine-et-Marne),
les verreries, les fabriques de bonneterie, de tissage
de velours, de broderie, de passementerie de divers
départements, la fabrique de sécateurs de Dôle,
etc.

L'enseignement professionnel le meilleur est certainement celui qui se donne dans l'atelier même,
que nous comparerons volontiers au champ de manœuvres du soldat. Il est à regretter que la plupart
des chefs d'établissement aient renoncé à l'usage de
former des apprentis chez eux ; c'était le moyen le
plus sûr de préparer de bons ouvriers. Les écoles
professionnelles qui, cependant rendent de grands
services, ne présentent pas la même variété d'études
que le chantier, l'usine, l'atelier ; l'inattendu leur
manque et l'initiative des jeunes intelligences en est
d'autant moins développée.

Mais pour que l'apprentissage ait lieu constamment dans l'atelier, il faudrait ressusciter ce bon et

loyal contrat d'autrefois, afin de garantir la présence de l'apprenti chez son patron, lorsqu'il pourra rendre des services en échange du mérite professionnel acquis. Cette obligation est indispensable pour faire disparaître l'abandon de l'atelier, suggéré souvent par les parents de l'apprenti, qui veulent tirer parti des quelques faibles connaissances de leur enfant, dont les gains prématurés affaibliront la valeur professionnelle.

M. Goffinon, que nous avons cité à deux reprises différentes dans le cours de cet article, indique un moyen de retenir l'apprenti. Ce moyen consiste en une prime offerte à l'apprenti sortant. Il cite à l'appui de ce principe un fait qui lui donne entièrement raison. « Depuis un certain nombre d'années, dit-il, la Chambre Syndicale des marchands tailleurs de Paris était obligée de recruter une partie notable de ses ouvriers à l'étranger. Justement préoccupée de cette situation, elle fonda une école professionnelle d'apprentissage. La première année, on constatait l'abandon de l'école par de nombreux élèves et ce n'est qu'en créant *un carnet d'épargne payable à la fin de la troisième année*, que la stabilité nécessaire à l'apprentissage complet put être obtenue.

⁎
⁎

Les écoles professionnelles industrielles sont très nombreuses en Allemagne, en Autriche, en Angleterre, en Suisse et même en Russie. Nous allons parler de quelques-unes d'entre elles, après avoir dit qu'en Prusse seulement, les élèves des écoles professionnelles sont au nombre d'au moins quarante mille.

En Allemagne, nous citerons : l'école profession-nelle de Dusseldorf qui est très importante ; elle a été fondée par cette ville avec le concours de l'Etat. Les cours sont divisés en trois sections prin-cipales : *l'école préparatoire, l'école spéciale, l'école du soir*. La première de ces divisions prépare à la seconde qui a pour but de donner aux jeunes gens qui ont suivi avec succès les études primaires, une éducation artistique aussi complète que possible, avec application spéciale des beaux-arts à l'indus-trie. Ces études de second degré comprennent : le dessin d'architecture et du mobilier, la peinture décorative, le dessin et la peinture du corps humain avec son adaptation à l'ornementation, le modelage en terre et en cire, la sculpture sur bois, enfin la gravure, le repoussage et la ciselure sur métaux.

Pour être admis à l'école spéciale, il faut avoir satisfait aux examens de sortie de l'école prépara-toire ou de la division dite *moyenne* de l'école du soir, ou bien encore prouver que l'on a les connais-sances spéciales suffisantes. On préfère, autant que possible, que les jeunes postulants puissent pré-senter un contrat d'apprentissage.

On le voit, ces jeunes gens sont merveilleusement disposés pour la lutte industrielle, et il n'est point étonnant de les voir répondre avec succès aux sacrifices que leur pays s'impose. C'est là un résultat forcé pour ainsi dire.

L'Autriche et l'Allemagne possèdent d'autres écoles tout à fait spéciales à certaines industries. A Munich, Hambourg, Berlin, et dans d'autres villes par exemple, on trouve en plein fonctionnement la Gewerk ou école de métier et en particulier la Bangewerkschule, école des métiers qui se rapportent au bâtiment. Du reste, l'Allemagne tout entière semble attacher une importance très considérable à cette spécialité industrielle. Aussi, et de tous les côtés, voit-on l'instruction prodiguée aux ouvriers maçons, charpentiers, serruriers, couvreurs, tailleurs de pierre, etc., etc. Le nombre des ouvriers qui fréquentent ces écoles est d'environ dix mille.

Augsbourg, Berlin, Worms ont des écoles de brasserie remarquablement organisées. Les unes sont dirigées par des particuliers, les autres, comme la *section scientifique de brasserie* de Munich. sont fondées par des brasseurs.

Berlin est en possession, depuis plusieurs années, d'un *Institut de brasserie* dont les cours sont suivis par des étudiants payant des droits d'inscription. Tous les journaux allemands et étrangers qui s'occupent de cette industrie, y sont reçus. Les bâtiments de l'école contiennent des laboratoires à l'usage des professeurs et des étudiants. Dans l'une des salles, on broie les matières destinées à la fabrication de la bière; dans une seconde, on les brûle; dans une troisième, on les pèse, etc. L'Institut possède aussi une fabrique de verrerie dans laquelle on construit des appareils de précision : thermomètres, alcoomètres, etc., qui sont vendus aux brasseurs.

Cette école spéciale est installée et dirigée de telle façon qu'elle peut être proposée comme modèle à tous les établissements analogues à fonder pour l'enseignement spécialisé de n'importe quelle industrie. L'instruction y est donnée surtout dans le sens scientifique, afin que plus tard le jeune homme devenu industriel, apporte, dans les moindres détails de la fabrication, une précision mathématique très favorable à la production.

Les progrès de l'enseignement industriel en Allemagne sont des plus considérables. En dehors de l'établissement que nous venons de décrire, il existe à Berlin même, treize institutions de métiers industriels avec soixante et un professeurs et mille quatre cent quatre-vingt-cinq élèves. Parmi ces écoles, on remarque celle des maçons et des charpentiers qui compte cent cinquante-cinq élèves, celle des tapissiers, des peintres, des forgerons, etc.

Citons encore l'école d'horlogerie à Glaschütte, celles de la librairie à Leipzig, des tailleurs à Chemnitz, des tisserands à Crimmitzschau, des passementiers à Annaberg, des merciers, ferblantiers, etc., installées dans d'autres villes.

L'école de tissage de Mulheim, fondée en 1852, est au point de vue du professorat technique, organisée d'une manière magnifique. En effet, on y compte un professeur pour douze élèves, chiffre qui n'est atteint nulle part. En outre, on y forme non seulement des ouvriers, mais des contre-maitres, des directeurs d'usine, etc., etc. L'outillage de l'école est si complet que par chaque deux élèves, il existe un métier.

La célèbre *école de tissage de Crefeld* s'occupe non seulement du tissage, comme son nom l'indique ; elle donne en outre une instruction artistique sérieuse, pour former des fabricants, des contre-maitres, des négociants en soieries et des dessinateurs industriels. Le programme de cette école, que l'on peut considérer comme une institution-type, comprend l'étude du dessin, de la peinture, l'examen et la décomposition de tous les tissus, la pratique et l'analyse de toutes les manipulations qu'ils ont à subir, l'étude des appareils et machines propres à leur fabrication, etc. L'école possède les installations les plus complètes pour la teinture des étoffes avec des laboratoires de chimie ; trente-deux métiers à manche ou du système Jacquard y sont installés et enfin dix-huit autres métiers y sont disposés pour la fabrication des *tweeds*, des tissus de lin et de damas, les soies, les velours, les rubans, etc., etc. Cette école modèle a été fondée avec le concours de l'Etat, par la ville, la Chambre de commerce et les industriels, qui ont consacré à sa fondation la somme de deux millions de francs. Crefeld a l'ambition de faire concurrence, dans un temps prochain, à Lyon et à Saint-Etienne (1).

(1) Voyez la description du musée de cet établissement au chapitre consacré aux musées industriels.

L'*école de Brünn*, forme des ingénieurs, des contre-maîtres ; on s'y livre aux travaux de construction, de menuiserie et de serrurerie.

Vienne a son établissement d'instruction pour l'industrie textile *(Lehranstalt für textil-industrie)*, dans lequel on enseigne tout ce qui se rapporte à cette spécialité, depuis le dessin élémentaire et la peinture, depuis les études microscopiques des matières jusqu'à la fabrication des velours et des tapisseries de haute lice. Vingt et un métiers installés dans un vaste et bel établissement nouvellement construit y fonctionnent, actionnés par la vapeur. La capitale de l'Autriche compte encore divers établissements professionnels, parmi lesquels on remarque les écoles du bâtiment, de la broderie, de l'horlogerie, des joailliers, des tourneurs, etc., etc.

A l'Exposition du Congrès de Leipzig, le programme des écoles de Silésie comprenait : les *travaux de la scie à chantourner :* pieds de lampe, bois de fusil, porte-cigares, écritoires, coffrets, porte-huiliers, boîtes de jouets ; *travaux de petite menuiserie :* buffets d'enfants, chambres de poupées, boîtes à couteaux, saulnières, coffres à charbon, tire-bottes, encriers, cadres ; *travaux du tourneur :* quilles, porte-manteaux, pliants, chaises de jardin, escarpolettes, guéridons ; *sculpture :* ornements, feuillages, boîtes et coffrets ; *vannerie :* corbeilles et paniers divers ; *cartonnage :* boîtes diverses, porte-montres, porte-cigares, etc., etc.

Le but avoué de ces écoles était (et ici nous citons le compte-rendu du secrétaire du comité local de Leipzig, chargé de faire un rapport sur ces écoles), de :

1º Mettre le garçon qui va devenir un homme, en état de confectionner lui-même, pour son mariage, tout ce qui est de commodité ou d'embellissement et de se procurer un profit auxiliaire, en fabriquant, pendant ses heures de loisir, des objets utiles ;

2º De développer chez lui l'habileté de main, en vue de son avenir de travailleur ;

3º De faire que l'ouvrier, ayant appris à s'employer agréablement et utilement, s'*attache à son intérieur* (1).

Ceci est d'une haute moralité.

Continuons nos citations, en faisant remarquer que l'enseignement professionnel allemand répond en général aux industries prédominantes de la région.

Cologne, centre industriel considérable, a son école professionnelle qui prépare aux industries qui se rapportent au bâtiment, à l'ameublement, à l'ornementation et à la décoration des maisons. Il en est de même à Stuttgard, où des cours spéciaux sont donnés aux futurs entrepreneurs de construction, de menuiserie, de serrurerie, aux élèves qui se destinent à la grande fabrication et aux usines métallurgiques.

(1) *De l'Enseignement manuel et professionnel en Allemagne*, etc. Publication du musée pédagogique.

A Remscheid, on enseigne la fabrication de la quincaillerie, des limes et des petits outils en acier.

A Iserlonh, où l'on fabrique surtout les objets d'art en bronze ou en composition, l'enseignement professionnel comporte surtout le dessin d'ornement et le travail artistique des métaux. L'école a été fondée en 1881 ; elle renferme des ateliers de modelage, de moulage, de forge, de tournage, de ciselure, d'émaillage, de vernissage.

A Hohr-Grenzhausen, pays où l'on fabrique les poteries, l'art céramique est surtout enseigné. On y pratique le dessin d'ornement, le modelage, la chimie appliquée à l'industrie spéciale à la contrée.

Les *associations minières allemandes* ont fondé, dans dix des principaux centres d'extraction, des écoles spéciales où elles font donner, par environ trente maîtres, une instruction technique générale à plus de trois cent cinquante élèves.

Sa dernière fondation, toute récente, est une école professionnelle qui ne reçoit que des élèves déjà formés au travail des mines, à la suite d'un stage. L'instruction a, dès lors, un caractère très pratique, parce qu'elle s'adresse à des jeunes gens dont l'âge moyen est de vingt-cinq ans et qui, par conséquent, n'en sont que plus aptes à comprendre la raison des prescriptions.

A Bochum, *l'école des forges de la Prusse Rhénane et de la Westphalie*, fondée en 1822, avec le concours de l'Etat, forme des contre-maîtres pour les forges et les ateliers de construction. Il faut avoir travaillé, pendant quatre années entières, comme apprenti ou ouvrier dans une des forges ou dans les ateliers de construction de la région pour y être admis.

Wiesbaden a son école professionnelle, création de la société industrielle de cette ville, mais installée par les soins de la municipalité, dès 1881, dans une vaste et belle maison qui lui coûta 250,000 francs. C'est une école d'ouvriers qui fournit aux travailleurs jeunes et vieux, « l'occasion d'acquérir les connaissances techniques nécessaires à leur métier. Elle ne poursuit pas d'autre but ; elle ne veut faire ni des architectes, ni des artistes, mais des ouvriers intelligents et habiles ».

Pour obtenir ce résultat, elle a, en outre des jeunes élèves, des adultes qui suivent les cours du soir et du dimanche.

Ces cours comprennent les travaux des industries du bois, du métal et des métiers qui s'y rattachent, la peinture décorative, la sculpture, la lithographie, la bijouterie, l'ébénisterie, etc.

L'école professionnelle de Carlsruhe enseigne le modelage en terre et en cire et la sculpture sur bois.

Celle de Pforzheim forme des ouvriers bijoutiers qui y pratiquent la peinture sur émail, le modelage, la gravure, la ciselure et la galvanoplastie.

Dans le duché de Bade encore, il faut citer les

(1) De l'enseignement manuel et professionnel en Allemagne, etc.

écoles d'horlogerie de la Forêt Noire ; l'*école grand-ducale*, fondée en 1877 pour développer cette industrie, renferme des ateliers dans lesquels les élèves apprennent à manier les outils, puis à les fabriquer, à terminer les différentes parties de l'horloge, à les monter. Dans un bâtiment voisin, se trouve l'*école grand-ducale de sculpture sur bois*.

Parmi les écoles professionnelles de Chemnitz, on remarque : l'*école du Bâtiment*, l'*école de contre-maîtres*, l'*école de dessin industriel*, l'*école de tissage*.

L'École de contre-maîtres est divisée en quatre sections savoir : les mécaniciens, les menuisiers, les teinturiers, les fabricants de savons.

L'école de dessin industriel enseigne le modelage. Un véritable musée de machines, d'appareils de toutes sortes y est adjoint ; pour donner une idée de son importance, il est assuré contre l'incendie pour une somme de un million. L'école est subventionnée par l'Etat ; le chiffre de la somme qui lui est allouée est de 187,500 francs par an.

Il y a encore à Chemnitz *une école professionnelle pour les adultes*, qui comporte des cours spéciaux pour les serruriers et les forgerons.

Grünhainichen renferme une *école pour la fabrication des jouets*, où les élèves se livrent à la confection des ouvrages en bois découpé, à la sculpture sur bois et plus tard à la fabrication des cartonnages. Mais ces travaux ne sont exécutés qu'après les études de dessin et de modelage nécessaires pour arriver à pouvoir faire des *jouets élégants.*

Citons encore : les *écoles pour l'apprentissage des ouvrages de paille,* les *écoles pour les vanniers,* l'*Académie allemande des tailleurs,* les *cours pour les chauffeurs de machines à vapeur,* les *écoles de bateliers,* l'*école spéciale des drapiers,* etc., etc., spéciales à la Saxe.

Une foule d'élèves fréquentent les écoles professionnelles saxonnes ; c'est là un fait d'autant plus remarquable que ces écoles sont presque toutes payantes et que cet enseignement entraîne, par conséquent, des dépenses souvent considérables, relativement aux ressources de l'élève. M. Davesne attribue cette cause à l'élévation du niveau de l'instruction primaire dans ce pays. « Les jeunes gens, dit-il, comprennent mieux leurs intérêts, se passionnent davantage pour l'étude et ne reculent pas devant des frais que couvriront amplement les avantages qu'ils en tireront. »

A Mariano, *l'école professionnelle pour l'industrie du bois* est fréquentée par les apprentis menuisiers, tourneurs, sculpteurs sur bois, etc. Les cours sont gratuits et ont lieu le soir. C'est le ministère du commerce qui a fondé cette école ; il pourvoit à l'entretien du matériel et de l'outillage. Le ministère de l'Instruction publique paie le personnel enseignant.

A Londres, il faut remarquer les *écoles professionnelles d'orphelins* ; elles sont au nombre de huit.

En 1887, à l'occasion de l'inauguration de celle de Blackfriars-Road, présidée par le vénérable George William, bien connu par l'intérêt qu'il porte à ces créations, il a été donné lecture de la lettre suivante, adressée par un riche colon de la Nouvelle-Zélande :

« Depuis quarante ans que j'ai quitté Haddo-House (l'une des huit écoles d'orphelins), j'en conserve toujours un pieux souvenir. C'est grâce à cette institution que j'ai appris à devenir un homme. C'est elle qui m'a placé dans la main l'outil du travail, devenu le principal élément de ma prospérité. »

C'est le plus éloquent des commentaires que cette sincère déclaration.

La Belgique possède une assez grande quantité d'écoles industrielles spéciales, parmi lesquelles nous citerons :

L'Ecole industrielle de Charleroi, fondée par la ville ;

L'Ecole d'industrie et de dessin de Jumet ;

L'Ecole industrielle et de dessin de Chatelet ;

L'Ecole industrielle de Gosselies ;

Ces trois derniers établissements sont dus à l'initiative des municipalités de ces villes, avec allocations de la province et de l'Etat.

Les programmes de ces écoles comprennent : la mécanique, la physique, la chimie, la géologie, la minéralogiè, la construction de machines et de chemins de fer, l'exploitation des mines, le dessin industriel, etc. etc.

La Hollande compte un assez grand nombre d'écoles d'arts et métiers possédant des ateliers pour le travail du fer et du bois, de la construction des machines, des navires, etc. etc.

L'Italie s'occupe de former des apprentis, des dessinateurs industriels, de compléter l'éducation des ouvriers. A cet effet, elle possède des écoles professionnelles à Rome, à Naples, à Venise, au nombre de plus de quatre cents, avec au moins vingt-cinq mille élèves.

La Roumanie possède quinze écoles d'arts et métiers ; proportionnellement, ce petit État est au premier rang des nations qui s'occupent du développement des études industrielles.

En Russie, il existe un grand nombre d'écoles dont les divisions supérieures de 5e et 6e classes sont consacrées à l'enseignement industriel. C'est ainsi qu'à *l'école polytechnique de Riga*, fondée par la ville et la noblesse régionale, on enseigne la mécanique, l'architecture et qu'on y pratique les études relatives au génie civil ; les élèves y sont environ au nombre de huit cents.

L'école technique impériale de Moscou est un établissement d'enseignement supérieur théorique et pratique, qui a beaucoup de ressemblance avec nos écoles d'arts et métiers. Elle a pour but de former des ingénieurs, des constructeurs, des contre-maîtres ; on y enseigne le dessin industriel. La partie pratique comprend le travail du bois et du fer, avec application à plusieurs métiers de la cons-

10

truction architecturale et mécanique. Il y a donc
là des forgerons, des serruriers, des menuisiers,
des modeleurs, des mécaniciens. En outre des
ateliers spéciaux d'apprentissage munis de tous les
objets indispensables à un enseignement méthodique, l'école possède une usine pour l'exécution
des travaux de la grande construction et cette
usine est desservie par des ouvriers salariés. Cependant, il ne faut rien voir là de mercantile et l'usine
n'existe sous ce régime que pour mieux offrir aux
élèves, un exemple constant du travail industriel
dans toutes ses applications. Six cents élèves environ suivent les cours de cet établissement, qui ressort du département de l'impératrice.

L'établissement possède une série d'outils fabriqués par les élèves ; ces outils ont composé des
tableaux de collections, divisées chacune en trois
catégories. L'une de ces collections a sa première
catégorie qui comprend l'ensemble des outils en
usage, tels par exemple, pour le forgeron que :
marteaux, tenailles, tranches, poinçons, pinces,
compas, équerres, etc. A l'ajusteur, elle présente
es instruments destinés à mesurer les dimensions :
pieds à coulisse, compas d'épaisseur, etc. Suivent :
le tableau qui sert au percement des métaux, celui
des outils nécessaires au filetage et au taraudage,
celui des instruments et appareils qui sont destinés
à tracer les pièces brutes pour les préparer à être
travaillées. La deuxième catégorie comprend une
collection de modèles gradués, destinés à l'étude

méthodique ; c'est une sorte de gamme du travail avec laquelle le commençant s'habitue progressivement à vaincre les difficultés d'exécution. Enfin la troisième catégorie renferme une quantité d'éléments de machines diverses, de pièces détachées, d'outils mécaniques, etc. etc. Chaque numéro des collections est composé de deux objets : le premier présente la pièce préparée, le deuxième la pièce terminée. S'il s'agit par exemple d'un morceau de serrurerie ou de mécanique destiné à être soudé, la première pièce est amorcée pour la soudure et la seconde est terminée.

Les collections d'assemblage du fer par les rivures donnent la coupe des objets rivés et les défectuosités amenées par de mauvais ajustements, ce qui est d'un enseignement très ingénieux.

L'instruction pratique recueillie par les élèves de cette école est remarquable.

Signalons encore les écoles russes de Saint-Pétersbourg et de Tscherepovetz qui marchent sur les traces de celle de Moscou, mais sans pouvoir l'atteindre (1).

Sous le nom d'*écoles cantonales industrielles*, la Suisse compte une grande quantité d'écoles gratuites, dont la plupart ont leurs ateliers spéciaux de forge, d'ajustage, de menuiserie, et enfin de fabrication de tissus, etc., etc. Genève a son *école*

(1) Nous avons étudié ces diverses écoles à l'Exposition de 1887, où figuraient leurs travaux.

des *Arts Industriels*, qui se préoccupe surtout de faire des apprentis ; Zurich, son école du musée industriel ; Saint-Gall, son école de broderie, etc.

Plus de soixante-dix *écoles de Technologie* existaient à la fin de 1886, dans les Etats-Unis d'Amérique, avec huit mille neuf cent cinquante élèves. Ces établissements ont reçu, en dons et legs faits par des particuliers qui s'y intéressent spécialement, dans le courant des années 1883 et 1884, la somme de 1,160,378 francs. Du reste, la moyenne annuelle des dons que reçoivent les différents établissements d'instruction publique dans ces Etats, est de 7 millions de dollars ou 35 millions de francs.

En dehors de ces écoles, les États-Unis comptent un grand nombre d'établissements supérieurs d'enseignement technique, desquels sont sortis, dans la même année 1886, mille cinquante-huit ingénieurs, chimistes, architectes, etc.

Au Brésil existe un *Lycée impérial des arts et métiers*, fondé en 1856 et qui est subventionné annuellement d'une somme de 100,000 francs par l'Etat. Il compte, pour les cours professionnels, mille cinq cent dix-neuf élèves qui se livrent aux études suivantes : dessin géométrique, d'architecture, naval, de machines, sculpture etc. L'enseignement gratuit y est donné par vingt professeurs.

⁎
⁎ ⁎

Quelques-unes des écoles étrangères dont nous venons de parler, s'occupent de l'instruction professionnelle des femmes. Le lycée impérial des Arts et Métiers brésilien leur a réservé des cours spéciaux. L'Italie, la Suisse, répandent largement cette instruction. Berne, Bienne et d'autres villes de la confédération suisse, ont des écoles supérieures de jeunes filles, avec classe de commerce. Rome et Florence possèdent des écoles de commerce pour les filles.

Dans beaucoup de villes allemandes, à Hambourg, Munich, etc., par exemple, le travail manuel est obligatoire dans les écoles primaires de filles ; il comprend le tricot, la couture, la broderie, le point de marque, la coupe, l'assemblage et la confection des vêtements.

Les *écoles pour les ouvrières faisant de la dentelle,* sont installées en Saxe, dans les parties montagneuses de ce pays où l'industrie de la dentelle est très répandue ; leur but est « non seulement d'introduire de meilleures méthodes de travail, de rendre possible la fabrication de [dentelles plus fines et se vendant mieux, mais encore de venir en aide à l'éducation domestique, en habituant les enfants à l'attention, à l'application, à l'obéissance, à l'exactitude, à l'ordre et à la propreté ». Toutes les élèves de l'école primaire y sont admissibles ; chaque élève paie 5 centimes par semaine. Le nombre de ces écoles est de vingt-neuf ; elles sont fréquentées par mille sept cents enfants (1).

(1) Notes sur quelques écoles professionnelles d'Allemagne, par G. Jost, inspecteur général de l'instruction publique.

Les *Écoles spéciales de la société pour les travaux de femmes*, qui existent à Dresde, comprennent des cours du jour et du soir ; on y enseigne les travaux de couture et de broderie, le dessin industriel et la peinture sur porcelaine. La rétribution mensuelle est de 12 francs.

A Paris, Mme Elisa Lemonnier, qui avait fondé, en 1856, *la société de protection maternelle pour les jeunes filles*, étendit en 1862 le champ des opérations de cette bienfaisante institution et créa la première des écoles professionnelles françaises de femmes.

Trois écoles appartenant à cette fondation, fonctionnent aujourd'hui : rue Duperré, rue d'Assas et rue des Boulets. A la fin de 1885, sept cent huit élèves avaient suivi les cours professés, lesquels comprennent la comptabilité, le dessin industriel, la gravure sur bois, la peinture sur verre et porcelaine, la confection, la lingerie, la broderie pour ameublement. A l'époque actuelle, les élèves de ces trois écoles sont au nombre de trois cent cinquante.

Ces écoles sont payantes ; la rétribution mensuelle est de 12 francs par mois. Mais le conseil d'administration dispose d'un assez grand nombre de bourses, et de fractions de bourse. Un comité spécial est chargé du placement des jeunes filles sorties des écoles, de les conseiller et de les assister, enfin de les aider à vaincre les difficultés de la vie.

A son tour, la ville de Paris a créé des écoles

professionnelles pour les jeunes filles, où des travaux analogues à ceux que nous venons de décrire s'exécutent. Ces écoles sont au nombre de cinq : rues Fondary, Bouret, Ganneron, Bossuet et de Poitou. La ville place encore les enfants de ce sexe moralement abandonnés dans divers établissements, parmi lesquels nous citerons : l'*Ecole industrielle protestante de filles*, l'*Ecole de broderie* de la rue *Marcadet*, la *manufacture de broderies de Sceaux*, l'*orphelinat manufacturier de Vitry* (établissement Groult), la *filature de soie de Persan-Beaumont*, etc., etc.

L'*Ecole municipale professionnelle ménagère* de la rue Fondary a un but spécial : celui d'apprendre à la jeune fille qui a terminé ses études primaires, une profession lucrative, tout en s'exerçant aux soins du ménage et en se préparant ainsi à l'accomplissement des devoirs que réclame la famille.

L'enseignement est gratuit; les élèves sont externes, la durée de l'apprentissage est de trois ans.

Les industries représentées dans les cours de cette école sont les suivantes : celles des couturières, lingères, brodeuses, corsetières, repasseuses et fleuristes.

Pendant toute la durée de l'apprentissage, les élèves sont exercées aux travaux de couture usuelle, aux soins du ménage et à la confection de la cuisine.

Les cours généraux obligatoires comprennent :

l'enseignement primaire, des notions de comptabilité, le dessin, l'économie domestique, la coupe et l'assemblage des étoffes, la gymnastique. Les études facultatives sont celles de la langue anglaise et de l'aquarelle.

Lorsque le travail de l'élève peut être utilisé, elle reçoit, à titre de récompense, une prime proportionnelle à la valeur de cet objet. Un certificat d'apprentissage et un livret de caisse d'épargne de la valeur de 75 à 250 francs, sont délivrés aux élèves de troisième année dont les études sont satisfaisantes.

Cette école professionnelle, on le voit, est établie sur les données les plus pratiques et les mieux raisonnées ; elle fait le plus grand honneur au Conseil municipal parisien qui l'a fondée en 1886.

Récemment, l'assistance publique a créé, pour trente jeunes filles, une école professionnelle de fleurs artificielles à Bois-Colombes. En vertu d'un traité passé avec un industriel, ces jeunes filles apprendront le métier dans toutes ses parties, de manière à pouvoir, au besoin, diriger un atelier, et en tous cas, gagner les salaires les plus élevés de la profession. En 1887, la même administration fondait l'*Ecole de broderie de Montreuil*, où les élèves reçoivent l'instruction et l'enseignement professionnel.

Les programmes de l'*Association philotechnique* renferment des cours destinés aux femmes adultes. En dehors du dessin et de la comptabilité, on y enseigne la couture, la coupe et l'assemblage des étoffes, l'économie domestique qui comprend les applications élémentaires des sciences à la tenue du ménage : habitation, vêtements, alimentation ; le dessin et le modelage ; la peinture sur faïence et sur porcelaine, etc., etc.

Ces enseignements sont entièrement gratuits.

Signalons encore : l'*Ecole professionnelle de jeunes filles*, fondée par Mme de Hérédia, aux Thernes; les *Cours de Comptabilité pour femmes*, établis par les soins de la Chambre de commerce de Paris, à l'avenue Trudaine, etc., etc.

*
* *

La commission d'enquête parlementaire ordonnée par la Chambre des députés en 1884, et composée de quarante-quatre membres, s'est renseignée, entre autres sujets, sur la situation actuelle de l'apprentissage. Elle a pu se rendre compte des plaintes et des inquiétudes inspirées par l'absence des apprentis. Nous reproduisons ci-dessous les dépositions de M. Huret-Belvallette, président de la Chambre des carrossiers, et de M. Tolain, sénateur.

M. HURET-BELVALLETTE. — Nous n'avons pas d'apprentis dans nos ateliers, nos ouvriers n'en veulent pas. Il y a déjà longtemps que cela dure.

M. LE PRÉSIDENT. — Est-ce pour que leurs salaires ne baissent pas ?

M. HURET. — Ce doit être dans cette intention, je ne vois pas d'autres motifs.

M. LE PRÉSIDENT. — Il y a des ouvriers qui ont des enfants ; ils devraient leur enseigner leur profession.

M. HURET. — Ils n'en élèvent pas dans la partie ; nous n'avons pas d'ouvriers qui aient des enfants chez nous, parce qu'ils savent que leurs camarades ne les souffriraient pas plus qu'ils n'en souffrent eux-mêmes.

M. FRÉDÉRIC PASSY. — Comment renouvelez-votre personnel ?

M. HURET. — Difficilement et par la province. Il y a en ce moment disette d'ouvriers. Le peu d'ouvriers que nous avons nous vient de la province. L'apprentissage en province se fait assez mal, et c'est surtout pour cette raison que nous demandons la création d'écoles d'apprentissage à Paris. Nous voudrions une école d'apprentissage sur le modèle de celle du boulevard de la Villette. Ce serait merveilleux au point de vue des résultats ! Nous avons étudié tous les plans d'une école semblable (1).

Voici la déposition de M. Tolain :

M. LE PRÉSIDENT. — La commission s'est émue de ce fait qui lui a été signalé par presque tous les industriels qui ont comparu devant elle : le nombre des apprentis diminue d'une façon progressive, et il en résulte un affaiblissement, un appauvrissement des industries, qui font concevoir de graves inquiétudes. Pourriez-vous nous dire, sur ce point,

_____

(1) *Enquête des quarante-quatre*, p. 125

quelque chose de plus particulier que ce que vous avez dit à propos des typographes?

M. Tolain. — Il est évident que le niveau du savoir professionnel baisse de plus en plus, que le nombre des apprentis diminue, et que le contrat de louage tend à se substituer absolument au contrat d'apprentissage pour l'enfant qui entre à l'atelier. A mon avis tout personnel, cette situation commande impérieusement la création du plus grand nombre possible d'écoles d'apprentissage (1).

**

Un manufacturier de Saint-Quentin, M. Jourdain, dans un rapport adressé à M. le ministre du commerce et de l'industrie, appelle l'attention du gouvernement sur les progrès industriels de l'Allemagne qu'il a constatés *de visu* ; il s'exprime ainsi après avoir reconnu les efforts que l'étranger fait pour arriver à nous supplanter presque partout :

« Nous nous sommes informé de la cause de ce changement si profond et si favorable à l'industrie allemande. La réponse a été partout la même : l'influence, nous disait-on, de nos écoles des beaux-arts, créées spécialement pour nos jeunes gens se destinant à l'industrie, a été énorme, et c'est à cet enseignement que nous devons de voir notre industrie, au point de vue artistique, faire des progrès aussi inespérés. »

**

(1) Id., p. 129.

Nous avons gardé pour la fin de cet article, la description du système d'éducation et d'instruction organisée par les soins de M. Godin au Familistère de Guise, ce système étant plus étendu, plus complet que celui de l'Ecole professionnelle pure et simple, puisqu'il prend l'enfant du participant en quelque sorte à sa naissance, pour ne le quitter que lorsque celui-ci devenu homme, fait partie de l'association et que ce système comprend de plus *l'éducation*.

Les institutions concernant cette éducation et cette instruction, données gratuitement, comprennent :

La *nourricerie*, qui assiste la mère dans les soins à donner à l'enfant jusqu'à l'âge de deux ans ; le *pouponnat*, où les enfants de deux à quatre ans sont soignés et distraits ; le *bambinat*, là commencent l'enseignement et les exercices instructifs et récréatifs, les enfants y restent de quatre à six ans ; six *classes d'écoles*, qui assurent aux enfants du Familistère, jusqu'à l'âge de quatorze ans au moins, un bon enseignement primaire ; enfin des *Cours supérieurs* destinés aux jeunes gens les plus heureusement doués.

Aux termes des statuts, « l'administration de la société doit surtout assurer, par un bon enseignement, la culture morale des élèves, dans le but de développer en eux le sentiment des devoirs de *solidarité* qui les unissent les uns les autres. Elle doit leur faire enseigner et s'attacher à leur faire comprendre la grandeur et les bienfaits de l'association, afin que tous les élèves, autant que possible, deviennent de dignes continuateurs de l'œuvre de leurs prédécesseurs. »

L'enseignement professionnel arrive ensuite, et il est donné dans les meilleures conditions.

L'éducation et l'instruction sont gratuites au Familistère de Guise ; les frais annuels auxquels elles donnent lieu et qui sont entièrement supportés par l'administration, dépassent annuellement la somme de 30,000 francs.

Relativement à l'influence exercée par les mesures d'instruction et d'éducation, M. Godin, s'exprimant devant la commission du travail, a dit :

« Je voudrais, Messieurs, que vous puissiez comparer la population du Familistère à toute autre population du même ordre. La tenue générale est excellente ; il n'est pas un enfant de six ans qui ne sache lire, pas un de quatorze ans qui ne possède tous les éléments d'une bonne instruction primaire ; l'année dernière, dix de nos élèves ont obtenu le certificat d'études, et, cette année, les maitres espèrent plus de succès encore. A l'origine, cette population n'avait qu'un degré d'instruction extrêmement faible ; renouvelée en partie depuis vingt ans, elle est lettrée aujourd'hui ; encore une dizaine d'années et le niveau intellectuel et moral de la population sera des plus satisfaisants. Ce sont là, messieurs, des effets dus à l'association elle-même. (1) »

(1) *Bulletin de la Participation aux bénéfices*, 9ᵉ année, 2ᵉ livraison. Nous avons emprunté souvent nos citations à cet excellent recueil.

M. Godin aurait pu ajouter qu'il dote ce coin de la France d'une population hors de pair, d'ouvriers dont la conduite sert déjà d'exemple, d'artisans-modèles pour l'avenir, de citoyens accomplis. Nous ne connaissons pas d'œuvre plus méritoire (1).

**

Depuis longtemps déjà, le gouvernement français, pénétré de l'utilité de soutenir enfin la lutte indus-trielle et commerciale avec des armes perfection-nées, c'est-à-dire en généralisant l'instruction pro-fessionnelle, a préparé un projet de loi que nous publions ci-dessous. Mais ce projet, approuvé par le Conseil supérieur de l'enseignement technique, dort dans les cartons verts du ministère du commerce.

(1) Jean-Baptiste-André Godin, né à Esquehéries (Aisne), en 1817, fils d'un serrurier dont il partagea d'abord les tra-vaux, créa une nouvelle industrie, celle des appareils de chauffage en fonte de fer. Il a, par ses fondations bienfai-santes, procuré aux honnêtes ouvriers qu'il employait, pres-que tous les équivalents de la richesse.

Membre du Conseil général de l'Aisne, puis maire de Guise, M. Godin fut élu membre de l'Assemblée nationale en 1871, où il siégea dans les rangs de la Gauche républicaine. Après la dissolution de cette assemblée, il refusa de solliciter le renouvellement de son mandat, afin de pouvoir se consa-crer tout entier à son œuvre vraiment humanitaire.

Cet homme de bien est mort en janvier 1888, laissant une grande mémoire et un grand exemple. Par son testament, il a fait don de la moitié de ses biens (environ huit millions de francs), à ses associés, c'est-à-dire aux ouvriers de ses usines (*Voyez notre étude sur la Participation*).

Nous ne savons s'il en sortira jamais. Le voici dans ses dispositions principales :

ARTICLE PREMIER

L'enseignement technique, industriel et commercial est et demeure placé dans les attributions du Ministère du Commerce et de l'Industrie.

ART. 2.

Sont écoles de commerce : les établissements qui ont pour but de préparer spécialement les jeunes gens à la carrière commerciale.

Sont établissements d'enseignement industriel : les écoles dans lesquelles l'enseignement a pour but de préparer les jeunes gens à des professions industrielles déterminées.

Les écoles primaires et les écoles secondaires dans lesquelles une part est faite au travail manuel, en vue de donner aux jeunes gens une certaine dextérité manuelle, ne sont pas visées par la présente loi ; elles restent placées dans les attributions du Ministre de l'Instruction publique.

ART. 3.

Les établissements d'enseignement technique industriel et commercial, se divisent en trois catégories, suivant la nature de leur enseignement : technique primaire, technique secondaire, technique supérieur.

ART. 4.

L'enseignement a pour but, dans les écoles primaires industrielles, de fournir des ouvriers habiles et instruits ; dans les écoles secondaires, des chefs d'atelier et des directeurs de travaux ; dans les écoles supérieures, des ingénieurs et des chefs d'industrie.

ART. 5.

Les écoles techniques primaires, industrielles ou commerciales, fondées par les départements ou les communes, sont mises au nombre des écoles primaires publiques. Elles participent, proportionnellement aux ressources communales et départementales affectées, au service de l'enseignement primaire public. En cas d'insuffisance de ces ressources, le déficit est couvert par une subvention du Ministère du Commerce et de l'Industrie.

ART. 7.

Ne pourront être admis dans les écoles techniques primaires, industrielles et commerciales, que les enfants âgés de douze ans au moins au moment de l'ouverture des cours, après examen ou sur la présentation du certificat d'études primaires.

ART. 9.

Il sera délivré, par le Ministre du Commerce et de l'Industrie, des diplômes et des certificats aux élèves des établissements publics qui auront subi d'une manière satisfaisante, dans les divers degrés de l'enseignement, un examen de fin d'études, devant une commission dans laquelle le Ministre sera représenté.

Le diplôme ainsi délivré aux élèves de l'enseignement supérieur et secondaire donnera aux titulaires, au point de vue du recrutement militaire, les mêmes droits que ceux qui sont accordés aux jeunes gens munis d'un diplôme de bachelier.

Les jeunes gens pourvus d'un diplôme d'un établissement d'enseignement supérieur commercial seront, en outre, autorisés à concourir, au même titre que les licenciés en droit, ès-sciences ou ès-lettres, ou les élèves de l'école des Chartes, de l'école centrale des arts et manufactures, etc., pour l'admission comme élèves-consuls.

**

Jusqu'ici nous n'avons parlé que de l'enseignement professionnel industriel, et il faut dire que c'est là le point qui nous occupe le plus.

Cependant, il est bon de faire remarquer au lecteur que l'enseignement commercial, généralement plus répandu, en France et à l'étranger, que l'enseignement industriel, s'occupe presque toujours, dans ses cours, de pédagogie industrielle, soit au point de vue de l'étude des machines motrices, de la mécanique productrice ou de la technologie pure.

C'est ainsi que l'*Ecole supérieure de Commerce de Paris*, fondée dès 1820, dans son programme du *troisième comptoir* ou troisième année, à côté de cours d'histoire et de droit commercial, d'économie politique, des notions de production, d'échange, de crédit, de chimie, de physique, etc., comprend aussi des cours de mécanique industrielle se décomposant en trente-six leçons et traitant de la *statique* ou rapport des forces, de la *cinématique* ou science des mouvements, de la *dynamique* ou étude et évaluation des forces, des *applications théoriques*.

L'instruction technologique comprend en outre : la fabrication du pain, du chocolat, de la bière, du sucre, des savons, des chandelles et bougies, des huiles, du papier, du carton, des papiers peints, du tabac, du verre, des glaces, des verres colorés, du cristal, des verres d'optique, de la céramique, etc., avec visites des principales usines de Paris et de ses environs. Des rapports doivent être dressés par les élèves visiteurs ; leur travail a produit souvent des résultats remarquables.

L'*Ecole supérieure de Commerce et de tissage de Lyon* est une véritable école professionnelle industrielle, puisque la section de tissage comporte un enseignement pratique qui a lieu en même temps que le cours théorique et en suivant pour ainsi dire mot à mot, les descriptions du professeur terminées par les indications d'un contre-maître.

Cette école possède dix-huit métiers produisant plus de vingt genres différents d'étoffes unies ou façonnées, de velours, de peluches, de foulards, taffetas, rubans, tulles, gazes, etc., etc.

Des visites d'usines ont lieu pendant le dernier trimestre de la dernière année de l'enseignement.

L'Ecole supérieure de Commerce du Havre, fondée en 1871, pratique aussi le système de ces visites, qu'elle étend aux manufactures et usines de l'étranger. C'est ainsi qu'en 1884, les élèves de la 2e année ont parcouru la Belgique tout entière, en étudiant les fabriques, les mines, les forges, les établissements et ateliers maritimes. D'autres excursions ont été faites en Allemagne, en Danemark.

L'Ecole supérieure de Commerce de Bordeaux, fondée en 1874, est divisée en deux sections ; la deuxième est la section industrielle dans laquelle existent des cours de dessin, de constructions de machines, de physique et de chimie industrielle, de métallurgie, d'architecture et de travaux publics, de coupe de pierres, de travail du bois, du fer, enfin des mines et des chemins de fer. Les élèves complètent l'enseignement théorique, en s'occupant de divers travaux pratiques. Après avoir relevé par des croquis cotés, des bâtiments ou des pièces de mécanique, ils en dressent des dessins, puis en font des réductions en nature ; ils exécutent l'appareil des pierres, les travaux de forge et d'ajustage. Enfin, on les exerce au maniement du gros outillage et à la conduite des machines à vapeur. Un vaste atelier fait partie de l'école ; il renferme deux forges, des étaux, des tours, des machines à forer ; le moteur est une machine à vapeur de la force de six chevaux. Des machines hydrauliques fonctionnent dans un vaste bassin alimenté par les eaux de la ville, sous les yeux des élèves.

Cette instruction professionnelle a permis à l'école de fournir à l'industrie une grande quantité d'hommes utiles. On compte parmi les élèves diplômés de l'école : un directeur d'usine à gaz, un fabricant de papier, un constructeur de machines agricoles, deux ajusteurs mécaniciens, deux architectes, deux conducteurs des ponts et chaussées, un conducteur de travaux particuliers, plusieurs employés d'entrepreneurs, des mécaniciens de la marine de l'Etat, etc., etc.

L'Institut commercial de Paris, fondé en vue de la formation d'un personnel spécial pour le commerce d'exportation, a rédigé un programme d'enseignement dans lequel on voit apparaître des cours technologiques comprenant les détails de fabrication de différents produits. Les directeurs des manufactures de Sèvres et des Gobelins, et les grands manufacturiers qui ont accepté les fonctions de professeur à l'Institut commercial, viennent y faire des conférences sur la céramique, la fabrication des tapisseries, le papier, le verre, les cristaux, le savon, la parfumerie, le gaz et l'éclairage en général, le caoutchouc, les charbons, la peausserie, les industries textiles, etc., etc. Des visites industrielles ont lieu comme dans les établissements qui précèdent.

L'*Ecole municipale professionnelle de Reims*, fondée en 1875 par le conseil municipal de cette ville, est bien une institution commerciale, mais elle comprend aussi des cours d'instruction profession-nelle. Elle possède : un atelier de filature et de tissage renfermant tout l'outillage mécanique nécessaire à ces travaux, dont dix-neuf métiers ; des ateliers de forge, d'ajustage, de menuiserie et de modelage avec cinq forges, neuf tours, une limeuse, une raboteuse, vingt établis, etc., enfin un moteur à vapeur de la force de huit chevaux.

Trois laboratoires et un cabinet de physique complètent cette remarquable installation.

Ces exemples nous suffisent pour démontrer que l'instruction industrielle est comprise de tous en France. Nous allons rapidement passer en revue maintenant les établissements étrangers, dans les-quels les mêmes idées ont été mises en application.

**

L'*Institut public du commerce à Leipzig* a ins-tallé des cours professionnels de technologie mécanique, comprenant l'étude des machines, de l'industrie textile, filatures et tissages ; ils portent encore sur la fabrication des draps, du papier, etc.

L'*École industrielle avec division de commerce de Heilbronn*, comptait deux cent trente-trois élèves en 1877. Elle a été fondée par la commune avec moitié de la subvention nécessaire, l'autre moitié étant fournie par l'État.

11.

Il existe des établissements analogues à *Schwäb-Hall*, à *Ulm*; dans cette dernière ville, l'enseignement professionnel comprend surtout le modelage et la peinture.

En Angleterre, on compte facilement les établissements commerciaux de ce genre. Citons le *Technical School and Mechanic's Institute* comme exemple.

En Autriche-Hongrie, il existe un grand nombre de ces écoles; entre autres cours suivis, on signale les *Cours de répétition pour les apprentis industriels* institués par le ministère des cultes et de l'instruction publique en 1877. Ils sont actuellement au nombre d'environ cent cinquante et ont été fréquentés, pendant les sept premières années, par environ vingt-six mille élèves.

A Gratz, l'*Académie de commerce et d'industrie* s'occupe de chimie industrielle, de l'étude des machines et de travaux de laboratoire.

L'*Académie de commerce et de navigation de Trieste* se livre à l'enseignement spécial de l'architecture navale, du gréement des navires, de la théorie du calorique et des machines à vapeur.

L'*Ecole municipale de commerce de Lemberg*, subventionnée en partie par les industriels de la région, forme des apprentis pour l'industrie.

A l'*Ecole de commerce de Schwabb*, qui porte le nom de son fondateur, on enseigne la géométrie, la technologie du bois et des outils, le dessin industriel.

En Belgique, l'*Ecole provinciale de commerce, d'industrie, et des mines du Hainaut*, à Mons, a été fondée par le conseil provincial du Hainaut ; elle est subventionnée par l'Etat, la province et la ville. La durée des études est de quatre années ; à la fin de la troisième année, l'élève doit désigner la spécialité qu'il préfère. La mécanique, la physique, la minéralogie, la construction des machines, le dessin industriel, les constructions anciennes, la géologie et les mines sont les matières formant le programme de l'école qui n'est pas gratuite, mais qui ne réclame annuellement que 120 francs par élève. Des réductions et des remises entières sont même accordées.

L'*établissement religieux des Joséphites à Melle* professe l'étude de la mécanique, du dessin industriel ; il possède une collection remarquable d'organes de machines et une série de tableaux représentant les industries importantes de la région. Mais cet établissement est loin d'être gratuit ; il reçoit annuellement trois cents élèves dont la pension est de 1,150 francs pour les quatre degrés supérieurs.

L'*Institut supérieur du commerce d'Anvers* renferme dans son programme de seconde année, des cours théoriques de mécanique avec application à la navigation. Cet établissement est subventionné par l'Etat et la ville d'Anvers ; les élèves y portent le titre d'étudiants et prennent des inscriptions.

En Italie, soixante-seize *Instituts techniques*

fonctionnent actuellement, ce sont de véritables écoles professionnelles commerciales et industrielles ; quarante-cinq d'entre elles appartiennent au gouvernement ; le nombre des élèves, pendant l'exercice 1885, a été de sept mille cinq cent soixante-dix.

En dehors de ces institutions, il existe des *écoles d'arts et métiers*, et des *écoles d'arts appliqués à l'industrie* qui reçoivent environ douze mille élèves.

Aux Etats-Unis, quelques-unes des nombreuses écoles de commerce, telles que celle dite *Tulane University Commercial Department* (Louisiane), professent des cours industriels analogues à ceux des écoles commerciales dont nous venons de parler. Ce dernier établissement a été fondé en 1882 par M. Tulanes, français établi à Princeton, qui l'a doté d'une somme de plus de 3,500,000 francs, à la condition de contribuer, par tous les efforts possibles, à répandre les idées françaises dans le sud des Etats.

Presque toutes les écoles commerciales de ce pays pratiquent en outre l'arpentage, le levé des plans et le dessin industriel (1).

⁎

(1) Pour plus de renseignements sur les écoles de commerce voir l'ouvrage ainsi intitulé : *L'enseignement commercial et les écoles de commerce en France et dans le monde entier*, par E. Leautey. Nous avons puisé plusieurs de nos renseignements dans ce livre, œuvre considérable et fort intéressante.

Ce n'est pas tout que de créer des écoles professionnelles ; il faut pouvoir, en outre, recruter facilement les professeurs spéciaux aux métiers et cela n'est pas chose facile. Un bon contre-maître gagnera toujours plus d'argent à l'usine qu'à l'école.

Cette question a frappé depuis longtemps les philanthropes suédois qui ont établi, dans ce pays, des maisons d'instruction destinées à former des professeurs de métiers manuels.

Depuis six ans, il existe en Allemagne, une société qui s'est donné la mission de développer l'enseignement professionnel dans les écoles. Elle a délégué l'un de ses membres pour examiner les institutions suédoises dont nous venons de parler, et une maison calquée sur leur système va s'établir à Leipzig, afin de dresser des maîtres d'ateliers qui iront ensuite enseigner leurs métiers manuels aux élèves des deux sexes, dans diverses écoles.

C'est un exemple à suivre.

**

Avant de quitter la question de l'apprentissage et des études professionnelles, nous devons mentionner l'existence de la *Société de protection des apprentis et des enfants employés dans les manufactures à Paris.* Elle a pour but de relever l'apprentissage, dans l'intérêt de l'enfant aussi bien que dans celui de l'industrie ; elle poursuit l'amélioration de la condition des apprentis, en respectant l'autorité du père de famille et la liberté de l'industriel. Elle place les enfants, subventionne les écoles d'apprentissage, distribue des gratifications, des livrets de caisse d'épargne, récompense les manufacturiers qui fondent des écoles professionnelles. Elle a institué des comités de médiation et de conciliation, de placement, de patronage. Les sentiments qui font agir cette excellente institution sont des plus généreux, des plus patriotiques, au point de vue du développement et de l'élévation du travail national.

LES BIBLIOTHÈQUES D'ART INDUSTRIEL POPULAIRES DE LA VILLE DE PARIS ET DE L'ÉTRANGER

Après les écoles professionnelles fondées et entretenues par la ville de Paris et qui possèdent des bibliothèques s'enrichissant tous les jours, il faut mentionner les bibliothèques particulières d'art industriel dont peut s'enorgueillir la capitale. Dans ces sanctuaires de l'étude, le travailleur est appelé à la jouissance intellectuelle des richesses artistiques et technologiques les plus précieuses ; il peut les examiner, les lire, les copier et même quelquefois les emporter à domicile afin de continuer son instruction.

La plus importante des bibliothèques de ce genre est celle qui porte le nom de son fondateur, M. Forney. Elle est installée rue Titon (XIe arrondissement) en plein faubourg Saint-Antoine. Elle contient treize mille ouvrages et estampes et dans la première année de son fonctionnement, elle en a prêté huit mille deux cent vingt-quatre, sans qu'aucune pièce ne fût perdue. Cette bibliothèque possède un revenu annuel de plus de 7,000 francs, et de plus une subvention municipale aussi annuelle de 5,000 francs. Elle est donc en situation de renouveler ses trésors, auxquels viennent s'ajouter chaque jour des dons faits par les ministères et les particuliers.

Des conférences publiques, scientifiques et artistiques sont faites dans ses locaux ; elles touchent les questions qui intéressent le plus l'industrie parisienne et elles ont réussi toujours devant des auditoires composés de sept à huit cents personnes.

Une bibliothèque semblable, qui compte onze mille ouvrages, existe à la mairie du deuxième arrondissement ; elle prête volontiers ses livres comme la bibliothèque Forney.

D'autres mairies ont créé des bibliothèques d'art industriel. Citons celle du premier, du troisième et du sixième arrondissement entre autres ; cette dernière possède six mille planches ou dessins professionnels pouvant être ou prêtés, ou consultés sur place. Il est à désirer que l'institution se propage ; l'industrie et les ouvriers ont tout à gagner à son extension.

L'*Union Centrale des Arts Décoratifs* possède une importante bibliothèque, place des Vosges. Il existe là un recueil de gravures et de photographies d'ornements anciens et modernes ; la décoration

intérieure de l'habitation, la ferronnerie et la serrurerie, la bijouterie et la joaillerie, l'orfévrerie civile et religieuse, le livre, y sont représentés. Cette
collection est consultée sans relâche par les dessinateurs industriels à la recherche de nouveaux
motifs.

L'école communale du boulevard Montparnasse,
n° 80, possède aussi un établissement analogue
riche de plus de trois mille ouvrages.

On a vu dans le chapitre qui précède, consacré à
l'enseignement professionnel, combien les écoles
étrangères spéciales à cet enseignement étaient
nombreuses. Encore n'avons-nous parlé que d'un
certain nombre d'entre elles. Toutes ces écoles
possèdent, surtout en Allemagne et en Belgique,
leurs musées et leurs bibliothèques, souvent très
considérables. La bibliothèque par exemple, de l'Institut supérieur du commerce d'Anvers, compte plus
de quatre mille volumes, choisis avec soin parmi les
œuvres marquantes qui ont trait à l'industrie et au
commerce.

*
**

Les livres qui traitent de technologie pure
n'existent que depuis peu de temps dans le vieux
monde, surtout en France, pays encore imbu des
idées latines qui méconnaissaient la puissance de
l'industrie et du commerce.

Il n'en est pas ainsi en Chine. Des livres d'instruction professionnelle pour toutes les branches des métiers, des manuels détaillés, des encyclopédies colossales, offrent les moyens de s'instruire. Il est vrai de dire que ce peuple possède depuis longtemps une grande habileté dans l'art de la fabrication du papier et de l'imprimerie et qu'en conséquence, le livre y est vendu à vil prix. Quand le jeune Chinois a choisi un métier quelconque, il a sous la main tous les éléments d'instruction pratique désirables : l'agriculture, l'horticulture, le travail des métaux, la sculpture sur bois, en un mot toutes les industries qui sont parvenues à une grande perfection dans ce pays, ont leur technologie spéciale que l'on trouve au besoin dans les nombreuses bibliothèques chinoises.

LES MUSÉES INDUSTRIELS ET COMMERCIAUX

L'idée de composer des collections industrielles n'est pas tout à fait nouvelle et le *Conservatoire des Arts et Métiers* qui est à l'industrie ce qu'est le Muséum d'histoire naturelle à la science, a été créé par la Convention nationale.

Nous avons raconté ailleurs comment les collections du Conservatoire avaient été composées par les dépôts de machines qui existaient à Paris et dont l'une avait été léguée au gouvernement par Vaucanson.

Le décret du 19 vendémiaire an III (10 octobre 1794), qui institua le Conservatoire des Arts et

Métiers, indiquait sa destination qui n'a pas changé. Il est donc une sorte de *Muséum industriel*,
où l'on dépose les machines, les outils modèles, les
livres et les dessins relatifs à tous les genres d'arts
et métiers et où des professeurs spéciaux expliquent
la construction et l'emploi des appareils en usage
dans les diverses industries. On y recueille l'original
de toute machine d'invention nouvelle ou simplement perfectionnée. Là se bornaient les indications
du décret, qui ne purent être exécutées qu'à partir
de 1795, époque à laquelle le Conservatoire fut installé dans l'ancien monastère de Saint-Martin-des-
Champs. Mais malgré sa grande valeur on regarda
longtemps cet établissement comme un simple
magasin de curiosités industrielles et rien de plus.

Sous la Restauration, les choses changèrent de
face. Louis XVIII réorganisa le Conservatoire et
créa un Conseil de perfectionnement chargé de
rechercher et de proposer : « tout ce qui paraîtrait
propre à étendre et à multiplier les avantages que
le Conservatoire des Arts et Métiers est susceptible
de procurer à l'industrie nationale, et sur les
moyens d'assurer à toutes les parties de son service
le degré de perfection auquel elles peuvent parvenir ». Des ordonnances postérieures à ce décret (1),
ont complété cet établissement et l'ont préparé à
la florissante situation qu'il occupe actuellement.

Aujourd'hui le Conservatoire des Arts et Métiers

_____

(1) 25 novembre 1819, 4 octobre 1828.

possède une *galerie des constructions civiles*, réunissant une série complète d'appareils, de modèles
et de dessins relatifs à la géométrie et à l'art des
constructions où l'architecte, l'ingénieur et l'ouvrier trouvent les documents les plus instructifs ;
un *portefeuille industriel et des brevets d'invention* de la plus grande richesse, une *bibliothèque
technologique* de la plus grande valeur, un *musée*
qui n'a pas de rival, et dont l'organisation peut servir de modèle à toutes les collections à venir de ce
genre. Toutes les branches de l'industrie humaine
sont représentées dans ces diverses créations complétées par un enseignement professionnel remarquable. A cet effet, des cours publics sont professés
dans l'établissement ; ils comprennent : la *technologie, la géométrie, la physique, la chimie appliquée
aux arts de la filature, du tissage, de la céramique
et de la verrerie, la chimie agricole et l'analyse
chimique, la construction civile, la législation,
l'économie politique, l'économie industrielle, le
droit commercial, l'administration et la statistique
industrielles,* etc., etc. Une école élémentaire existe
encore au Conservatoire des Arts et Métiers ; les
élèves y apprennent l'arithmétique, le dessin des
machines et de l'ornement, la géométrie descriptive
avec applications de cette science à la charpente et
à la coupe des pierres. Tous ces cours sont gratuits.

A côté de cet établissement hors de pair, nous
n'avons à citer que les quelques musées commerciaux
et industriels, beaucoup trop rares, créés par les villes

ou les Chambres syndicales françaises. Parmi ceux-ci, il faut remarquer celui de *l'Institut commercial de Paris* ; celui *du Havre* spécialement destiné aux produits des carrières françaises, et dont le but est surtout de combattre l'emploi des matériaux étrangers ; celui de *l'école supérieure du commerce* de la même ville, collection d'échantillons de matières premières, de matières en transformation, de marchandises fabriquées, classées avec ordre et dont l'existence est du plus grand secours pour les démonstrations commerciales et industrielles ; celui de *l'école supérieure du commerce de Bordeaux*, à peu près identique ; ceux *de Lille*, *de Lyon*, ce dernier beaucoup plus étendu et qui admet tous les spécimens d'art industriel des fabricants de la région, etc., etc. *Saint-Nazaire et Avignon* se préparent à suivre cet exemple.

*
* *

L'Allemagne a créé depuis longtemps des *musées des arts et métiers* à Berlin, Munich et Vienne. Ils comprennent des installations pour l'essai de la qualité des matériaux de construction bruts et ouvrés tels que : la brique, les ciments et mortiers, la pierre, le bois, le fer, la fonte et l'acier, les chaînes et cordages, etc. Ces installations sont mises à la portée du public ; tout industriel, architecte, constructeur ou simple particulier peut donc y faire les essais qu'il désire sur les matériaux qu'il veut employer.

D'autres collections apparaissent aussi en Allemagne, sous le nom de *musées d'échantillons*. Il en existe à Stuttgard, à Manheim, à Leipzig, etc. Le premier de ces établissements, qui est le plus ancien, a amené à ses exposants quatre-vingt-dix ordres ou commandes de travail dans la première année de son existence, sept cent soixante pendant la seconde année et neuf cent treize durant la troisième. En présence de ce succès, les villes de Dusseldorf, de Cologne et de Chemnitz vont posséder, à leur tour, des institutions du même genre.

Le classement des échantillons est très remarquable dans ces musées étrangers qui contiennent aussi une grande quantité de dessins rangés avec la méthode la plus complète et la plus pratique. Un serrurier vient-il, par exemple, consulter la collection de ces dessins, l'employé chargé du service lui demande ce qu'il veut examiner. Admettons que ce soit des dessins de grilles en fer. Il est alors adressé à l'ouvrier une série de questions relatives à la dimension, au style que l'on veut adopter, à la dépense présumée etc., etc. L'employé délivre alors au consultant juste ce qu'il lui faut, soit dans les compositions de style gothique, de la Renaissance, Louis XIII, etc., etc. Ce résultat est obtenu constamment sans efforts, sans grandes recherches. Cet exemple a été souvent cité ; il prouve l'ordre et l'esprit de méthode des conservateurs des musées allemands.

Berlin a installé son *musée d'art industriel* dans un palais qui est certainement, pour les esprits sérieux, l'un des attraits de cette capitale. Conçu dans le genre de celui de Vienne, mais avec des développements plus considérables, il présente au visiteur un amas de richesses ; on y a annexé une école des deux sexes qui compte mille élèves. On y enseigne le dessin, le modelage, l'aquarelle ; des salles sont destinées à ces études et une riche bibliothèque y est mise à la disposition des étudiants.

Il y a à Berlin, dit M. Salicis, actuellement inspecteur général de l'Enseignement du travail manuel, (1) « une section dont la valeur m'a paru hors ligne, c'est la collection des modèles d'étoffes, due tout spécialement à M. Lessing.

« Par pièces intactes, morceaux rajustés, lambeaux ramassés, chiffons trouvés dans les églises, les châteaux, les masures, M. Lessing, a collectionné, reconstitué, catalogué plus de dix mille modèles d'étoffes de tous pays et de toute époque. Chacun d'eux est fixé sur une feuille de carton blanc de 0,50 sur 0,35 environ. Parfois l'un de ces cartons porte tout au plus un centimètre carré de l'étoffe véritable, c'est tout ce qu'on en possède ; mais l'étude, la comparaison, la patience ont restitué ce qui manque, et le pinceau, conservant non seulement

_____

(1) *De l'Enseignement manuel et professionnel en Allemagne*, etc.

la couleur, mais l'aspect du tissu par la trame et la chaîne, achève le motif complet en véritable trompe-l'œil.

« Pendant que M. Lessing étalait à mon choix et m'expliquait avec la plus grande obligeance une succession de ces précieux cartons, six jeunes femmes, assises à des tables commodément installées comme disposition et lumière, reproduisaient à l'aquarelle des modèles de la collection.

« Ce sont des élèves de votre école qui étudient, demandai-je ?

« Du tout, me répondit M. Lessing, ce sont des demoiselles qui ont passé par la *Gewerbeschule* (école professionnelle). Aujourd'hui, elles dessinent pour des fabricants. Ceux-ci sont venus au commencement de la semaine, ils ont choisi ces cartons et ont envoyé ces dames en leur remettant les numéros des échantillons. Ils fabriqueront ensuite en reproduisant exactement les copies.

« Tenez, aurait-il pu ajouter, celle-ci copie un brocard qui a disparu de la fabrication depuis notre roi Henri II, mais que nous allons y remettre, et celle-là reproduit un crépon dont le dessin était réservé aux impératrices de Mantchourie, avant la conquête de la Chine. »

On le voit, les richesses accumulées dans les musées industriels allemands sont mises libéralement à la disposition des intéressés. *C'est ce qui n'existe aucunement en France, où les trésors de nos collections sont la plupart du temps, hors de*

*portée, disposés pour orner le bâtiment qui les ren-
ferme et non pour l'étude.* On les place à distance,
et l'on dirait qu'ils sont là pour ne pas servir, lorsqu'ils devraient surtout être employés au profit de
l'industrie nationale, pour développer l'intelligence
de l'ouvrier et petit à petit élever de beaucoup le
goût du public.

**

A Furtwanger, dans le duché de Bade, il existe
deux musées portant le nom, l'un d'*Exposition permanente*, l'autre de *succursale de l'Exposition
industrielle grand-ducale de Carlsruhe*; ces établissements ont pour but d'aider au perfectionnement
de l'industrie de l'horlogerie, qui constitue, presque
à elle seule, la fortune des habitants du pays.

L'Exposition permanente renferme les meilleurs
produits fabriqués dans la forêt Noire, tels que les
horloges et pendules de toute nature ; on y a joint
des spécimens d'autres industries aussi très répandues dans la région. C'est ainsi qu'on y trouve des
ouvrages de bois sculpté, des objets de vannerie,
des appareils télégraphiques et téléphoniques, etc.

La succursale de l'Exposition a pour objet de
démontrer les transformations successives subies
par l'industrie horlogère, depuis le xvie siècle jusqu'à nos jours. On y trouve tout ce que l'industrie
étrangère et nationale a pu produire dans ce genre ;
des modèles en plâtre reproduisent des motifs d'ornement pouvant être utilisés, des meubles, des pan-

neaux décoratifs, des émaux y figurent et des dessinateurs attachés à l'établissement y font des travaux pour le compte des fabricants. Le directeur de ce musée industriel ne s'y renferme pas ; il a la mission de voyager, de parcourir le pays, et d'être en relations suivies avec les patrons et les ouvriers pour diriger et former leur goût, pour leur indiquer les meilleurs modèles et les tenir au courant des progrès réalisés dans tous les pays (1).

Nous avons parlé précédemment de la célèbre école de Créfeld, installée dans de magnifiques bâtiments, ou plutôt dans un monument de premier ordre. Toutes les divisions de cette institution sont agencées dans les conditions les plus parfaites de commodité, de lumière, de ventilation et de chauffage ; tout l'édifice est éclairé à la lumière électrique. Il y existe deux musées : le premier renferme une collection de tissus anciens au nombre d'environ six mille pièces, la plupart uniques, parmi lesquels on remarque les étoffes tissées en soie, en or, sarrazins du xe au xiiie siècle, les tissus italiens primitifs, les brocarts gothiques, des étoffes renaissance de tous les pays, des dentelles d'or et d'argent, etc., etc. Cette remarquable collection est placée dans une magnifique salle du rez-de-chaussée dont les grandes baies déversent une lumière abondante, et dont les murailles vont être décorées de peintures représentant l'histoire de l'industrie de la soie à Créfeld.

(1) Idem.

12

Le deuxième musée renferme une collection de
tissus modernes, des échantillons de matières premières, des modèles de métiers construits à l'échelle
de réduction, une grande quantité de dessins industriels, etc., etc. Cette collection s'augmente tous
les jours, au moyen des dons que font au musée de
leur ville, les négociants et les chefs des usines de
Créfeld.

*
* *

L'Allemagne a encore organisé de grands musées
commerciaux pour l'exportation, que l'Angleterre
s'apprête à copier. *L'Export-Exchange* de Londres
serait installé au milieu de la cité. Cet établissement comprendrait trois cents sections distinctes et
son administration, composée des gens les plus
compétents en matière commerciale, répondrait à
tous les renseignements qui lui seraient transmis,
de façon à donner tous les éclaircissements nécessaires au développement du commerce anglais d'exportation.

Ces musées commerciaux ne sont autre chose que
des expositions permanentes de produits propres à
être exportés ; cependant ce sont des centres dé
renseignements précieux, d'enseignements divers,
de relations commerciales étendues, de ralliement
pour le commerce et l'industrie. Ce sont aussi des
instruments de défense des intérêts généraux et de
lutte contre les crises et les concurrences.

Eh bien, Paris est encore privé de ces institutions si nécessaires, que disons-nous, *indispensables* à l'heure qu'il est Cela est à peine
croyable.

⁎⁎

D'autres villes étrangères ont aussi organisé des
musées de ce genre, plus ou moins calqués sur le
modèle de ceux que nous venons de signaler. Ce
sont aussi, en général, autant d'expositions permanentes, dont il faudrait encourager le développement et la multiplication. Plusieurs d'entre ces
établissements acceptent les produits des diverses
nations. C'est ainsi que le *musée commercial et
industriel de Porto* faisait, en 1886, appel aux
Chambres de commerce françaises, en annonçant
qu'il était disposé à faire une large place à nos
échantillons et qu'une partie de son emplacement
pourrait être mise à la disposition d'un syndicat, avec
la faculté d'être administrée par un délégué, sous le
contrôle du vice-consul de France.

En Belgique, chaque *Athénée* (ou collège royal),
possède un musée d'échantillons nationaux et étrangers. Ce musée est accessible à tout visiteur, pendant les congés et les vacances des collèges.

Divers établissements d'instruction professionnelle ont aussi là, des musées spéciaux importants. Tel est celui de l'*École d'enseignement
professionnel de Melle*. Il possède plus de vingt

mille échantillons de produits bruts et manufacturés.

Le *Musée commercial de Bruxelles* est considéré comme l'un des plus intéressants et des plus pratiques.

Les consuls et les agents industriels du gouvernement belge lui envoient constamment des produits du pays auprès duquel ils sont accrédités avec les prix, les droits de douane, les modes de paiement, les frais et moyens de transport, le mode d'emballage, l'adresse des agences de transports et celle des maisons susceptibles d'acheter, d'écouler et de bien payer.

L'industrie belge, merveilleusement outillée et d'une grande activité, étudie ces envois; elle y trouve souvent des contrefaçons de ses propres produits ; elle constate qu'elle doit parfois transformer ou apporter des modifications à ses objets d'exportation ; enfin elle tire profit des articles auxquels elle peut, avec fruit, engager la concurrence. Elle s'inspire enfin des modèles qui lui sont soumis, et parfois les reproduit avec succès, en les perfectionnant s'il y a lieu.

Ce musée reçoit aussi une énorme quantité de journaux spéciaux venant de tous les pays. Toutes communications, dépêches, rapports, qui peuvent intéresser le monde commercial et industriel, sont mis à la disposition de son public. Enfin, l'administration de cette institution remarquable publie un journal, centralise tous les avis d'adjudications nationales et étrangères avec plans, cahiers de charges, conditions particulières, types et échantillons à l'appui. L'entrepreneur et l'industriel belges peuvent donc sans dérangement, étudier au Musée commercial de Bruxelles, toutes les adjudications de travaux publics ou de fournitures quelconques.

Si de la vieille Europe, nous passons en Amérique, nous signalerons le *musée de Chicago*, dans lequel on a rassemblé une grande quantité de matériaux sous forme d'échantillons, d'objets décoratifs, d'appareils hygiéniques, etc. Les procédés de la construction y sont indiqués au moyen de modèles. Une bibliothèque industrielle et une salle d'études sont jointes à cet établissement.

En Asie, le Japon lui-même a fondé son premier musée commercial, qu'il a annexé à l'école de Tokio.

* *

Le musée français des *Arts décoratifs*, en formation, a pour but d'initier, par l'exposition de modèles choisis avec soin, le fabricant, le dessinateur, l'ouvrier, aux principes et aux résultats de la décoration des maisons et de l'ameublement. Une foule de métiers et d'arts concourent à cette ornementation plus ou moins artistique ; il n'est pas un métier du bâtiment qui n'apporte son contingent dans ce travail qui rend la maison la plus ingrate et la plus triste, gaie, coquette, élégante.

En effet, le maçon et le tailleur de pierre ornent les

façades ainsi que le charpentier qui peut y figurer
des pans de bois apparents décorés, le plombier
ajoute à nos combles des crêtes et des poinçons en
métal repoussé, le menuisier fabrique des lambris
aux riches profils, le serrurier ferre et ferme les
croisées et les portes avec des ferrures ciselées
des différents styles. Le peintre, le tapissier, l'ébé-
niste, le sculpteur, l'ornemaniste, le miroitier, le
marbrier, le verrier, l'appareilleur du gaz, etc. sont
des décorateurs par excellence. On le voit, le
champ est vaste et la moisson peut être abondante.

*
* *

Nous avons fait figurer le présent chapitre dans
ce livre, quoique à première vue, un musée industriel
et commercial ne puisse guère être entrevu même
comme pouvant avoir quelque rapport avec les problèmes sociaux.

Tout ce qui touche à l'élévation des idées, au
développement intellectuel, a cependant pour but la
marche en avant, le progrès. Ici, il s'agit de donner
plus de force encore au génie industriel national,
en permettant à l'artisan digne de ce beau nom, à
l'artiste consciencieux, de puiser aux sources pures
de l'art appliqué à nos besoins journaliers. Quoi de
plus noble, de plus élevé que ces études ? La moralité, l'honnêteté dans les compositions artistiques,
le savoir et le jugement en sont les fruits dont doit
profiter la France qui restera, malgré tout, l'arbitre
incontesté du goût, du talent, du génie.

Elevées à cette hauteur de vue, les institutions qui nous occupent parent donc à un danger social : *l'abaissement dans l'art industriel*; elles donnent au contraire l'élan nécessaire aux conceptions des habiles ; elles enfantent et produisent des merveilles qui sont l'orgueil et la consolation d'un pays si durement éprouvé. Cette délicatesse, ce sentiment d'élégance, cette grâce infinie qui éclate de tous les côtés pans notre France chérie, l'étranger ne pourra jamais nous les ravir, à moins de détruire la race tout entière. Car il aura beau nous enlever nos plus fins ouvriers, nos artistes les plus distingués, les couvrir d'or ; ils perdent toute leur valeur en ne respirant plus l'air natal ; ce sont des enfants perdus auxquels manquent les soins d'une bonne mère.

Par l'enseignement que donnent les musées d'art, l'homme est rapproché de l'idéal, et la production du pays s'en ressent grandement, non seulement au point de vue des débouchés, mais encore de l'influence morale et sociale qu'il doit s'appliquer à étendre tous les jours davantage.

On voit que nous ne sommes donc pas sorti de notre sujet.

CHAPITRE IV

ASSOCIATION ET PARTICIPATION

SOMMAIRE. — *Les associations fraternelles d'ouvriers*: faibles résultats obtenus; les causes d'insuccès; les Chevaliers du travail; statistique des associations parisiennes; les associations industrielles anglaises. — *La participation aux bénéfices de l'Entreprise*: sa définition, ses applications, questions soulevées et résolues; Exemples: les maisons Leclaire, Laroche-Joubert, les chemins de fer, les assurances, MM. Paul Dupont, Mozet et Delalonde, Caillette, Moutier, Deberny, Vernes, le familistère de Guise, Mme Boucicaut, les houillères de M. Briggs; le directeur du chemin de fer de Paris à Orléans, le chef du bureau du travail des Etats-Unis, etc., affirmant les progrès amenés par la participation; jurisprudence; conclusion; note historique.— *La participation obligatoire*: Projet de loi qu'il faut repousser; rapport de la société pour l'Etude pratique de la Participation, concluant au rejet de ce rapport; réflexions; le combat contre la misère, par M. D'haussonville. — *Les sociétés de coopération de consommation*: leurs avantages; exemples: l'Angleterre, les pionniers de Rochsdal.

LES ASSOCIATIONS FRATERNELLES D'OUVRIERS

En général, les bienfaits de l'association appliquée aux différents développements de l'activité humaine sont des plus remarquables. En effet, l'association est une puissance considérable; elle exerce, même lorsqu'elle n'a en vue que des intérêts matériels, une influence morale que l'on ne peut contester. Mais elle a ses limites et la nature humaine se refuse souvent à certaines de ses applications.

Il faut le dire bien haut : l'association industrielle des ouvriers, inconnue pour ainsi dire avant 1848, et qui s'était propagée de tous côtés à cette époque, n'a donné que de faibles résultats dans les quelques cas où elle a pu se maintenir.

Pour nous, il est incontestable que l'état actuel de l'éducation générale ne permet pas, quant à présent du moins, l'application du système de l'association fraternelle dans l'industrie. Cette communauté d'intérêts aux règles étroites, exige jusqu'à des vertus bien rares, parmi lesquelles il faut citer tout d'abord *l'abnégation*. En effet, chacun des membres d'une association de ce genre, malgré tout son mérite personnel, malgré sa valeur professionnelle, doit renoncer à ses propres intérêts pour ne plus songer qu'à ceux de tous les associés. C'est là un sacrifice très souvent au-dessus des forces humaines. Et c'est précisément l'absence de ce complet désintéressement qui fait que, dans l'application, l'association a donné et donne encore souvent lieu aux plus désastreuses conséquences et aux plus étranges résultats (1).

---

(1) *Echo des Chambres syndicales*, 1ᵉʳ vol. p. 265. La participation par Fr. Husson.

Toute production industrielle réclame la présence de trois éléments indispensables: *le travail manuel, le capital, le travail intellectuel.*

Or, les ouvriers ont le tort de considérer le travail intellectuel comme une espèce de superfétation; ils ne s'en servent du moins qu'avec la plus grande défiance et très modérément, parce qu'ils craignent sa domination. Cependant les bras ne sont pas tout et il ne suffit pas de s'associer pour réussir.

Dans la plupart des associations industrielles, les travaux de l'intelligence furent toujours regardés, nous le répétons à dessein, comme des choses accessoires et les gérants eux-mêmes considérés comme des sortes de parasites dont les dépenses accidentelles, nécessaires cependant au succès de l'entreprise, étaient beaucoup trop élevées. Appeler à lui les hautes intelligences rompues aux affaires, cela n'a jamais été dans l'idée de l'ouvrier, auquel la conduite habile des grandes entreprises échappe complètement.

Aussi l'insuccès est-il arrivé généralement et les associations ouvrières ont-elles presque toujours sombré. Quand les résultats de l'entreprise étaient meilleurs, les associés les mieux doués au point de vue intellectuel, se dégageant de toute solidarité avec leurs camarades, la quittaient avec un capital plus ou moins important et s'établissaient, las qu'ils étaient de travailler pour des camarades difficiles, turbulents ou sans mérite, ou bien la masse des associés ralentissait son zèle et la ruine arrivait promptement.

En poursuivant l'hypothèse d'un succès, l'association reste alors comme stagnante et à l'encontre de ceux qui croient bénévolement à la dissémination des bienfaits de la coopération active, les travailleurs étrangers à l'association sont repoussés de son sein. La société accumule alors ses bénéfices et ce sont les associés de la première heure qui en profitent dans la plus large mesure, formant ainsi autant de patrons que le gain rend plus âpres, plus insatiables et plus difficiles que l'entrepreneur et le commerçant.

Les associations auraient plus de chances de réussite si leur personnel était soumis à la volonté ferme d'habiles directeurs (nous allions écrire dic-tateurs) qui, méprisant les avantages qu'ils pourraient tirer de leurs moyens, se sacrifieraient à l'œuvre commune et sous l'autorité desquels les associés ploieraient sans murmurer. Mais où trouver des hommes pareils?

Il n'y en a pas! Cette affirmation n'est pas très consolante, dira-t-on; mais, encore une fois, il faut compter avec les défectuosités de la race humaine.

Ce qui justifie les profits de l'entrepreneur, c'est l'intelligence qu'il déploie dans les multiples opérations de son industrie pour l'achat, le choix et la disposition des matières premières, le crédit, la connaissance des débouchés, les risques qu'il court, la responsabilité qui lui incombe. Le gérant d'une association doit avoir ces qualités, ces valeurs intellectuelles et cette responsabilité.

Un comité de direction pourrait-il remplacer l'homme dont nous venons de détailler les capacités ? Non, certes, car il faut à l'entreprise industrielle: de l'initiative à haute dose, une grande unité d'idées sans discussions stériles et beaucoup d'énergie. On ne mène pas les affaires parlementairement.

Les siècles futurs verront peut-être l'association se développer et produire des fruits ; dans ce cas, l'homme se sera singulièrement amélioré et ne ressemblera guère à nous-mêmes. L'obéissance et la discipline dans les rangs inférieurs, l'abnégation la plus complète au sommet, voilà ce que seront les qualités surhumaines des ouvriers de ces temps bénis. Hélas, pourquoi faut-il que tout cela ne soit que chimères et utopies !

*
* *

Ne quittons pas ce chapitre sans parler de l'organisation nouvelle, aux Etats-Unis, de l'*Ordre des Chevaliers du travail*, qui menace d'englober le monde entier. Le but de cette société, qui compte plus d'un million d'adhérents connus, est de sauvegarder les intérêts des travailleurs, en portant leurs revendications sur le terrain pacifique ; c'est une espèce de franc-maçonnerie qui admet les travailleurs de tous les métiers et de toutes les nations, son objectif étant d'établir un centre d'unité aux aspirations et revendications des ouvriers de toute la terre, en abandonnant complètement le domaine politique et religieux. A cet effet, l'ordre reçoit l'affiliation des sociétés et syndicats ouvriers. La taxe fédérale est de 1 fr. 25 par tête et par an.

L'ordre possède des *assemblées* dans divers pays de l'Europe, entre autres en Belgique et en France. L'assemblée belge a sous sa direction vingt-cinq sociétés locales ou corps de métiers syndiqués ; son chef est un *master workman* ou maître ouvrier.

Les assemblées locales sont au nombre de mille environ.

Cette société repousse les grèves qu'elle considère, bien à raison, comme ruineuses. Elle vient de se séparer des anarchistes, en condamnant hautement l'appel à la clémence en faveur des comdamnés à mort de Chicago (1). Le champ de ses expériences réside dans l'organisation des associations coopératives de production ou de consommation, à la tête desquelles on place des hommes pratiques et habiles qu'on rétribue suivant leurs capacités administratives. C'est la guerre au patronat supérieurement organisée.

Le fondateur de l'ordre, Uriah Stephens, né en 1821, dans le New-Jersey, fut d'abord ouvrier tail-

(1) On sait qu'il s'agit de la condamnation en août 1886, de sept anarchistes, impliqués dans une affaire de bombes. Il fut sursis à leur exécution et un nouveau jugement eut lieu en mars 1887 ; il confirma le premier. Malgré les demandes en grâce nombreuses émanant même de Paris, les comdamnés furent pendus au mois de novembre suivant.

13

leur, puis maître d'école. Enfin, il se créa, par son travail intellectuel, une position qui lui permit de parcourir en tous sens les Etats-Unis, afin de se rendre compte de la situation industrielle des grands centres et de l'état matériel de la classe ouvrière. Sa principale préoccupation fut de mettre les ouvriers à l'abri de l'abaissement des salaires. En 1869, il créa la société célèbre qui nous occupe ; cette institution fut d'abord secrète. Les instructions données de vive voix aux affiliés, qui étaient tenus de les retenir par cœur, étaient et sont encore les suivantes :

« Le travail est noble et saint. C'est une œuvre digne des plus nobles d'entre nous de le prémunir contre la dégradation, de l'affranchir des maux que l'ignorance et la rapacité lui font subir et de délivrer les travailleurs de l'étreinte des égoïstes. »

L'association, dans son programme, déclare appuyer de toutes ses forces « les lois faites pour concilier les intérêts du travail et du capital et pour alléger le poids du labeur quotidien ».

A la tête des Chevaliers du travail est un *grand maître ouvrier*. Actuellement, ce directeur de l'œuvre est un Pensylvanien, du nom de Powderly, dont l'origine est irlandaise. Simple ouvrier mécanicien, il devint, en 1877, maire de la ville de Scranton, mais il donna sa démission pour se consacrer uniquement au développement de la société qui venait de lui confier ses destinées. Dès son

entrée en fonctions, il fit un exposé de principes
ainsi conçu :

« Le développement alarmant et l'esprit agressif
des grands capitalistes et des grandes compagnies
amèneront inévitablement, si on n'y met fin, le pau-
périsme et la dégradation des masses ouvrières.

« Si nous voulons jouir des bienfaits de la vie,
nous devons empêcher l'accumulation injuste et
pernicieuse de la richesse.

« Ce but ne peut être atteint que par les efforts
réunis de ceux qui obéissent à la loi divine. Or,
celle-ci dit : *Tu mangeras ton pain à la sueur de
ton front.* En conséquence, nous avons fondé
l'ordre des Chevaliers du Travail pour organiser et
diriger les masses industrielles. »

Le programme des réformes réclamées par
l'ordre comprend, entre autres articles, ceux qui
ont trait : à l'*établissement de statistiques ouvrières ;*
à la *protection des ouvriers,* au point de vue sanitaire et de la sécurité dans le travail ; à l'*établissement des arbitrages ;* aux *règlements du travail des
enfants, des prisonniers :* au *rachat par l'État* des
chemins de fer, télégraphes et téléphones ; à l'établissement d'une *institution coopérative* tendant à
remplacer le système du salariat ; à la suppression
de toute différence de salaire entre les deux sexes
à *égalité de travail ;* à la *réduction de la journée
à 8 heures ;* à l'établissement de *l'impôt progressif*
sur le revenu.

L'article 7 du règlement de l'ordre déclare :

« qu'aucune grève ne sera autorisée avant qu'on ait fait tous les efforts possibles pour régler les difficultés par voie d'arbitrage ».

Les Chevaliers du Travail feront beaucoup plus pour l'émancipation matérielle et intellectuelle de la classe ouvrière que tous les écrivains, tous les économistes, tous les discoureurs. Car leur institution est forte, leur discipline est remarquable. Cette organisation puissante doit vivement frapper et porter à la réflexion les intelligences des classes élevées.

***

Les associations parisiennes d'ouvriers sont actuellement peu nombreuses : quatre-vingts environ.

Voici la nomenclature des principales coopérations productives de ce genre :

L'association collective ouvrière du charronnage ;

L'association générale des ouvriers cimentiers ;

La société des ouvriers cimentiers réunis ;

L'association générale de l'Ébénisterie parisienne ;

L'association des ouvriers jardiniers de Paris.

L'association des ouvriers charpentiers de la Villette ;

L'association syndicale des ouvriers charpentiers de la Seine ;

La société générale ouvrière de menuiserie ;

Le Travail, association ouvrière pour *l'entreprise générale de la peinture* ;

L'Union, société coopérative ouvrière de peintres en bâtiments ;

Société générale des ouvriers couvreurs, plombiers, zingueurs ;

Société coopérative des ouvriers parqueteurs de Paris ;

Association parisienne d'ouvriers parqueteurs ;

Association des ouvriers en compteurs à gaz ;

Association des ouvriers en limes ;

Association des ferblantiers boitiers ;

Association générale des tailleurs ;

Association générale des ouvriers chapeliers de Paris ;

Imprimerie nouvelle (ouvriers syndiqués) ;

Association des ouvriers papetiers, régleurs et imprimeurs ;

Association des facteurs de pianos ;

Associations des cochers de voitures publiques (elles sont au nombre de vingt-quatre).

* *
*

En Angleterre, les associations industrielles ne sont pas non plus très nombreuses. L'annuaire de *Labour Association* nous donne les renseignements suivants :

En 1886, il existait, dans la Grande-Bretagne, trente ateliers coopératifs (ou associations ouvrières), qui comptaient cinq mille membres, 90,000 livres sterling de capital-actions et 70,000 livres de capital, le bénéfice moyen était de 14 %, résultat considérable, eu égard à l'époque de crise que nous traversons. On le voit, relativement au grand développement industriel de l'Angleterre, le nombre des associations industrielles est, dans ce pays, bien peu considérable.

LA PARTICIPATION AUX BÉNÉFICES DE L'ENTREPRISE

Nous venons d'étudier l'association ouvrière industrielle et nous avons conclu qu'elle imposait des charges morales incompatibles avec les faiblesses humaines, qu'elle n'était pas viable et que les *associables* ne sont pas encore au monde.

Il n'en est pas de même pour la *participation aux bénéfices de l'entreprise*, dont le succès va croissant de jour en jour, en se légitimant par l'expérience.

Lorsque l'industrie, par de constants efforts, pare au chômage, aux maladies, aux accidents, à l'incapacité de travail amené par l'âge, en créant des caisses de secours, d'assurances, de retraites, lorsqu'elle fonde des établissements d'instruction professionnelle, elle prélève sur ses propres fonds, c'est-à-dire sur ses bénéfices, l'argent nécessaire aux dépenses que ces fondations nécessitent. Et puisque ces sommes sont destinées à secourir, à encourager, à instruire le personnel industriel, elles peuvent être considérées comme constituant la preuve d'une participation indirecte, pratiquée cependant en dehors du principe que nous allons étudier.

Lequel d'entre les industriels et les commerçants n'a point d'employés intéressés? C'est encore là une variété de la participation, restreinte certainement, presque involontairement ou inconsciemment appliquée et due à leur propre initiative.

La participation proprement dite, dans l'acception la plus exacte du mot, n'est autre chose que la distribution faite à une partie ou à tout le personnel d'une usine, d'un chantier, d'un atelier, d'un établissement commercial, enfin d'une entreprise quelconque, d'une part plus ou moins considérable des bénéfices produits par le mouvement des affaires. Cette part est, bien entendu, déterminée d'avance; c'est un tant pour cent de ces bénéfices.

Ce système très complexe, en ce sens qu'il se prête à de nombreuses interprétations ou combinaisons, présente à première vue, des difficultés qui semblent insurmontables. Nous signalerons d'abord les alternatives de gains et de pertes à l'inventaire, comme l'une des objections les plus importantes que l'on oppose à l'application du principe.

En cas de pertes ou même simplement d'absence de bénéfices, il est bien certain qu'il est impossible de se livrer à la moindre répartition. Il nous semble que pour parer à cette grave difficulté, un fonds de réserve ou plutôt de prévoyance doit être tout d'abord constitué, même au moyen de retenues sur les salaires.

Mais d'autres obstacles frappent surtout les esprits prévenus. Ils se demandent si ce qui convient à telle ou telle industrie, pourra jamais s'appliquer à l'établissement voisin dont l'organisation et la production sont différentes ; si la participation peut s'allier avec le grand principe de la liberté du travail sous ses différentes formes. En présence d'une distribution d'argent faite aux participants en dehors du salaire, pourra-t-on continuer le travail aux pièces, conjointement avec le travail à la journée dans le même atelier ? Enfin la liberté du patron ne sera-t-elle pas gravement atteinte, puisqu'il lui faudra rendre des comptes aux participants et peut-être même justifier de ses dépenses personnelles ?

Sur le premier point, l'expérience est faite ; elle a prouvé qu'à moins de mauvaise volonté, la participation pouvait s'adapter à tous les genres de commerce et d'industrie. Les exemples qui suivent sont la preuve de cette assertion ; la diversité de production des établissements qui mettent aujourd'hui le principe de la participation en principe, nous dispense d'en dire davantage.

La participation peut très bien s'appliquer aux divers modes de travaux, attendu que le travail aux pièces (ou marchandage), peut toujours s'évaluer en journées. Du reste, pourquoi ce système serait-il exclu de la participation, puisqu'il ne fait qu'apporter une économie dans l'exécution du travail et que tout participant est appelé à profiter de cette économie qui représente un bénéfice ?

Quant à la dignité et à la liberté du patron qui a consenti à faire participer ses employés ou ses ouvriers dans les bénéfices de son établissement, elles sont complètement sauvegardées par la nomination d'un expert choisi par les parties contractantes. Cet expert reçoit la mission d'examiner les écritures de la maison et d'en reconnaître l'exactitude.

Du reste, comme le disait M. Charles Robert (1) à la Sorbonne, lors du Congrès des sociétés savantes de 1885 : « Est-il besoin d'ajouter que si, contre toute attente, les participants songeaient à empiéter sur les pouvoirs nécessaires de la direction, celle-ci, soit par des modifications dans le personnel, soit même par l'abrogation pure et simple du règlement de participation, aurait toujours le dernier mot ? »

D'autres observations et très nombreuses ont été formulées, mais elles ont moins de gravité que celles que nous venons de réfuter ; les unes et les autres ne sont point faites pour faire reculer les bonnes volontés.

(1) M. Charles Robert, l'apôtre éloquent et convaincu du système de la participation, ancien conseiller d'État, président de la société pour l'étude de la participation, directeur de l'Union (Cⁱᵉ d'assurances).

C'est ainsi qu'une fois le principe admis, les problèmes délicats suivants se soulèvent : comment se fera la répartition ? De quelle façon les intérêts de tous seront-ils garantis ? Devra-t-on, par exemple, distribuer les parts en argent, au risque de voir les intéressés privés de la part qui leur est afférente dans la répartition habituelle, lors des mauvaises années ? Faudra-t-il, au contraire, capitaliser la part de chacun ? Ces parts seront-elles égales, c'est-à-dire le prorata sera-t-il établi sur le chiffre journalier du gain, sans avoir égard aux aptitudes spéciales, aux talents et aux mérites exceptionnels ?

Eh bien, ces diverses questions de détail ont été résolues et de la façon la plus heureuse, par plus de cent cinquante maisons différentes, tant en France qu'à l'étranger. On nous permettra d'affirmer que l'épreuve conclut en faveur du système, puisque ces établissements sont de natures tout à fait diverses, que leurs produits ne se ressemblent nullement et que leurs organisations sont de forme particulière, sans aucune analogie.

En tête de ces établissements, figure la vieille maison LECLAIRE (*entreprise de peinture en bâtiments, de dorure, de tenture, de vitrerie et miroiterie*). Cet établissement a partagé, de 1842 à 1885, la somme de 4,080,000 francs entre ses participants.

Chaque année, une réunion des employés et ouvriers admis à la répartition, délègue deux com-

missaires qui, avec le président de la société de
secours mutuels de la maison, examinent le résultat
du bilan et constatent que la répartition des bénéfices est conforme aux règlements.

Cette répartition a lieu de la manière suivante :

Avant tout partage, 10 % sont prélevés pour
former le fonds de réserve. Un quart du surplus
est attribué au patron, un autre quart à la société
de secours mutuels.

Pour les 50 % restants, ils sont ainsi répartis :

Il est fait masse des journées d'ouvriers et des
traitements d'employés de la maison et le chiffre
représentant les 50 % à distribuer, est divisé par la
somme des salaires. Le résultat de cette division
est multiplié par chaque salaire individuel et le
produit de cette multiplication indique la part des
bénéfices à laquelle chaque participant a droit.

Il faut ajouter qu'en dehors de sa part, le patron
ou gérant prélève une somme mensuelle fixe sur la
caisse de l'établissement.

Depuis 1843, le système de la participation est
établi chez M. LAROCHE-JOUBERT, le député bien
connu (papeterie coopérative d'Angoulême). Dans
cet établissement, la participation est distincte
par atelier et varie entre 5 et 35 %, suivant
les fonctions des ouvriers ou employés. La remise
des parts a lieu totalement en argent, avec faculté
de devenir commanditaire au moyen de dépôts
volontaires. Cette idée est profonde, suivant nous.
En effet, quoi de plus puissant que l'attrait de se

voir un jour l'un des bailleurs de fonds de la maison dans laquelle on a été simple ouvrier? La noble ambition déchaînée et maintenue dans de sages limites, l'amour-propre bien dirigé, voilà les deux puissants mobiles mis ici en jeu par un habile philanthrope.

Plusieurs grandes compagnies de *chemins de fer* appliquent le principe de la participation. Au chemin de fer d'ORLÉANS, les répartitions ont lieu après déduction des vingt premiers millions de bénéfices ; elles sont employées à la constitution des retraites, mais pour les employés seulement. Le produit total de ces répartitions depuis l'origine, dépasse 70 millions de francs. Le nombre des employés participants est de quinze mille.

Chez M. PAUL DUPONT (*imprimerie*), le taux de la participation est de 10 °/₀ ; les sommes en provenant sont appliquées tout entières à la constitution de rentes viagères.

MM. MOZET et DELALONDE (*entreprise de maçonnerie*), attribuent à leur personnel 10 °/₀ de leurs bénéfices ; les sommes sont versées moitié comptant et moitié à la caisse de retraites pour la vieillesse.

M. CAILLETTE (*entreprise de maçonnerie*), alloue depuis 1881, 15 °/₀ de ses bénéfices à ses collaborateurs. La remise des parts a lieu en espèces.

M. MOUTIER, à Saint-Germain-en-Laye (*entreprise de serrurerie*), distribue depuis 1882, 25 °/₀ de ses bénéfices à ses ouvriers ; les sommes provenant de cette répartition sont versées à la caisse des retraites jusqu'à concurrence de 100 francs ou de la moitié des parts, lorsque celles-ci sont supérieures à 200 francs.

M. DEBERNY *(fonderie de caractères,)* a associé dès 1848, son personnel aux résultats de sa maison. Le produit de la participation est versé dans une caisse de crédit, de secours mutuels et de pensions, dite *caisse de l'atelier,* administrée par des membres désignés en partie par la direction et pour l'autre partie, élus périodiquement par les ouvriers. Cette caisse fait des prêts, fournit aux participants des secours de toute nature : allocations, journalières aux malades et fixes aux femmes en couche ; paiement des frais d'obsèques ; indemnités aux appelés de la réserve et de l'armée territoriale, etc. Elle sert des pensions partielles et entières aux participants âgés, suivant qu'ils cessent ou continuent de travailler dans la maison.

Applaudissons à de pareilles institutions ; elles font le plus grand honneur à leurs fondateurs, hommes de bien par excellence.

Les *compagnies d'assurances* la FRANCE, l'UNION, la NATIONALE, le SOLEIL, l'URBAINE, l'ABEILLE, etc., etc., intéressent leurs employés dans leurs affaires. Il en est ainsi à la compagnie du canal maritime de *Suez,* etc., etc.

MM. VERNES et Cⁱᵉ *(maison de banque)*, prélèvent chaque année, sur les bénéfices de leur maison, une somme déterminée par les associés, suivant l'importance des résultats de l'exercice. Cette somme est versée à la caisse de prévoyance des employés. En cas de décès, le patrimoine amassé est utilisé au profit de la femme, des enfants ou des parents. Le participant entre en jouissance de son compte de prévoyance lorsqu'il a accompli vingt ans de service ou atteint l'âge de cinquante ans. La somme lui revenant est alors convertie, soit en une rente viagère, soit en obligations nominatives, soit en rente française.

La manufacture de Guise (Aisne), (*fabrique d'appareils de chauffage et de cuisine en fonte ou en fer et d'articles de quincaillerie*) possède un *familistère* fondé en 1860 par M. Godin (1). C'est une habitation ouvrière qui peut loger mille huit cents personnes ; des magasins de consommation y sont installés. Les profits réalisés de ce chef et les loyers entrent chaque année dans la somme des bénéfices à répartir.

M. Godin s'est donné pour tâche, en établissant le système de la participation dans son établissement, de rendre l'ouvrier co-propriétaire du fonds social. A cet effet, les bénéfices disponibles sont convertis en titres de parts au profit des ayants droit. Lorsque l'établissement, qui ne peut indéfiniment augmenter son capital, possédera tout ce qui lui est nécessaire pour exploiter son industrie, aucun

(1) Voyez, p. 180, la description du système d'éducation et d'instruction organisé au familistère de Guise.

partage n'aura lieu, comme on pourrait s'y attendre.
Les bénéfices disponibles continueront à être convertis en titres de parts pour rembourser les parts
de fondateur et les titres les plus anciens, par
ordre de priorité. Par ce remboursement successif
et la délivrance d'actions nouvelles aux travailleurs,
le fonds social ne cesse jamais d'intéresser les participants et l'entreprise est toujours entre les mains
de l'ouvrier en exercice.

Cette combinaison est extrêmement ingénieuse ;
elle permet de rembourser le patron de son capital
au bout d'un certain temps.

La société est en commandite simple. Elle comprend des *associés*, possesseurs d'une part de fonds
social qui ne peut être inférieure à 500 francs ; des
sociétaires, travaillant depuis au moins trois ans au
service de l'association ; enfin des *participants*.

Les *associés* ont la priorité pour être occupés en
cas de pénurie de travaux ; ils prennent part aux
assemblées générales, même lorsque l'âge, la maladie ou les infirmités les obligent à l'inactivité.

Les *associés* et les *sociétaires* sont tenus d'habiter
le Familistère.

Un conseil de gérance prononce sur la nécessité
de congédier des employés ou des ouvriers. Les
sociétaires ont, après les associés, privilège pour la
rentrée au travail avant les participants qui sont, du
reste, moins anciens dans l'établissement.

Comme dans toute participation, l'ouvrier
indigne est rejeté au dehors. L'associé, le sociétaire,

le participant sont déchus de leurs droits pour cause d'ivrognerie, de malpropreté de la famille et du logis ; pour improbité, manque d'assiduité au travail, indiscipline, désordre ou actes de violence, infraction à l'obligation de donner l'instruction aux enfants. C'est encore le Conseil de gérance qui prononce sur ces cas différents ; lorsqu'il s'agit d'un associé, l'assemblée générale doit ratifier ses résolutions.

En outre du système de la participation ainsi appliqué, il a été créé par M. Godin des assurances mutuelles en faveur de son personnel. Nous les retrouverons, plus loin, dans le cours de cet ouvrage.

A l'inventaire de 1886, le capital des participants actionnaires était de 1,972,804 francs. Plus de neuf cents personnes prenaient part aux bénéfices. Aujourd'hui, elles sont exactement au nombre de mille sept cent soixante-neuf.

Quant au résultat industriel, M. Godin s'est exprimé ainsi devant la commission parlementaire du Travail :

« Les ouvriers s'intéressent à l'amélioration de la production ; ils sont attentifs à signaler les pertes, les causes de mal-façon ; bien plus, ils s'ingénient à trouver des choses nouvelles, *et à chaque instant, nous sommes obligés de prendre des brevets d'invention.* »

M. Boucicaut, né en 1809, à Bellème (Orne), était fils d'un ouvrier chapelier. D'abord employé de marchands ambulants, il vint à Paris, entra dans les magasins du Petit Saint-Thomas où il devint chef de rayon, puis acheteur.

En 1852, il fit l'acquisition d'un tout petit magasin qui portait l'enseigne du *Bon Marché* et qui était situé au coin des rues du Bac et de Sèvres.

C'est là le commencement, les modestes débuts de l'établissement grandiose dont Paris se glorifie à juste titre et qui nourrit plus de deux mille employés, leur assure la tranquillité et l'aisance en les faisant participer aux bénéfices de la maison et en les obligeant à se constituer des retraites.

Quatre-vingt-seize employés furent associés à l'entreprise, de cette façon, en 1879. Plus tard, la caisse de retraites (autre participation, générale cette fois), ayant été créée, Mme Vve Boucicaut, poursuivant les idées généreuses de son mari, la dota d'une somme de *cinq millions de francs*.

La participation ainsi entendue dans un établissement aussi considérable que celui-là, lui assure des bénéfices énormes. En effet, que chacun des deux mille quatre cents employés du magasin ne fasse qu'une économie de 0,60 par jour — et cela est facile — voilà une économie de 432,000 francs pour trois cents jours de travail et par conséquent, près d'un demi-million de bénéfices supplémentaires à l'inventaire de fin d'année !

La société en participation directe est en commandite simple et l'apport des associés participants, hommes et femmes, au nombre de plus de deux cents aujourd'hui, est un capital qui représente du *travail accumulé* ; c'est le résultat de leurs efforts et du concours apporté par eux à la prospérité de la maison.

La caisse de retraites a été instituée en 1886 ; les seuls employés *non intéressés* ont part à cette fondation, qui a pour but la création de pensions viagères et personnelles. Cette caisse est alimentée au moyen : 1° d'un prélèvement de 5 % sur les bénéfices de la société ; 2° de dons et legs qui pourront être faits et 3° du produit des fonds disponibles de la caisse elle-même.

La pension de retraite est acquise aux employés des deux sexes qui comptent vingt ans de services révolus dans la maison, les hommes ayant cinquante ans, les femmes quarante-cinq ans d'âge. Son minimum est de 600 francs et son maximum de 1,500 francs.

En outre, des secours ou pensions peuvent être alloués à des employés moins âgés, ou même à des intéressés dont la situation serait devenue mauvaise.

M. Godin et Mᵐᵉ Boucicaut ont donné là un noble exemple qui les placent en première ligne sur la liste des bienfaiteurs de l'humanité, et, de plus, ils ont employé le vrai moyen de donner de l'extension à leurs affaires, davantage de bénéfices à leur maison. Ils ont donc fait œuvre de pacification sociale et en même temps servi très intelligemment leurs intérêts et non seulement sauvegardé, mais encore développé leur propre fortune (1).

M. LOMBARD (*fabricant de chocolats*), occupe environ quatre cent cinquante ouvriers ; il a établi dans sa maison, depuis 1885, le mode de la participation aux bénéfices fonctionnant par un système tout particulier de répartition que nous allons exposer très succinctement.

Une somme variable est prélevée sur le produit net de chaque exercice ; c'est elle qui est attribuée aux participants selon l'ancienneté des services, le chiffre des salaires et le *mérite* des intéressés. Le partage a lieu d'après des notes émanant du patron, du contre-maître et du chef d'atelier ; ces trois notes exprimées en points sont totalisées et divisées en trois, afin d'établir une *moyenne de mérite*. Ce chiffre de moyenne est multiplié par les années de présence, c'est-à-dire par *l'élément d'ancienneté*.

(1) Mme Boucicaut est morte au commencement de décembre 1887. Quelques jours après, les trois mille quatre cents employés du Bon Marché étaient réunis pour entendre la lecture de son testament. Elle leur léguait à tous des sommes variant entre 1,000 et 10,000 francs. Les ouvriers et ouvrières travaillant à la journée au dehors n'étaient pas oubliés ; ils recevaient de 100 à 500 francs. La totalité de ces dons est évaluée à seize millions.

En dehors des donations précédentes, Mme Boucicaut a laissé une somme de 8,680,000 francs, soit à diverses institutions de prévoyance, soit pour fonder des établissements hospitaliers, etc., etc. Les élèves de l'École professionnelle de St-Nicolas, les associations créées par le baron Taylor, les pauvres de Paris de toutes les religions apparaissent dans ce testament de la bienfaitrice du Bon-Marché.

Les dernières volontés de cette femme de bien ont un caractère social éloquent. Ses libéralités la placent au premier rang parmi les esprits les plus généreux.

La somme de points obtenus détermine la part de la participation, proportionnelle aux salaires touchés. Ainsi l'ouvrier qui a 100 points est représenté dans les bases de la répartition pour cent centièmes.

Ce calcul fait, on divise les bénéfices à répartir par le total des nombres obtenus, en opérant comme nous venons de le dire et l'on obtient le *quantum* par unité de la répartition. Ce *quantum*, multiplié par les points de chaque participant, donne le montant de chacune des parts individuelles, qui, capitalisées, constituent en faveur de chaque ouvrier ou employé appelé au partage, une retraite dont il jouira à l'âge de cinquante ans.

Ce système, on le voit, est assez compliqué.

M. Fourdinois *(fabrique d'ameublement)*, a fondé en 1873, la participation dans sa fabrique de meubles d'art. Il l'applique comme il l'entend, surtout en réservant les droits de son autorité. *Il n'admet aucun contrôle de la part des ouvriers et ne leur rend aucun compte.* Dès la seconde année de l'application du principe, la répartition a rapporté 25 % aux salariés.

Chez M. G. Masson *(librairie)*, le personnel participe non aux bénéfices, mais au montant net des ventes, parce que, dit M. Masson, le chiffre d'affaires est le thermomètre certain de la prospérité de la maison, tandis que le bénéfice est variable.

Les deux tiers de la somme que représente le versement est fait par le patron à *la caisse de participation et de prévoyance* spéciale à la maison ;

l'autre tiers est versé en espèces, au prorata des appointements.

MM. MAME de Tours *(imprimerie)*, sont à la
tête de l'un des plus importants établissements de
la France, ils occupent mille employés, ouvriers et
ouvrières. Le régime de la participation y a été introduit en 1874, sur des bases analogues à celles qui
ont été adoptées par la maison précédente.

La maison CHAIX *(imprimerie)* ; MM. LEFRANC
et Cie *(fabrique de couleurs)*, MM. : MONDUIT fils
(entreprise de couverture et plomberie) ; BARBAS,
TASSART et BALLAS, (id) ; THUILLIER frères (id.) ;
LECOEUR *(entreprise de menuiserie)* ; SAUNIER
(entreprise de peinture, etc.) ; GENEVOIX *(fabrique
de savons et de parfumerie)* ; la société industrielle de la CORRÈZE *(fabriques de rideaux brodés,
de tulles et de guipures)* ; la maison PIAT *(construction et fonderie de fer)* ; la compagnie de FIVES-
LILLE ; enfin une foule d'établissements agricoles,
vinicoles, etc., de tous les pays, ont adopté le système généreux qui nous occupe. Nous faisons
remarquer la diversité des industries qu'elles représentent, pour faire pénétrer cette vérité dans l'esprit
du lecteur : c'est que la participation aux bénéfices
dans l'entreprise est applicable à toutes les industries, aux établissements de toute nature, grands
ou petits d'importance.

* *

La participation identifie l'intérêt du patron et

celui de l'ouvrier ; c'est une excitation à produire ; c'est par conséquent l'élimination des paresseux et des indignes. Elle développe l'esprit d'économie, rend l'ouvrier plus actif et lui donne la volonté de s'instruire pour s'élever davantage.

L'argent qui revient au participant est le résultat d'un droit : c'est de l'argent dignement gagné ; la gratification est au contraire, une largesse qui, sans abaisser celui qui la reçoit, peut l'humilier ; c'est une sorte d'assistance.

La participation, nous l'avons déjà dit maintes fois, prévient les grèves. Avec elle, le démagogue sans scrupule qui arrache l'ouvrier à son atelier, qui lui fait perdre son gagne-pain, qui l'affame, lui et les siens, n'a plus de raison d'être. Elle rend l'ouvrier stable et fidèle, parce qu'elle comporte généralement l'établissement de pensions ou de caisses de retraites qui donnent la sécurité pour les vieux jours.

Avec la participation, le matériel est soigné, les marchandises sont employées avec économie ; les frais généraux diminuent donc en même temps que le travail de l'atelier augmente, parce que tout le personnel ou une grande partie du personnel est intéressé au succès de l'entreprise, et *la participation ne coûte souvent rien, à cause de ces avantages considérables.*

La participation régissait les houillères de M. Briggs dans le South-Yorksire, depuis 1865. Au dire de cet industriel, l'ancien système n'aurait point été aussi avantageux que celui qu'il avait voulu adopter.

C'est qu'un autre esprit animait alors tous ceux
qui travaillaient à la mine ; tous solidaires, tous également intéressés au succès de l'entreprise, ils ap-
portaient à l'accomplissement de leur tâche, au lieu
de l'insouciance du mercenaire, l'ardeur de l'industriel qui poursuit obstinément la fortune.

Depuis lors, *plus de grèves* : six jours de chômage
seulement en trois ans. *Quand un abaissement de
salaires était nécessaire, quelques explications suf-
fisaient pour le faire accepter sans murmures.* Un
jour, par exemple, les ouvriers d'un puits ayant
demandé une augmentation, M. Briggs consulta le
reste des mineurs, et ceux-ci décidèrent unanime-
ment *qu'il fallait la refuser.* Désormais, ce fut à tous
les travailleurs qu'était confiée cette surveillance
des moindres détails, qui assure l'économie et la
bonne gestion dans une exploitation.

« Quand dans les galeries, disait l'un deux, nous
apercevons un clou par terre, nous le ramassons
en disant ces mots passés en proverbe : *autant de
plus pour le profit de fin d'année.* »

Mille des ouvriers touchèrent, à la fin de 1867,
leur part de profit ; trois seulement la dépensèrent
en boisson. Ils furent expulsés avec l'approbation
unanime de leurs camarades (1).

Le système de la participation prit fin en 1875
dans ces mines, les ouvriers, certainement dirigés

(1) Associations ouvrières d'Angleterre et *Moniteur des Syndicats ouvriers* du 12 juin 1887.

par des concurrents, ayant exigé, en quelque sorte,
le paiement de leur part des bénéfices toutes les
semaines, sous forme d'excédent de salaire et l'assemblée des actionnaires ayant résisté à cette pré-
tention malheureuse. On voit que le manque d'intelligence seul a empêché les ouvriers anglais des
mines de M. Briggs d'apprécier les avantages de la
participation industrielle. Nous citons cet exemple
de reculement afin de démontrer la possibilité de
résister à des exigences qui pourraient mettre l'établissement en péril. Le patron doit toujours pouvoir résilier le contrat intervenu, comme nous
l'avons déjà dit.

M. Sevène, directeur de la compagnie du chemin de fer de Paris à Orléans, déposant devant
la commission extra-parlementaire des associations ouvrières, le 9 juin 1883, s'exprimait en ces
termes :

« Depuis qu'elle applique le principe de la participation, la Compagnie a versé plus de 70 millions ;
c'est là une somme considérable, mais je crois aussi
que c'est une somme bien placée. Elle a amélioré,
dans une proportion notable, le sort de ses employés ;
elle a sauvé de la misère un nombre énorme de
familles par les mesures de prévoyance qu'elle a
prises dans le placement des fonds réservés aux
employés ; elle a donné à son personnel, je ne
dirai pas l'aisance, parce qu'il est impossible de la
procurer à tout le monde, mais la solidité de la
position et la tranquillité pour l'avenir. De leur

côté, les employés font preuve de zèle et de dévouement envers la Compagnie. »

M. Carroll D. Wright, chef du bureau de statistique du travail aux Etats-Unis a inséré, dans son
rapport, en date du 1er mars 1886, une étude considérable sur la participation pratiquée tant en
Europe qu'en Amérique, qu'il termine par ces considérations :

« L'augmentation de services provoquée par la
participation, constitue une discipline éducative
dont la valeur est inappréciable. Elle développe, en
effet, tout le faisceau des vertus industrielles : activité, fidélité, sollicitude, économie, persévérance
dans l'effort, volonté de s'instruire et l'esprit de
coopération. »

« Les résultats obtenus dans notre maison par le
système de participation, dit l'un des industriels cités
précédemment (1), en s'adressant à la commission
d'enquête extra-parlementaire des associations
ouvrières, sont, avant tout, une entente complète
entre la direction et les ouvriers et une confiance
réciproque à laquelle nous attachons le plus grand
prix. La participation a attiré et retient chez nous
les meilleurs ouvriers de la partie. Les ouvriers
sentant leur intérêt lié directement à celui de la
maison, sont plus soigneux dans leurs travaux. Ces
avantages, qu'il serait bien difficile d'évaluer en
chiffres, ont à nos yeux une valeur bien plus considérable que le tant pour cent avec lequel nous les

(1) M. Tuleu, établissement Deberny.

14

achetons... *Il y a eu l'année dernière des grèves désastreuses pour les ouvriers ; mais chez nous, il ne s'en est pas produit. Lorsque le mouvement gréviste a eu lieu, nos ouvriers se sont empressés de nous prévenir, en protestant que cela ne pouvait les toucher.* C'est un avantage très considérable que de pouvoir dormir tranquille, sachant qu'on a des ouvriers sur lesquels on peut compter. »

Ceci se passe de commentaires. Il faut combler d'éloges tout le personnel de cet établissement modèle, en confondant dans nos félicitations le patron avec ses fidèles collaborateurs (1).

*
* *

Au point de vue juridique, la société de Participation résulte d'un contrat purement *consensuel,* c'est-à-dire qu'elle peut se constituer sans acte écrit et sans aucune des formalités de publicité prescrites pour les autres associations commerciales.

La jurisprudence admet que les participants qui n'ont pas traité avec les tiers, ne peuvent être poursuivis par ceux-ci en vertu des engagements contractés par leur coassociés, car on ne peut avoir d'action de *contracta* contre une personne étrangère au contrat.

---

(1) Les exemples d'application du principe de la participation aux bénéfices de l'entreprise que nous venons de citer, sont empruntés à la traduction par M. A. Trombert, de l'ouvrage de M. le Dr Victor Böhmert, intitulé : *la Participation dans les bénéfices. Etudes sur la rémunération du travail et les bénéfices de l'entrepreneur.*

Bien plus, le créancier ne pourrait pas pour-
suivre les associés, quand bien même ils auraient
profité de l'opération pour laquelle il a livré des
marchandises ou fait des avances d'argent.

Mais si au lieu de rester étrangers aux opérations,
ils ont concouru aux engagements, ils doivent être
solidairement obligés, comme les associés en nom
collectif (Code de Commerce, 47-50).

*
* *

Concluons : La participation n'est peut être pas
une panacée universelle, (on l'a déjà dit), mais elle
rend les plus importants services et elle ne fait que
de naître. Stimulant le zèle, enseignant le devoir et
l'épargne, protégeant les vieillards, rapprochant
l'ouvrier du patron, la participation a droit à nos
plus vives sympathies. Il ne faut pas demander
l'idéal ; la participation touche de bien près à la
perfection, la méthode expérimentale le prouve.
C'est déjà beaucoup et par ces temps vagues et
troublés, il faut applaudir à de pareilles institutions
qui assurent la paix sociale.

Nous ne pouvons mieux terminer cette étude succincte qu'en citant Michel Chevalier, dont on ne peut
suspecter les tendances conservatrices. Il écrivait,
il y a quarante ans, les lignes suivantes :

« Cette participation est destinée à changer le
caractère de l'industrie en changeant celui de la
masse des travailleurs. *Elle donnera à ceux-ci une*

dignité, un amour de l'ordre, un esprit de conduite auxquels ils ne parviendraient pas autrement. Les luttes sourdes qui existaient entre les maîtres et les ouvriers et qui occasionnaient tant de désordres, tant de déperditions de forces vives, disparaîtraient alors comme par enchantement ; et ce sont surtout ces motifs de l'ordre moral, politique et social, qui, quant à présent, me la font ardemment désirer. » (1)

*
* *

Nous avons trouvé trace de l'application du système de la participation aux bénéfices de l'Entreprise, dans les annales industrielles du XVIIIe siècle. Les pêcheurs de Cornwall et les mineurs de Cumberland étaient alors de cette sorte, associés aux grands établissements auxquels ils appartenaient. Sauf erreur, c'est donc en Angleterre qu'aurait été mis en pratique, pour la première fois, le système de la participation dans les bénéfices de l'Entreprise.

Plus tard, en 1775, Turgot décidait que certains ouvriers militaires toucheraient, en outre de leur solde, un cinquième du produit de leur travail. La France a donc encore été là, l'une des ouvrières de la première heure.

(1) Michel Chevalier. *Question des Travailleurs*, etc., p. 57 et suiv. et *Revue des Deux Mondes*, 15 mars 1848.

LA PARTICIPATION OBLIGATOIRE

Il y a plus de chance d'arriver à la réalisation de l'harmonie sociale en intéressant le producteur ouvrier au succès de l'entreprise à laquelle il concourt, qu'en laissant développer des théories dont l'application ruinerait la moitié de la population et en ferait fusiller l'autre moitié. En améliorant le sort du véritable travailleur par des moyens pratiques, généreux, qui ne nuisent en rien à l'intérêt général, au contraire, et qui développent chez ce travailleur le sentiment de la dignité, il est plus que certain qu'on lui démontrera la sottise, l'ambition criminelle de ceux qui encouragent, subventionnent et prolongent les grèves dans un intérêt personnel et politique. Le mot agitateur, pour lui, signifiera alors candidat et il verra clairement que la masse agitée ne se compose que d'électeurs que l'on veut surprendre et tromper. Il comprendra que ces actes répréhensibles ont pour résultat certain d'alarmer les capitalistes, ces *promoteurs de besogne*, qui s'effrayent très facilement. Il repoussera ceux qui prêchent le désordre et l'arrêt des travaux et le capital rassuré n'abandonnera plus les affaires, se mettant lui aussi en grève, juste au moment où le pays est affamé de travail.

Ce sont là des considérations d'un ordre élevé; elles ont certainement touché nos législateurs. Aussi plusieurs d'entre eux, MM. Ballue, Lagrange,

14.

Laisant et J. Roche, tout en dépassant la mesure,
ont-ils proposé la loi suivante à la Chambre qui a été
saisie de ce projet le 16 mars 1882.

ARTICLE 1er

« A partir de la promulgation de la présente loi,
toute concession faite par l'Etat, soit à un particulier, soit à une société, en vue d'une exploitation
productive, devra impliquer la participation aux
bénéfices de cette exploitation, de tous ceux qui
auront été employés dans les conditions déterminées au cahier des charges prévu ci-dessous.

ARTICLE 2

« Toute concession faite par l'État, sera accompa-
gnée d'un cahier des charges stipulant la clause de
participation indiquée en l'article ci-dessus, et en
déterminant les conditions, qui seront soumises à
l'approbation des Chambres.

ARTICLE 3

« Toute concession accordée par les communes ou
les départements, comportera également, par le ou
les concessionnaires, l'obligation stipulée en l'article premier de la présente loi.

« Les conseils municipaux pour les communes, les
conseils généraux pour les départements, auront à
statuer sur les cahiers des charges renfermant la
clause de la participation. »

L'adoption de cette loi rendrait donc le principe
de la participation aux bénéfices applicable à tous
les travaux pouvant être concédés par l'Etat, les

départements et les communes. La présentation de son projet a ému le monde industriel et la *Société pour l'étude pratique de la participation du personnel dans les bénéfices*, qui a rendu et rend encore les plus grands services à la cause de ce principe, partisan d'une liberté absolue, a apprécié sévèrement, dans un rapport que nous allons reproduire presque en entier, le système d'obligation proposé par M. Ballue et ses collègues.

Voici l'extrait de ce travail dû aux études consciencieuses de MM. Laroche-Joubert, Goffinon et Gauthier, ce dernier rédacteur du rapport :

« Ce n'est pas la première fois que la participation comparaît devant les pouvoirs publics. M. Edmond Laroche-Joubert en avait déjà parlé à la tribune législative, le 15 mai 1879, dans des termes où se manifestaient les sentiments généreux de ce grand cœur. La participation a été discutée plus tard au Conseil municipal de Paris, sur l'initiative d'un de ses membres, M. Mesureur, le 13 décembre 1881, à propos de la revision de la série des prix des travaux municipaux, et l'administration préfectorale de la Seine, comprenant l'importance de cette question, constitua, le 27 mars 1882, une commission d'étude devant laquelle M. Laroche-Joubert père et M. Charles Robert furent appelés à déposer.

« Mais il faut le dire, et bien haut, pour rendre justice à l'esprit d'initiative de la France dans les grandes œuvres du travail, bien avant ces manifes-

tations officielles, la participation avait été étudiée
d'abord, puis mise en pratique par un grand philanthrope, dont le nom est digne de figurer dans la
liste des bienfaiteurs de l'humanité : je veux parler
de Leclaire, ce glorieux parvenu du travail.

« Le problème de la participation est aujourd'hui
posé devant l'opinion publique ; il faut donc éluci-
der la question. En apportant dans la discussion
un avis sincère, mûrement débattu, fondé sur la
pratique et l'expérience, notre Société ne peut que
bien servir, conformément à l'esprit de sa création,
cette idée de la participation du personnel dans les
bénéfices, idée qui se recommande à l'opinion
publique par son principe même, aussi bien que par
ses conséquences économiques et sociales.

. . . .
. . . .

« Nul ne peut prédire l'avenir, mais il est permis à
tout observateur attentif qui considère la marche
des choses, de prévoir pour le travailleur une suite
de transformations qui l'amèneront progressivement
à une part de plus en plus grande dans les profits
de la production, soit sous une forme, soit sous une
autre.

« En présence des bienfaits que de tels changements peuvent procurer à la classe ouvrière, doit-
on et peut-on chercher à accélérer le mouvement
par la force de la loi, soit en imposant la participation d'une manière absolue à quiconque emploie

des ouvriers, soit en limitant cette contrainte aux
entrepreneurs, adjudicataires ou concessionnaires
des travaux de l'État, des départements et des
communes? Voilà pour nous la question que soulève la proposition de M. Ballue et de ses collègues.
Dans l'état actuel de nos mœurs, de notre industrie, la participation obligatoire est-elle possible et
désirable? Serait-elle profitable au développement
du principe lui-même?

« Nous devons constater d'abord que la participation ne peut être introduite à l'aventure dans une
maison; elle comporte une étude sérieuse et une
organisation appropriée à chaque genre d'industrie;
elle exige une comptabilité très régulière, très suivie, beaucoup plus difficile à établir dans certaines
maisons industrielles qu'on ne le suppose généralement.

« Pour ne parler que des industries du bâtiment,
qui comprennent la majeure partie des travaux
publics, il est certain que la connaissance de la
comptabilité dans cette classe d'industriels et d'entrepreneurs, qui sont pour la plupart des parvenus
du travail, fait presque généralement défaut, non
pas seulement en province, mais même à Paris. Or,
imposer brusquement l'obligation d'une comptabilité spéciale à des entrepreneurs en vue de la participation, serait s'exposer à voir repousser le principe qui rend cette comptabilité indispensable.
Nous devons ajouter que la participation imposée,
soumise à un contrôle, en obligeant un entrepreneur

à une comptabilité régulière, aurait l'inconvénient de mettre à jour officiellement la situation de sa maison ; c'est là une conséquence grave, sinon pour les entrepreneurs qui réalisent des profits, au moins pour ceux, très nombreux, qui ne se maintiennent qu'à l'aide du crédit et qui crouleraient infailliblement si leur situation était révélée. Voilà un côté de la question que nous considérons comme très important au point de vue de l'obligation légale, et qui, jusqu'au jour où la participation libre aura su y pourvoir, peut être considéré comme la raison cachée d'une résistance très difficile à vaincre, parce qu'elle tire son principe de tout ce qu'il y a de plus humain : l'instinct de la conservation.

« Si, comme nous le désirons, la participation se généralise *librement*, elle amènera par la force des choses une sélection entre les bons et les mauvais ouvriers, elle s'attachera les premiers et rejettera les autres. La participation deviendra ainsi un stimulant qui aidera au progrès et profitera au pays en élevant le niveau de sa production. Rendue obligatoire comme le prescrit le projet de M. Ballue, au lieu de rester libre, la participation, étendue à tous les ouvriers indistinctement, perdrait alors son caractère d'encouragement et deviendrait une cause d'injustice, car elle appellerait au partage, des hommes qui n'auraient rien ajouté aux profits communs, et même ceux qui, par des malfaçons, auraient compromis les bénéfices de la production.

« La difficulté d'établir partout la participation ne

tient pas seulement au bon vouloir du patron ou à
la situation financière de la maison qu'il dirige :
d'autres empêchements résultent soit de la mobi-
lité du travail, qui oblige la masse ouvrière à se
porter continuellement d'une maison dans une
autre, selon les hasards des travaux, soit du caractère nomade de certains ouvriers. Or, bien qu'il ne
soit pas impossible de tenir pour chaque ouvrier
même nomade, un compte de participation, il serait
difficile à cette population mobile, qui passe d'une
maison à une autre, de profiter de l'avantage qui
lui serait accordé tour à tour par les divers patrons,
dont elle n'aurait fait que traverser les ateliers.

« Si l'on se rend compte des difficultés que nous
venons de rappeler, on voit de suite pourquoi la
participation ne se développe que lentement ; c'est
qu'en effet la plupart des patrons qui l'ont établie,
d'une manière libre et spontanée, sans que les
ouvriers eux-mêmes aient eu la pensée de la réclamer, sont à la tête de maisons en pleine prospérité,
n'ayant rien à craindre de la mise à jour de leur
situation. Si, par la nature même des choses, la
participation libre exige beaucoup de circonspec-
tion chez ses fondateurs, comment l'imposer par la
loi et la rendre obligatoire ? Sans parler de l'atteinte
ainsi portée à la liberté de l'industrie, on comprend
qu'une pareille obligation pourrait devenir particulièrement nuisible et blessante pour les maisons
qu'elle forcerait à divulguer leurs misères cachées.
J'ajouterai qu'il n'est pas désirable de voir la parti-

cipation imposée ; car, dans l'intérêt du principe, il
importe que la participation ne subisse aucun échec,
ce qui arriverait fatalement si on en forçait l'application.

« Si, quittant les généralités, nous arrivons à l'application aux travaux publics, visée par le projet de
loi Ballue, toutes les difficultés vont se trouver
accentuées d'une manière frappante.

« Que veut le projet de loi ?

« Un partage entre tous ceux qui ont concouru à
une entreprise ou à l'exécution d'un ouvrage quelconque. D'où la nécessité d'une organisation particulière rentrant dans le cadre du projet de loi, permettant l'établissement rigoureux d'un compte de
profits et son partage entre les ayants droit.

« Une opération en participation exigerait donc
une comptabilité spéciale, à côté de la comptabilité
générale de la maison ; ce serait une première complication, surtout pour des industriels et des entrepreneurs peu familiarisés avec la comptabilité. Ce
mode de rémunération obligerait à suivre dans les
ateliers, dans les usines, au milieu d'une fabrication
d'ensemble, toutes les transformations successives
des objets devant être employés sur le chantier en
participation, en tenant note des ouvriers y
employés pour le partage ultérieur, ce qui serait
dans bien des cas matériellement impossible.

« La difficulté d'organisation première, la division
du personnel, amèneraient des complications de
nature à rebuter les mieux intentionnés ; car, dans

la pratique, les travaux ne s'exécutent pas avec une régularité suivie ; il y a des poussées demandant un grand nombre de bras, des ralentissements forcés, des temps d'arrêt. Lorsque des ouvriers auront été embauchés pour le chantier spécial en participation, comment les mettre au repos, en diminuer le nombre ? On ne voit pas de solution pratique à ce mouvement dans le personnel, qui deviendrait une source de difficultés par les plaintes, les récriminations, les jalousies qu'il susciterait entre les ouvriers et qui, sous l'influence de certaines excitations, pourrait amener les plus graves désordres sur les chantiers.

« L'État, imposant le partage des profits par une clause de son cahier des charges, devrait en surveiller l'exécution. Or, l'administration ne pourrait exercer un contrôle sérieux, efficace, donnant toute garantie aux ouvriers sans s'immiscer dans la direction, la gérance de l'entreprise, comme elle le fait, du reste, dans les chemins de fer et dans toutes les concessions où l'État est intéressé. L'administration serait amenée, pour toutes les affaires concédées, à une intervention de tous les jours dans les éléments d'où dépendent les bénéfices, ce qui est impraticable, inadmissible et de nature à porter atteinte à l'esprit d'initiative de l'industriel.

« Supposons pour un instant résolues ces difficultés si grandes, le partage des bénéfices ne pourrait s'effectuer dans tous les cas qu'en fin d'opération, après expiration des délais de garantie et l'apura-

15

tion des comptes. Or, en matière de travaux, le règlement des mémoires donne toujours lieu à des réclamations, il soulève souvent des divergences d'interprétation dont la solution entraîne de longs retards, ayant pour effet, en reculant les partages, de les rendre difficiles et finalement peu intéressants.

« Les travaux publics subissent tous les formalités de l'adjudication ; ils sont concédés au plus fort rabais, c'est-à-dire à celui qui travaille au meilleur marché. Ainsi resserrées dans d'étroites limites, les affaires présentent autant de chances de perte que de gain. Les bénéfices sont donc incertains, en tous cas très éventuels. Lorsque des ouvriers auront été embauchés sur un chantier de l'État, sous la foi d'une participation inscrite dans le cahier des charges, et qu'après une période de deux, trois ou quatre ans, on leur dira que finalement il n'y a point de bénéfices, on verra surgir des révoltes capables d'amener les pires désordres. La *participation obligatoire* aura désorganisé les ateliers, suscité un antagonisme entre les ouvriers par une différence de traitement, et tout cela pour aboutir à créer des jalousies en cas d'un partage avantageux aux participants, ou à créer des mécontentements en cas d'espérances déçues.

« En présence des difficultés que présenterait le fonctionnement de la participation isolée, c'est-à-dire restreinte à l'entreprise publique adjugée, il ne resterait donc aux administrations de l'État d'autre parti à prendre que celui de n'appeler à soumissionner que les maisons pratiquant la participation sur l'ensemble de leurs affaires ; mais on ne peut songer à une telle solution sans apercevoir à l'instant qu'elle porterait un trouble profond dans nos coutumes industrielles et dans les finances publiques. En limitant la concurrence, par l'exclusion de toutes les maisons qui n'auraient pas établi chez elles la participation, l'État s'exposerait à payer plus cher, ce qui n'est pas admissible.

« La proposition soumise à la Chambre des députés fait le plus grand honneur aux sentiments des signataires. On ne peut qu'approuver leur désir d'assurer le partage des profits entre tous ceux qui ont concouru à une œuvre quelconque ; malheureusement, dans une matière aussi délicate que celle des salaires, *où la liberté seule des conventions doit régner*, l'obligation légale, dans son principe de contrainte, rencontrerait des obstacles invincibles. Si cette loi était adoptée, fût-ce à titre d'essai, son résultat le plus direct serait, nous le craignons, d'enrayer le mouvement vers la participation, par l'effet désastreux des échecs et des déboires qu'une telle erreur ferait naître.

*
* *

« N'y a-t-il donc rien à faire pour encourager le développement d'un système dont l'opinion publique apprécie de plus en plus le caractère d'équité et les bienfaits probables ?

« Nous n'hésitons pas à répondre.

« Sans faire une loi de nature à porter le trouble dans les affaires, dans les rapports entre patrons et ouvriers, on pourrait encourager les entrepreneurs, les industriels dans la voie de la participation par des avantages qui, ne nuisant pas aux finances de l'État, seraient acceptés de tout le monde.

« Lorsque dans une adjudication deux maisons concurrentes présenteraient les mêmes conditions, le même rabais, on pourrait, dans le cahier des charges, stipuler la préférence au profit des maisons pratiquant la participation. D'autre part, les travaux que l'État, les villes, les communes peuvent concéder directement dans la limite des lois de finances, sans adjudication, pourraient aussi être accordés par préférence aux maisons ayant adopté la participation. Ce serait un moyen d'amener peu à peu les industriels à étudier cette forme de rémunération ; mais on ne peut aller au-delà : une intervention plus radicale serait, à mon avis, plus nuisible qu'utile par les antagonismes qu'elle pourrait créer au sein de notre société déjà si troublée.

« En résumé, la participation aux bénéfices est une forme nouvelle du contrat de travail entre patrons et ouvriers, pleine d'avenir et capable de produire les meilleurs résultats ; mais elle n'a chance d'être acceptée et de se développer, qu'autant qu'elle ne se présentera pas avec un appareil d'organisation trop absolu, trop gênant ; qu'elle

n'imposera pas de trop gros sacrifices ; qu'elle pro-
cédera de l'initiative privée et sera concédée de
plein gré, par conviction, et non imposée, car elle
serait compromise et menacée par le caractère de
l'obligation. Elle doit avoir toute liberté afin de
pouvoir revêtir toute forme et passer par tous les
essais.

« Comme conclusion sur la proposition de loi
soumise à la Chambre des députés par M. BALLUE
et ses honorables collègues, tout en rendant justice
aux sentiments qui l'ont dictée, nous devons en
souhaiter le rejet. Cette proposition, si elle était
adoptée dans ses termes absolus, constituerait une
loi d'exception ; l'obligation résultant d'une telle loi
aurait le double inconvénient de nuire à la libre
expansion de la participation, et de porter atteinte
à l'indépendance et à la dignité du travail ».

Ce rapport déclare donc injuste la *répartition des
bénéfices imposée* pour divers motifs, parmi lesquels
nous remarquons la remise de parts à des ouvriers
« *qui n'auraient rien ajouté aux profits communs* ».

En effet, et nous l'avons dit ailleurs (1), la participation ne serait plus équitable si les chefs de l'industrie et du commerce qui veulent l'employer, n'exigeaient pas de leur personnel, l'exercice absolu
rigoureux et permanent du devoir. Il leur faudra
donc dans leurs chantiers, dans leurs ateliers, dans
leurs usines, éliminer toute cette race d'aboyeurs

(1) *Echo des Chambres Syndicales*, 2ᵉ vol. p. 134.

composée de fainéants, de débauchés, de fripons et de souteneurs de filles qui prennent, au foyer du travail, la place des ouvriers honorables, de ceux qui ont droit à tous les égards et à cette répartition, que l'on trouvera de plus en plus légitime, du gain que leur travail assidu, constant et honnête, procure à la maison qu'ils aiment et pour laquelle ils réservent leurs plus généreux efforts.

Quant aux difficultés de comptabilité prévues dans ce rapport, remarquable en somme, il nous a semblé qu'elles étaient exagérées. Les maisons qui ont adopté le système de la Participation se tirent de cette difficulté sans beaucoup de peine, malgré la complication et la multiplicité de leurs opérations différentes. L'État pourrait très bien se désintéresser de toute surveillance à ce sujet, étant donné que les comptes peuvent être examinés, comme nous l'avons déjà dit, par un ou plusieurs experts choisis d'un commun accord, soit parmi les membres des tribunaux, soit sur des listes composées de noms d'hommes connus, autorisés et intègres.

La plus forte objection, qui nous a été souvent faite et depuis longtemps, est celle qui repose sur l'éventualité de l'absence de bénéfices dans les opérations. Nous y avons déjà répondu. Du reste, et sur ce point, nous sommes d'accord avec la commission, il est impossible de créer une sorte de *participation partielle* pour une ou deux opérations spéciales à la maison. Le système doit être appliqué pour toutes les affaires et productions de l'année et non autrement. Le contraire serait illogique et absurde.

Ces critiques faites, il faut louer hautement l'ensemble de ce travail qui laisse intact le principe de la liberté dans les contrats que nous défendons, et qui repousse l'ingérence de l'État dans des actes privés qui doivent échapper à toute pression, fut-elle même tutélaire et protectrice.

*
* *

Dans une étude intitulée : *le combat contre la misère*, publiée dans la *Revue des Deux-Mondes* (1), M. le comte d'Haussonville examine la question qui nous occupe.

« Le système de la participation aux bénéfices, dit-il, court aujourd'hui un grand danger : il est devenu le candidat officiel du gouvernement et est menacé de ses faveurs... Il ne s'agit de rien moins que d'imposer ce système à tous les entrepreneurs qui travaillent pour le compte de l'État ou de la ville de Paris et d'en faire une clause du cahier des charges qui leur serait imposée... Or, si ces idées triomphent, je n'hésite pas à dire qu'elles conduiront à un échec retentissant... La participation ne sera plus pour le coup une libéralité... ce sera une des clauses d'un contrat passé entre l'entrepreneur et ses ouvriers. Qu'en résultera-t-il ? C'est que l'ouvrier se trouvera tout naturellement amené à

(1) N° du 15 décembre 1885.

rechercher si cette clause lui est suffisamment
avantageuse. Il ne discutera plus seulement avec
son patron le taux de son salaire ; il discutera également le taux de sa participation aux bénéfices et
il y aura entre eux deux sujets de désaccord au lieu
d'un... Aux sentiments de la reconnaissance qu'inspire aujourd'hui aux ouvriers la participation aux
bénéfices spontanément accordée par le patron, on
aura substitué les exigences de l'intérêt personnel...

« Le fonctionnement de la participation aux
bénéfices repose sur la confiance des ouvriers dans
la bonne foi du patron. Point de vérification des
comptes par les ouvriers ; ils s'en rapportent à la
simple délicatesse du patron qui, de son côté, ne
saurait admettre leur immixtion dans ses affaires.
Les ouvriers ont leur garantie dans le fait même
que leur patron, qui ne leur doit rien en plus de
leur salaire, tient cependant à prélever, à leur profit quelque chose sur son bénéfice et, de son côté,
le patron, maître de disposer comme il l'entend de
ce bénéfice, n'a aucun intérêt à en dissimuler aux
ouvriers la quotité. En serait-il de même lorsque la
participation aux bénéfices sera devenue pour les
ouvriers un droit, pour les patrons une obligation ?
Qui pourrait le prétendre ? Très légitimement, les
ouvriers demanderont à savoir comment s'établit
ce bénéfice dont une partie doit leur revenir ; très
naturellement aussi, la patron qui le plus souvent
n'aura accepté cette clause de son cahier des

charges qu'en maugréant, aura intérêt à employer tous les artifices de comptabilité pour en diminuer l'importance. De là contestations possibles, probables même, et la participation aux bénéfices qui devait servir à réconcilier le travail et le capital, le patron et les ouvriers, deviendra au contraire, un germe de méfiance, une complication de plus dans leurs rapports déjà si difficiles. Tel sera le résultat inévitable de l'immixtion de l'État dans cette question... Rien ne serait regrettable comme de voir compromettre une idée neuve et vraie par une application imprudente ».

La Participation aux bénéfices n'est pas une libéralité : c'est au contraire la résultante d'un contrat ; c'est la juste rétribution d'un travail supplémentaire, de l'ordre et de l'économie dont le participant a fait preuve. Cette réserve indiquée, nous sommes de l'avis de M. d'Haussonville, en ce qui regarde l'ingérence de l'État dans les affaires industrielles ; là où il y a contrat, l'État n'a rien à voir : *il doit laisser toute liberté aux contractants.* Le seul cas où il puisse intervenir, c'est lorsque les lois sont atteintes. Ici rien de pareil.

LES SOCIÉTÉS DE COOPÉRATION DE CONSOMMATION

Les sociétés coopératives de consommation ont pour but d'assurer à leurs adhérents les meilleures conditions d'alimentation, c'est-à-dire des denrées

15.

et des boissons exemptes de ces sophistications si nuisibles à la santé, livrées avec de sensibles réductions de prix. A cet effet, ces associations suppriment les intermédiaires qui prélèvent de gros bénéfices sur les produits. Elles sont des plus prospères en Angleterre, en Italie, en Allemagne.

Mais en France, on doit constater encore ici une indifférence incroyable, et si quelques sociétés de consommation font acte de vitalité, (elles sont six cents en tout, seulement), les éléments dont elles sont composées ne représentent qu'une toute petite partie de la grande famille ouvrière. Les plus intelligents seuls ont compris et adopté la combinaison coopérative qui leur présente de si grandes garanties et de si importants avantages.

Il n'en est pas de même, comme nous venons de le dire, en Angleterre. Les ouvriers de ce pays, tout en profitant du bon marché des marchandises que leur livrent leurs sociétés, ont constitué en quarante ans, un capital *de plus de cinq cents millions*, résultat des bénéfices réalisés par leurs associations coopératives et grâce auquel ils peuvent encourager de nouveaux établissements du même genre.

Plymouth compte à elle seule huit mille membres d'associations coopératives; ils possèdent seize magasins, un vaste fermage, un bétail considérable. Leurs affaires représentent un total de trois millions de francs.

C'est à Richard Owen que revient l'honneur des fondations anglaises de ce genre. Le père de la reine Victoria, le duc de Kent, le favorisa dans ses entreprises de coopérations. Les magasins coopératifs établis par les fabriques de New-Lanark furent basés sur le principe de la vente sans aucun bénéfice; Owen payant les frais. A l'imitation de cette œuvre, se fonda la société économique de Sherneess, qui existe encore. Elle a pour but de procurer aux ouvriers du pain de froment et de la viande fraîche.

En 1830, l'Angleterre comptait environ trois cent cinquante magasins de cette catégorie. Leur réel développement date de 1844.

« C'est en cette année, dit M. Max Hoffmann (1) que commence l'ère de la coopération. Il était réservé aux pionniers de Rochdale d'introduire un meilleur système. Ils mettaient en réserve 5 % des bénéfices pour les actionnaires et partageaient le reste entre les clients. On utilisa les 5 %, dans un but d'éducation, à fonder des ateliers coopératifs. On ne vendait pas meilleur marché que dans les autres magasins, mais on n'accordait pas de crédit, et on encourageait l'économie. Vingt-huit membres débutèrent dans la société de Rochdale avec un capital de 28 liv. sterl. = 700 fr.; la première année ne donna pas de bénéfice; la deuxième année compta soixante-quatorze membres avec un capital de 181 liv. sterl., et un chiffre d'affaires de 710 liv.

(1) Extrait du *Moniteur des syndicats ouvriers* n° 241; octobre 1887.

sterl., bénéfice 22 liv. sterl. Si on compare avec ces modestes commencements, les résultats de 1876, on trouve dans cette dernière année à Rochdale, huit mille huit cent quatre-vingt-douze membres, capital 254,000 liv. sterl., chiffre d'affaires 305,000 liv. sterl., bénéfice 50,500 liv. sterl. L'exemple fut suivi par deux cents *stores* ou magasins de vente de Lancashire et Yorkshire ; le succès encouragea les tentatives. Des hommes influents prêtèrent leur appui à ces sociétés, entre autres le professeur Maurice, le chanoine Kingsley, ensuite Neale Ludlow et Thomas Hughes qui leur assurèrent la protection de la loi ; il leur fut permis d'acquérir des terres, des maisons, de trafiquer en banques. Pour se rendre indépendant du haut commerce, on constitua des maisons en gros pour l'achat avantageux de marchandises de bonne qualité, ce qui permit au plus petit magasin d'offrir les meilleures consommations. Grâce au développement de ce système, on s'habitua à l'économie. Leeds compte vingt-trois mille membres coopérateurs, son compte de bénéfice est de 59,000 livres sterl. A Oldham, deux sociétés comptent en 1886, vingt-trois mille membres, dont le bénéfice est pour cette année (1) de 90,000 liv. sterl. Douze sociétés de quatre mille membres gagnent par année 10,000 liv. sterl.

« Parmi les comtés, le Lancashire est en première

(1) Il s'agit de 1886.

ligne avec cent quatre-vingt-seize sociétés et cent quatre-vingt-dix-neuf mille quatre cent vingt membres ; ensuite Yorkshire avec cent quatre-vingt-sept sociétés et cent soixante-seize mille trois cent vingt et un membres ; Durham avec cinquante-quatre sociétés et soixante-neuf mille cent quarante cinq membres ; Middlesex, quarante-quatre sociétés avec seize mille deux cent quarante-huit membres ; Northumberland, quarante-deux sociétés avec vingt-six mille six cent soixante-dix membres ; Derbyshire, trente-huit sociétés avec vingt-deux mille quatre cent huit membres ; Cheshire, trente sociétés avec vingt et un mille deux cent vingt-sept membres.

« L'Angleterre compte dans trente-sept comtés, neuf cent cinquante et une sociétés avec six cent soixante-quatorze mille six cent deux membres, ayant dépensé pour leurs affaires 1,720,572 liv. st. et obtenu 2,331,055 liv. sterl. de bénéfices ; leur capital-actions se chiffre par 7,941,243 liv. sterl., leur capital d'emprunt par 1,293,828 liv. sterl.

En Ecosse, c'est Lanarkshire qui est en tête avec soixante-quatre sociétés et quatorze mille huit cent quatre-vingt-cinq membres, Fifeshire a trente-trois sociétés et dix mille neuf cent huit membres ; Rens-rewshire, trente sociétés et dix mille cent quarante-deux membres ; Ayrshire, vingt-sept sociétés et huit mille trois cent quarante-huit membres ; Edimbourg, vingt-quatre sociétés et seize mille cinq cent quatre-vingt-seize membres ; Forfar, vingt sociétés et dix huit mille quatre cent quarante et un membres. Vingt-quatre comtés d'Ecosse comptent trois cent cinq sociétés avec cent vingt et un mille trois cent quatre-vingt-six membres. Leur chiffre d'affaires est de 5,134,640 liv. sterl. ; les dépenses de 254,528 liv. sterl. ; le bénéfice de 528,823 liv. sterl. Le capital-actions est de 784,875 liv. sterl., les emprunts de 529,118 liv. sterl.

« La principauté de Galles compte vingt-trois sociétés avec six mille huit cent vingt membres ; le chiffre d'affaires est de 239,416 liv. sterl., les dépenses sont de 10,913 liv. sterl., le bénéfice est de 26,588 liv. sterl.

« L'Irlande compte seulement vingt-trois sociétés coopératives avec huit cent soixante-dix-neuf membres, dont le chiffre d'affaires est de 24,754 liv. sterl. et le bénéfice de 2,008 liv. sterl.

« Ces chiffres au surplus, ne sont pas complets, car toutes les sociétés ne communiquent pas leurs comptes à la statistique officielle ; ne sont pas compris non plus les agents des sociétés coopératives de Londres, dont le rôle est de vendre exclusivement aux membres des sociétés.

« Les sociétés coopératives à l'image de celle de Rochdale comptent plus de neuf cent mille membres, gagnant par année plus de 2 1/2 millions liv. sterl. dans mille deux cents sociétés, faisant annuellement plus de 30 millions liv. sterl. d'affaires et possédant un capital-actions de 8 millions liv. sterl.

« Le résultat financier seul que donnent ces socié-

tés coopératives est donc colossal pour l'ouvrier.
Dans la période de 1861 à 1886, en vingt-cinq ans,
ces sociétés ont fait un chiffre d'affaires de 31 millions liv. sterl., le bénéfice dépasse 30 millions liv.
sterl., revenant uniquement à l'ouvrier. Le système
coopératif est devenu une nouvelle force en Angleterre ; l'effet moral dépasse cependant les résultats
financiers, car on ne peut estimer trop le bien qu'a
causé ce système qui a tant contribué à développer
l'esprit d'économie, l'honnêteté dans le commerce ;
ce sont des bienfaits qu'une nation ne saurait trop
priser ; ils lui donnent une physionomie qui ne
s'effacera jamais.

« Ne prétendait-on pas autrefois que l'ouvrier
n'était pas en situation d'amasser suffisamment
pour pouvoir disposer de capitaux ! Or, sans capitaux, pas de maisons de vente ; cependant dans l'institution qui nous occupe, nous voyons l'ouvrier
seul fournir les fonds. La haine contre le capital
s'atténue, l'ouvrier sera obligé de retourner sa
haine contre lui-même puisqu'il est devenu capitaliste, de telle sorte qu'il ne sait plus quoi faire de
son argent. On voit beaucoup de sociétés recom-
mander à leurs membres de rechercher d'autres
dépôts pour placer leurs fonds. Leur crédit leur
procure des emprunts en banque à 4 %. Qui se
serait jamais douté qu'une semblable association,
composée uniquement d'ouvriers, pourrait jamais
souscrire 80,000 livres (1 million de francs) pour le
canal navigable de Manchester ? »

On le voit, les Sociétés coopératives de consommation donnent des résultats étonnants. En France, comme ailleurs, leurs opérations sont de deux genres: les unes livrent à leurs adhérents les divers produits qu'elles ont emmagasinés au prix ordinaire et répartissent, à la fin de l'année, les bénéfices réalisés; les autres vendent au prix coûtant auquel il est ajouté les frais généraux. Par exception, quelques Sociétés livrent à des prix inférieurs à ceux du commerce, tout en se réservant un bénéfice, ce qui leur permet de faire une répartition, malgré le rabais dont elles ont frappé les marchandises.

A Roubaix, une Société coopérative de boulangerie a fait, en 1886, 426,550 fr. d'affaires qui ont produit 110,672 fr. de bénéfice. A la répartition, chaque sociétaire a pu toucher une somme égale à 23 % de ses achats.

Une autre Société de la même localité, fondée pour l'achat des charbons, a réparti à ses sociétaires 19 % de leurs consommations.

Ces répartitions additionnées, ont produit aux membres des deux coopérations, la somme de 102 fr. 50. Cette économie considérable ne porte que sur deux natures de marchandises; si la coopération s'était étendue aux autres consommations, telles que le vin, la viande, l'épicerie, la somme aurait été certainement supérieure à 200 fr. Et 200 fr. représentent un chiffre bien plus important que celui qui résulterait de certains dégrèvements que nous réclamons depuis longtemps à nos représentants, qui ne peuvent nous satisfaire.

Aux mines de Saint-Bel (Rhône), les bienfaits de diverses institutions de prévoyance maintiennent l'harmonie et la concorde entre l'administration et les travailleurs. Une société coopérative de consommation y fonctionne. Les denrées, le bétail y sont achetés pour le compte de la compagnie; la viande y est vendue à raison de 0,65 le demi-kilogr., le pain livré avec un rabais de 10 %. Les ouvriers peuvent ne dépenser que un franc cinquante pour leur nourriture journalière composée de deux repas suffisants, avec café. L'épicerie, le vin et les vêtements eux-mêmes sont livrés par la société avec des rabais d'environ 25 %.

La compagnie du chemin de fer d'Orléans achète en gros des vivres; elle ne prélève sur ces achats aucun bénéfice, et elle parvient ainsi à céder à ses ouvriers des marchandises à 25 % au-dessous du prix ordinaire. Plusieurs avantages découlent de cette institution : les aliments sont de bonne qualité et l'ouvrier raisonnable ne peut s'endetter, car il ne peut acheter à la compagnie que pour une fraction de son salaire, suffisante pour parer à ses besoins journaliers et à ceux de sa famille.

Les coopératifs de Plymouth, dont nous avons parlé ne réalisent de leurs achats qu'une économie de 15 %. Ces bénéfices ont cependant constitué un capital qui leur a permis d'organiser l'assistance mutuelle dans le sens le mieux compris.

CHAPITRE V

Mutualité

DE L'INFLUENCE MORALE DES SOCIÉTÉS
DE PRÉVOYANCE

En 1882, une commission parlementaire fut chargée de reviser la législation de 1868 qui régissait les sociétés de secours mutuels. Dans son rapport, on lit les passages suivants :

« Elles contribuent à relever le sentiment de la dignité humaine en facilitant la conclusion et la durée de contrats qui basent le secours sur l'épargne dans et par l'association ; elles fortifient le sentiment de la famille, en laissant chez lui le malade et le vieillard au lieu de l'envoyer à l'hospice ; elles exercent une influence morale des plus salutaires sur le travailleur, en transformant les jeunes gens et parfois les hommes en sociétaires rangés et ponctuels dans leurs versements A TEL POINT QU'ON NE TROUVE PAS UN SOCIÉTAIRE SUR CINQ CENTS DÉTENUS DANS LES PRISONS, et que ces associations sont devenues de véritables forteresses pour la défense de la morale et de la paix sociale. »

Il faut que l'ouvrier apprenne à compter sur lui-même, sur son travail, sur son économie, répète le même rapport, qu'il mette son orgueil et sa gloire à secouer le joug de la misère. Et nous ajoutons nous, que s'il comprend jamais cela d'une façon générale, l'ordre public est sauvé à jamais par la prévoyance qui enfante la sagesse et la sécurité.

Pour cela il faut un enseignement spécial. Il faut intéresser le travailleur à ces questions et les lui faire comprendre dès son enfance. C'est donc à l'instituteur d'abord qu'est dévolu le beau rôle de vulgarisateur des institutions de la mutualité ; c'est lui qui en fera désormais comprendre les avantages ; c'est lui qui en assurera définitivement la prospérité. Il enseignera que la mutualité rapproche les hommes en tendant à faire disparaître l'antagonisme qui n'existe que trop souvent entre les diverses classes de la société.

Plus la population d'un pays est considérable, plus ce pays est riche. La vie de l'homme est donc une valeur de premier ordre. Veiller à sa prolongation, c'est travailler en même temps à l'accroissement du travail national par la production et la dépense. L'hygiène des villes, le bien-être qui s'accroît sans cesse, rendent à ce point de vue les plus importants services. Les sociétés de secours mutuels et les caisses de retraites viennent puissamment en aide à ces moyens, en donnant la sécurité morale qui influe sur la santé, en prodiguant les soins nécessaires aux malades et aux blessés, en assurant l'avenir des vieillards.

« Il y a deux manières d'améliorer le sort de l'ouvrier, dit le directeur des travaux de Paris, M. Alphand (1) : l'une consiste à augmenter arbi-

(1) Discours prononcé au banquet de la cérémonie des médailles décernées aux ouvriers méritants, par le groupe syndical de l'Industrie et du Bâtiment, le 20 décembre 1885.

trairement le taux de son salaire ; c'est là une théorie qui est en opposition absolue avec la liberté.
L'autre manière consiste à diminuer les charges
sans abaisser les salaires ; on peut y arriver par la
création de sociétés coopératives, de sociétés de
bienfaisance et surtout par la constitution d'une
caisse de retraites. Tant que l'ouvrier a de la force
et de la vigueur, il n'est pas, sans doute, à l'abri
des privations et du chômage, mais il peut satisfaire aux besoins de son existence. Quand au contraire, il arrive à un âge avancé, quand les forces
l'ont abandonné, sa situation est déplorable. Vieillard, il est une charge pour sa famille et un embarras pour tous. Il a usé ses forces pour élever ses
enfants et il est à peu près abandonné. Il y a là un
devoir social auquel nous ne pouvons pas être
indifférents, un devoir qui s'impose ; c'est une des
questions qui appellent la plus grande attention. »

LES SOCIÉTÉS DE SECOURS MUTUELS

Ces associations ont pour objet d'assurer des secours temporaires à leurs adhérents blessés, malades
ou infirmes, et quelquefois aussi, de leur assurer des
pensions de retraites. En général, elles accordent,
en cas d'incapacité de travail, une indemnité journalière, les soins médicaux et les médicaments. En
cas de décès, elles payent les frais des funérailles.
Ce sont des sociétés de bienfaisance qui substituent

l'assistance mutuelle et volontaire à la charité publique et à l'aumône privée. Ces institutions ne se sont librement développées que sous le régime de la liberté, le premier Empire et la Restauration les repoussant en craignant de voir en elles réapparaître les sociétés populaires et les clubs, et l'article 291 du code pénal qui punissait les réunions de plus de vingt personnes, étant en pleine vigueur.

Louis-Napoléon, il faut lui rendre cette justice, a donné une existence légale et une personnalité civile aux sociétés de secours mutuels, en les faisant reconnaître d'utilité publique. Il ne faut pas s'y tromper cependant : il a voulu surtout et dans un but d'intérêt personnel, établir un vaste mutualisme ouvrier qu'il destinait à contrebattre les influences bourgeoises et aristocratiques. Néanmoins, les décrets de 1852 et 1856 et la loi de 1868, en donnant la plus grande extension à ces sociétés, ont rendu d'éminents services. De l'année 1852, date la création des sociétés approuvées dont les présidents étaient nommés par le chef de l'État. Dès lors, la marche ascensionnelle des sociétés de secours mutuels s'accentue : en 1852, elles étaient au nombre de 2,548 avec 271,000 sociétaires et un avoir de 10,714,877 francs ; en 1861, il existait 4,410 sociétés avec 605,246 sociétaires et un capital de 28 millions de francs. Le bien-être général a profité des effets d'un socialisme d'état ; huit mille sociétés de secours mutuels fonctionnent actuellement en

France; elles se sont dégagées des liens étroits que le pouvoir d'alors leur avait imposés. Leur organisation tout entière était entre les mains de l'autorité ; elles se sont depuis affranchies de cette sorte d'esclavage. Le chiffre des adhérents à ces associations donne pour résultat 22 % des habitants, tandis qu'il n'est que de 14 % en Angleterre et de 9 % en Belgique.

***

Il est toujours curieux et instructif de remonter aux origines des créations humaines, de quelque nature qu'elles soient. Le principe fécond de la mutualité est en quelque sorte inné dans la race ; dans les premières familles, il est bien certain qu'il existait à l'état permanent, autrement leur développement eût été compromis. Aussitôt que les agglomérations furent créées, il se développa sous la forme de l'assistance réciproque journalière.

Théophraste, philosophe grec, né en 371 avant J.-C., parle dans ses *Caractères* des contributions pécuniaires que faisaient les amis d'un homme éprouvé par le malheur. Ces sortes de contributions étaient fréquentes à Athènes et autorisées par les lois (1). Il mentionne l'existence de sociétés de secours mutuels chez les Athéniens. « Il y existait,

(1) *Caractères* de Théophraste. De la dissimulation; de l'esprit chagrin ; de l'avarice.

dit-il, des associations ayant une caisse commune, que les membres adhérents à la société alimentaient par le paiement d'une cotisation mensuelle. L'argent ainsi recueilli servait à secourir ceux d'entre les associés que la fortune avait abandonnés. »

A Rome, les confréries ou corporations désignées sous le nom de *solidates* et de *collegia opificum*, étaient en même temps que des associations professionnelles d'artisans, des sociétés de secours mutuels contre les revers de fortune et même d'assurances contre les accidents et les catastrophes de diverses natures.

Les ghildes *(ou banquets à frais communs)* (1) que proscrivit Charlemagne, n'étaient pas autre chose que des associations mutuelles semblables aux institutions antiques dont nous venons de parler ; l'assurance contre l'incendie faisait partie des conventions jurées par les contractants. De même que le compagnonnage et la franc-maçonnerie, les ghildes avaient certainement continué ou plutôt copié les usages de la mutualité gréco-romaine. Tous ceux qui faisaient partie d'une *ghilde* se juraient en secret, par serment mystérieux et sacré : amitié, appui, solidarité. La maison de l'un des associés brûlait-elle, tous les autres aidaient à la reconstruire ; sa récolte était-elle détruite par la grêle ou les orages, tous les associés, se cotisant, l'indemnisaient de ce dommage ; il en était de même si son

(1) *Ghilde*, mot saxon, signifiant association, confrérie.

vaisseau périssait par naufrage. Craignait-on les périls d'une longue expédition, un, deux ou plusieurs associés accompagnaient le voyageur ; quelqu'un de la *ghilde* était-il victime d'une iniquité, tous prenaient parti pour lui, afin d'obtenir justice ; était-il outragé, tous se joignaient à l'offensé pour l'aider à obtenir réparation ou vengeance (1).

D'autres grandes associations d'autrefois pratiquaient aussi l'assistance réciproque : telles étaient la *hanse parisienne* et le *compagnonnage*.

En Italie, l'histoire des corporations industrielles commence au xᵉ siècle. A cette époque, il existait, surtout en Lombardie, des corporations de maçons. Plus tard, c'est-à-dire lors de l'existence des villes libres, chaque ville eut sa ou ses corporations. *Consorteries* à Venise, *fraglien* à Padoue, *compagnie* à Bologne, *maëstranze* en Sicile, *abbadie, communita, collegia* à Rome, à Florence etc., toutes ces associations dont les statuts autorisés par les gouvernements remontent aux xiiᵉ et xiiiᵉ siècles pratiquaient la mutualité, en récompense des services rendus à la patrie et aux métiers. Nous disons à la patrie, parceque, parmi les obligations imposées aux membres des corporations, figurait le service militaire dans les milices. Par contre, les métiers prenaient un très grand souci du bien-être et de la sécurité de leurs membres ; ils les soutenaient donc

(1) Aug. Thierry, pièces justificatives relatives aux considérations sur l'histoire de France. Introduction aux *Récits des temps mérovingiens* (vol. l, p. 1).

surtout en cas de maladies et de blessures et venaient au secours des veuves et des orphelins.

Aujourd'hui (1) l'Italie, émancipée et réformée sous tous les rapports, compte quatre mille neuf cent soixante-quatorze sociétés de secours mutuels avec sept cent soixante et un mille cinq cent quatre-vingt-dix-neuf membres, non compris Milan et Salerne dont on ne fait pas compte, en l'absence de renseignements. Ces sociétés ont acquis le droit d'ester en justice lorsqu'elles sont légalement reconnues.

*
* *

Aux siècles derniers, il existait, dans chacune des corporations françaises des métiers, une institution charitable qui était matériellement représentée par ce que l'on appelait souvent *la boîte* et qui n'était pas autre chose qu'une caisse ou *charité du métier* alimentée par des dons volontaires, par le produit des quêtes, des amendes infligées et des retenues sur les salaires. On y versait aussi les sommes débattues lors de la conclusion des marchés et que nos pères désignaient sous le nom de *denier à Dieu*. Lorsque les ressources de la *boîte* étaient reconnues insuffisantes, la corporation s'imposait une contribution extraordinaire perçue dans la même forme que les impôts royaux.

(1) Janvier 1887.

Les compagnons cloutiers avaient, de temps immémorial, le *sabot humanitaire*. Sous cette désignation originale, existait une caisse de secours contre la maladie, alimentée au moyen du produit de certains paris de métiers et de cotisations fixées à un sou par semaine pour les ouvriers de l'atelier et à la même somme pour chaque embauchage.

Parmi les autres institutions de ce genre à citer, nous remarquons : les associations charitables de Lille qui apparaissent dès 1580, celle de l'église Sainte-Marie du Temple, de l'ordre des chevaliers de Malte, à Paris, signalée en 1694, la société panotechnique de prévoyance connue en 1720 sous le nom de Notre-Dame-de-la-Nativité.

En 1789, il existait en France treize sociétés de secours mutuels.

Sous la Restauration et sous Louis-Philippe, ces sociétés étaient régies par les lois relatives aux sociétés ordinaires. Leur nombre s'était alors accru. Dès 1822, on en comptait à Paris cent trente-deux dépendant de la société philanthropique et réunissant dix mille trois cent cinquante ouvriers.

Il y avait encore, en dehors de *l'aumône générale*, *l'aumône des métiers* qui était destinée à marier les pauvres jeunes filles orphelines, à secourir les infirmes et les vieillards, les confrères déchus, atteints par la misère sans que celle-ci fut le résultat de désordres. L'artisan malheureux était ainsi secouru en nature ou en argent chaque semaine ; ses anciens confrères pouvaient même lui avancer une certaine somme qu'il n'était tenu de rendre que dans le cas où il pourrait *revenir en ses affaires.*

« Outre l'argent, les vivres et les secours en nature, dit M. Th. de Quatrebarbes, un grand nombre de corporations avaient fondé de pieux asiles, où elles *recueillaient et entretenaient décemment les personnes de leur profession, anciennes et de bonne renommée*, tombées dans l'indigence par la dureté des temps. Car la charité ne s'exerçait point au hasard, et comme il avait fallu une conduite régulière pour mériter l'admission à la maîtrise, de même on exigeait, pour obtenir une place de faveur dans ces hospices spéciaux, une probité rigoureuse et des mœurs régulières. »

De véritables sociétés de secours mutuels existaient donc dans certaines corporations de métiers. Chez les carriers par exemple: « tout fils de *perréieur* (ouvrier de carrière), dit l'auteur que nous venons de citer, était membre de la corporation du jour de son baptême. Chaque semaine, il avait droit à une *hotée* de pierre, que son père vendait dix sous. A sept ans le droit doublait ; à neuf ans, il était triple. A onze ans, les quatre *hotées* donnaient deux livres par semaine ; ce prix était maintenu jusqu'à l'âge de l'apprentissage. Il en était de même de l'ouvrier blessé et du vieillard infirme, qui recevaient par semaine chacun six *hotées*, du prix de trois livres tournois. Les veuves touchaient une pension de cent livres les six premières années de leur veuvage ; elle était réduite

ensuite à cinquante livres. Tout cela se faisait en
famille, sans titre, sans écrit, sans contestations,
sans erreur, par tradition séculaire. Quelques vieillards attribuaient au patron des carrières, saint Le-
zin, l'origine de ces secours ; les jeunes gens s'en
rapportaient au dire et à l'usage de leurs pères. »

Ces distributions de secours et l'alimentation des
boîtes étaient placées sous la surveillance et l'administration des jurés et prud'hommes des métiers.
Ces organisations charitables, dues à l'esprit tout
chrétien de la mutualité, disparurent en même temps
que le régime corporatif.

⁕ ⁕

L'assistance réciproque existait encore dans un
certain nombre d'établissements religieux. Ainsi,
pour ne citer que l'un d'entre eux, était l'institution des Miramiones, établie dans un hôtel du
quai de la Tournelle (1) et fondée en 1674 par
Mme de Miramion, qui fut considérée comme une
sainte. Mais ces charités étaient forcément res-
treintes ; elles ne s'adressaient qu'à un petit nombre
de favoris, choisis, épurés avec soin, astreints à
des pratiques de religion, sans lesquelles ils n'auraient rien obtenu.

Les sociétés de secours mutuels n'ont pas à s'enquérir des croyances ; elles admettent tous les

_____

(1) Aujourd'hui la pharmacie centrale des hôpitaux.

16.

hommes de bonne volonté; leur but est de soulager fraternellement et au moyen des ressources de tous, les malheurs et les misères adhérents à l'espèce humaine, sans avoir recours à l'assistance publique. La cotisation exigée est des plus modestes; elle garantit la famille de l'artisan de la misère pendant la maladie de son chef. Comme dans la coopération, les caisses de retraites et les sociétés de secours mutuels, la mutualité accomplit ici des prodiges.

De prime abord, on croirait, comme pour l'institution dont nous venons de parler, que tous les travailleurs font partie des sociétés de secours mutuels. Mais la minorité, seule encore, on l'a vu par les chiffres établis précédemment, jouit des résultats bienfaisants de la réciprocité et de l'économie réalisées dans l'association.

***

Les sociétés de secours mutuels qui sont approuvées et reconnues jouissent des avantages suivants :

1° Faculté de posséder des objets mobiliers, de prendre des immeubles à bail et de faire tous les actes relatifs à ces droits ;

2° Faculté de recevoir, avec l'autorisation du préfet, des dons et des legs mobiliers jusqu'à concurrence de 5,000 fr. Au delà de ce chiffre, l'acceptation des dons et legs est soumise à l'autorisation du président de la République, le Conseil d'État entendu (1). Cet avantage est très appréciable, un certain nombre de sociétés de secours mutuels s'étant trouvées dans l'impossibilité d'accepter des libéralités faites en leur faveur, parce qu'elles n'étaient placées que sous le régime de la simple autorisation qui ne confère pas la personnalité civile (2) ;

3° Obligation pour la commune de fournir gratuitement les locaux nécessaires pour les réunions, ainsi que les livrets et registres nécessaires à l'administration et à la comptabilité de la société. En cas d'insuffisance de ressources par la commune, ces dépenses incombent au département;

4° Exemption des droits de timbre et d'enregistrement pour les actes, notamment pour les extraits des actes de l'état civil à produire par les sociétaires, sous la seule condition que ces extraits seront demandés par les présidents des sociétés approuvées, et sauf l'application de la loi du 23 août 1871, en ce qui concerne les quittances (3) ;

5° Exonération de l'impôt sur les cercles, réunions et sociétés ;

6° Autorisation de faire des dépôts de fonds aux Caisses d'épargne, avec bénéfice d'un intérêt de 3,50 à 3,75 %, suivant les localités. Ces dépôts ne doivent pas dépasser 8,000 fr. ;

(1) Avis du Conseil d'État du 12 juillet 1864 ; arrêt de la cour de Douai du 10 août 1874 ; arrêts de la cour de cassation du 8 mai et du 22 juillet 1878.

(2) Code pénal, art. 291 et 292.

(3) Circulaire ministérielle du 28 mars 1874.

7° Faculté de verser, en compte courant, à la caisse des dépôts et consignations, les fonds disponibles de la société (1). Ces dépôts, dont le chiffre n'est pas limité, sont bonifiés d'un intérêt de faveur de 4 1/2 %. (Il est question de réduire ce taux, considéré comme étant trop élevé) ;

8° Faculté de verser à la même caisse les fonds libres destinés à constituer des pensions viagères de retraites pour les vieillards. Ces dépôts constituent les fonds dit *de retraites*, et les intérêts que le service des pensions n'a pas absorbés, sont capitalisés chaque année (2);

9° Droit de participer, en raison des versements spécifiés sous le paragraphe 8, aux subventions proportionnelles que le gouvernement accorde chaque année aux sociétés qui ont fait, avant le 31 décembre de l'année précédente, des prélèvements en faveur de leurs caisses de retraites. Ces subventions accordées sur les fonds de la dotation des sociétés de secours mutuels, sont établies sur des bases invariables et augmentent considérablement les versements faits par ces sociétés.

Ces subventions, en effet, sont très importantes ; leur moyenne, de 1870 à 1881, a été de 0 fr. 44 par chaque franc de versement annuel ;

10° Droit de servir, suivant les conditions pres-

---

1) Ces fonds peuvent être versés dans les caisses des trésoriers-payeurs généraux, et dans celles des receveurs particuliers préposés.

(2) Art. 2 du décret du 26 avril 1856.

crites par le décret réglementaire du 26 avril 1856,
à leurs vieillards, des pensions de retraites dans les
conditions déterminées par la loi de 1850 sur la
caisse générale des retraites pour la vieillesse (1).
Ces pensions, inscrites au Grand Livre de la dette
publique, et libellées sous la forme de titres de
rentes viagères, sont incessibles et insaisissables
jusqu'à concurrence de 360 fr. Le taux de l'intérêt
composé du capital dont il est tenu compte dans les
tarifs, d'après lesquels est fixé le montant de la
rente viagère, est de 4 1/2 % (2) ;

11° Réduction des deux tiers du droit municipal
sur les convois, dans les villes où ce droit existe ;

12° Réserve au profit des sociétés de secours
mutuels des subventions prélevées sur les fonds de
la dotation ;

13° Droit de contracter, près de la caisse des
dépôts et consignations, des assurances collectives
en cas de décès, soit pour solder les frais funéraires,
soit pour allouer des secours aux veuves et aux
orphelins (3) ;

14° Participation aux récompenses honorifiques
décernées par le président de la République ;

15° Admission des membres participants conva-
lescents des sociétés de secours mutuels approuvées du département de la Seine, dans les asiles

(1) Art. 5 du décret du 26 avril 1856.
(2) Loi du 29 décembre 1882.
(3) Loi du 11 juillet 1868.

de Vincennes (hommes) et du Vésinet (femmes) moyennant un prix de journée de 0 fr. 75 (1).

Le fonds de dotation des sociétés de secours mutuels approuvées, date de 1852. Il a été fixé à dix millions de francs. Une première répartition, faite en vue d'encourager la création de ces institutions de mutualité a eu lieu, en vertu d'un décret en date du 1er février 1853. Cette répartition était de 500,000 fr. Trois autres répartitions ont eu lieu en 1856 et ont atteint le chiffre de 708,040 fr.

En 1860, il fut décidé, par décret du 24 mars, que les capitaux disponibles seraient placés en rentes 3 % sur l'État. Depuis cette époque, il a été ajouté le reliquat disponible après la dissolution de l'œuvre de patronage des sociétés de secours mutuels entre militaires et le capital s'en est d'autant augmenté.

LES CAISSES DE RETRAITE POUR LA VIEILLESSE

Ces caisses, étudiées parlementairement dès 1846, ont été instituées définitivement par la loi du 18 juin 1850 (2). Elles ont pour objet de constituer à un âge déterminé, aux personnes ayant fait un ou plusieurs versements, une rente viagère calculée d'après ces dépôts. Les pensions y sont fixées d'après

(1) Arrêté ministériel du 10 juillet 1874.

(2) En dehors de ces fondations, il existe dans beaucoup d'établissements des caisses particulières, non soumises au contrôle gouvernemental, comme on le voit dans le cours de cet ouvrage.

un tarif calculé sur les chances de mortalité et sur l'accumulation du capital et des intérêts. Les caisses de retraites sont placées sous la garantie de l'État et gérées par la caisse des dépôts et consignations ; les versements des sociétés de secours mutuels approuvées peuvent y être faits. En province, les receveurs généraux et particuliers, les caisses d'épargne, les sociétés de secours mutuels font parvenir les fonds.

L'entrée en jouissance des rentes viagères différées est fixée, au choix du déposant, à l'un des âges accomplis entre cinquante et soixante-cinq ans ; en cas de blessures graves ou d'infirmités prématurées régulièrement constatées, entraînant une incapacité absolue de travail, la pension peut être liquidée même avant cinquante ans, en proportion avec les versements faits.

Le déposant a le choix entre deux natures de rentes : l'une avec abandon du capital versé, l'autre avec réserve du capital à son décès. Le taux minimum des versements est de un franc et de deux francs lorsque le déposant étant marié, le versement doit profiter par moitié à son conjoint.

Les quatre tableaux qui suivent et qui ont été publiés par MM. Mozet et Delalonde, dans le dernier rapport annuel qu'ils ont adressé aux ouvriers de leur maison, participant aux bénéfices, instruisent suffisamment le lecteur curieux de se rendre compte des énormes avantages faits à l'épargne par les caisses des retraites.

— 288 —

TABLEAU Nᵒ 1

Rentes viagères produites par un versement annuel de 25 francs (capital réservé).

AGE AU PREMIER VERSEMENT	JOUISSANCE DE LA RENTE A			
	50 ANS	55 ANS	60 ANS	65 ANS
20 ans . .	115 35	183 93	304 13	537 35
25 — . .	78 78	127 83	213 85	380 23
30 — . .	51 68	86 48	147 »	263 90
35 — . .	34 83	56 05	97 95	178 53
40 — . .	17 40	33 98	62 40	116 63
45 — . .	7 13	18 25	37 03	72 48
50 — . .	»	7 33	19 40	41 83
55 — . .	»	»	7 58	21 23
60 — . .	»	»	»	8 »

TABLEAU Nₒ 2.

Rentes viagères produites par un versement annuel de 50 francs (capital réservé).

AGE AU PREMIER VERSEMENT	JOUISSANCE DE LA RENTE A			
	50 ANS	55 ANS	60 ANS	65 ANS
20 ans . .	230 70	367 85	608 25	1.074 70
25 — . .	157 55	255 85	427 70	760 45
30 — . .	103 35	172 95	294 »	527 80
35 — . .	63 65	112 10	195 90	357 05
40 — . .	34 80	67 95	124 80	233 25
45 — . .	14 25	36 50	74 05	144 95
50 — . .	»	14 65	38 80	83 65
55 — . .	»	»	15 16	42 45
60 — . .	»	»	»	16 »

TABLEAU N° 3

Rentes viagères produites par un versement annuel de 75 francs (capital réservé).

AGE AU PREMIER VERSEMENT	JOUISSANCE DE LA RENTE A			
	50 ANS	55 ANS	60 ANS	65 ANS
20 ans . .	346 05	551 78	912 38	1.612 05
25 — . .	236 33	383 78	641 55	1.140 68
30 — . .	155 03	259 43	441 »	791 70
35 — . .	95 48	168 15	293 85	535 58
40 — . .	52 20	101 93	187 20	349 88
45 — . .	21 38	54 75	111 08	217 43
50 — . .	»	21 98	58 20	125 48
55 — . .	»	»	22 73	63 68
60 — . .	»	»	»	24 »

TABLEAU N° 4

Rentes viagères produites par un versement annuel de 100 francs (capital réservé).

AGE AU PREMIER VERSEMENT	JOUISSANCE DE LA RENTE A			
	50 ANS	55 ANS	60 ANS	65 ANS
20 ans . .	461 40	735 70	1.216 50	2.149 40
25 — . .	315 10	511 70	855 40	1.520 90
30 — . .	206 70	345 90	588 »	1.055 60
35 — . .	127 30	224 20	391 80	714 10
40 — . .	69 60	135 90	249 60	466 50
45 — . .	28 50	73 »	148 10	289 90
50 — . .	»	29 30	77 60	167 30
55 — . .	»	»	30 30	84 90
60 — . .	»	»	»	32 »

17

Est-il rien de plus philanthropique que cette institution de prévoyance ? Quand on songe à la facilité qu'elle donne à l'ouvrier de se créer un véritable
avenir, de s'assurer la sécurité de la vieillesse, on
se dit que tout travailleur raisonnable des villes pourrait, s'il le voulait, épargner les *vingt-huit centimes
par jour* (4 fr. 17 par paie de quinzaine), nécessaires à la constitution des rentes indiquées au
4e tableau et que ceux des campagnes, si cette économie leur paraissait trop lourde, pourraient encore
en la réduisant de moitié, préserver leur vieillesse
de la misère. Hélas ! il n'en n'est pas ainsi et les
bienfaits de la caisse de retraites ne sont encore
appréciés que par la minorité des ouvriers; la masse
étant insouciante, prodigue ou ignorante. *On espère
bien ne jamais être malade, on a bien le temps !*

Pourquoi l'ouvrier ne laisserait-il pas, entre les
mains du patron, un tant pour cent de son salaire
que ce dernier serait tenu de verser pour les retraites
entre les mains de l'Etat, en y ajoutant, au besoin,
à titre de gratification, des petites sommes ? Système d'encouragement à méditer selon nous.

*
* *

La maison d'entreprise de peinture LECLAIRE,
qu'il faut toujours citer en première ligne, lorsqu'on
veut parler de prévoyance et de mutualité, grâce
aux réformes bienfaisantes dues à l'homme de bien,
au philanthrope éclairé dont elle porte encore le
nom, a depuis de longues années, nous l'avons

vu, introduit le système de la participation aux bénéfices chez elle. Elle sert de plus, suivant le vœu qu'avait exprimé M. LECLAIRE, des pensions viagères de *mille francs* à ses sociétaires qui ont vingt ans de bons et loyaux services et cinquante ans d'âge, des pensions de *cinq cents francs* aux veuves de sociétaires et d'autres secours plus ou moins importants. Aussi les nombreux ouvriers de cette honorable maison, sûrs qu'ils sont d'avoir le pain des vieux jours assuré et débarrassés, par conséquent des angoisses de l'avenir, sont-ils des modèles de conduite, de dévouement et de travail. Ce n'est pas avec eux que les grèves pourraient réussir. M. LECLAIRE (rappelons qu'il fut d'abord ouvrier), a su mener, d'une main ferme et sûre, ses propres intérêts et ceux de ses ouvriers ; il a organisé sa maison et réglé les statuts qui l'administrent encore avec une telle somme de sagesse que lui disparu depuis près de vingt ans, rien de ses créations n'a périclité.

Plus de pauvreté pour l'ouvrier malade, ni pour celui que l'âge condamne au repos, telle est la noble devise de cette maison. Ces résultats qu'elle a obtenus, s'ils devenaient, non pas l'exception, mais la règle, détermineraient la solution pacifique du plus redoutable des problèmes économiques et sociaux : *l'alliance entre le capital et le travail* qui amènerait forcément la paix publique.

★
★ ★

Pour mettre à l'abri de tout événement fâcheux les fonds provenant des institutions de prévoyance particulières que certains établissements industriels conservaient jusqu'ici pour les faire valoir, il a été présenté à la Chambre des députés un projet de loi ayant pour but de créer une caisse d'Etat où ces fonds seraient déposés d'une manière incessible et insaisissable et assurés contre tout péril au moyen d'un placement en valeurs de tout repos.

Cet établissement auquel le projet donne le titre de *Caisse générale de prévoyance industrielle, commerciale et agricole*, serait géré par la Caisse des dépôts et consignations. Il prendrait en garde les sommes appartenant aux coopérations, sociétés de secours mutuels, etc. Une commission supérieure, chargée de sa direction, présenterait un rapport annuel sur la situation morale et matérielle de cette institution.

Cette création répond évidemment à une nécessité que certains désastres industriels ont fait ressortir depuis peu (1). Avec la caisse de prévoyance projetée, les risques amenés par les affaires ne seraient plus à redouter et les bénéficiaires n'auraient plus de craintes, puisque les chefs d'industrie ne détiendraient plus les fonds qu'ils gardaient et qui pouvaient recevoir le contre-coup de sinistres industriels. Ces épargnes, ces retenues sur les salaires

(1) Il s'agit ici de la cessation de paiements dans les usines de Terre-Noire, de la Voulte et de Bessège, dépositaires de fonds appartenant, à des titres divers, à leur personnel. Il y avait là jusqu'à une caisse d'épargne particulière.

seraient dès lors protégées et soustraites à tous les hasards.

Ce projet de loi sera certainement voté.

LES ASSURANCES CONTRE LES ACCIDENTS

Une caisse d'assurances mutuelles contre les accidents a été créée en France sous la garantie de l'Etat, par la loi en date du 11 Juillet 1868 et le décret du 10 août de la même année. La maladie, la blessure, le chômage, tout accident enfin qui suspend le travail et enlève momentanément à l'ouvrier son salaire, est considéré comme un sinistre.

La loi de 1868 qui autorise les sociétés de secours mutuels, les compagnies de chemin de fer, les grandes industries etc., à contracter des assurances collectives au profit de leur personnel, a prévu trois sortes d'assurances collectives contre les accidents : 1° l'assurance collective *sans clause de substitution* ; 2° l'assurance collective *avec clause de substitution et nombre fixe d'assurés* ; 3° l'assurance collective *avec clause de substitution et nombre variable d'assurés*.

Dans la première catégorie, chaque assuré reçoit un livret individuel qui lui donne droit à l'assurance pendant toute l'année. Les autres combinaisons permettent de remplacer les membres qui ne font plus partie du personnel de l'établissement qui a contracté l'assurance collective.

En dehors de cette institution, diverses compagnies particulières ont créé des assurances collectives ou personnelles contre les accidents, mais elles ne servent aucune indemnité en outre des accidents arrivés dans le cours du travail.

L'ouvrier blessé légèrement reçoit généralement après visite du médecin de la compagnie, la moitié de son salaire pendant un laps de temps fixé au contrat ; une rente annuelle et viagère, dont l'importance est variable, est servie aux victimes d'accidents entraînant une incapacité permanente de travail. Enfin les veuves et les enfants mineurs des morts reçoivent une indemnité proportionnelle au salaire du chef de la famille disparu.

Nous avons dit que plusieurs des syndicats groupés sous le titre de Chambres Syndicales de l'Industrie et du Bâtiment, avaient créé des assurances mutuelles contre les accidents arrivés à leurs ouvriers ou provenant du fait de ces derniers. Ces Chambres sont celles de la Charpente, de la Maçonnerie, de la Couverture, de la Serrurerie etc. Les frais d'administration de ces assurances étant peu considérables, permettent la distribution à leurs membres d'une partie de l'excédent de la situation annuelle, les fonds de réserve étant mis à part. En un mot, le bénéfice que les compagnies d'assurances prélèveraient, est réparti entre les associés dont la sécurité est complète et dont les intérêts sont parfaitement dirigés.

Il existe à Paris une *association parisienne*

des industriels pour préserver les ouvriers des accidents du travail, qui a été constituée par des chefs d'établissement notables de la ville. Ces hommes, soucieux de leurs intérêts et de la vie de leur personnel, se sont demandé s'il n'y aurait pas quelque mesure à prendre afin de leur éviter la possibilité de devenir victimes, ou de leur propre imprudence ou de l'imprévoyance de leurs ouvriers, et ils ont résolu de s'unir *dans un but préventif,* de grouper les efforts et les expériences de chacun pour conjurer les accidents par tous les moyens que la science, soutenue par le dévouement, est susceptible d'inspirer.

La nature et le but de cette association, recommandable à tous égards, sont du reste, parfaitement définis par l'article 2 de ses statuts, rappelé sommairement ci-dessous :

Art. 2. L'association a pour but:

1° De prévenir les accidents qui peuvent frapper les ouvriers dans les travaux mécaniques, dans les industries chimiques ou physiques, dans les chantiers de construction, de travaux publics ou agricoles;

2° De rechercher les moyens les plus efficaces de préservation, en rassemblant les expériences faites et en les mettant à profit et ce, par des inspections fréquentes ; par la communication des moyens les plus propres à garantir l'ouvrier ; par l'indication des meilleures dispositions à adopter ; par des publications qui pourront comprendre des articles de jurisprudence spéciale.

L'association exerce son action au moyen d'inspecteurs, véritables ingénieurs-conseils des industriels en matière d'accidents, qui visitent avec eux leurs usines et leurs ateliers et indiquent les mesures à prendre pour diminuer les dangers que présentent l'outillage ou le travail, en conciliant les nécessités matérielles avec les procédés de sécurité et de protection que la science et l'expérience ont sanctionnés.

L'utilité d'une pareille association est incontestable. Elle a déjà produit une diminution notable des accidents. A Rouen et à Mulhouse, il existe des associations analogues depuis plusieurs années.

« A Mulhouse, dit M. Engel-Dollfus, l'association a pu éviter 50 % des accidents qui se produisaient avant son intervention, et elle en aurait évité 64 %, si toutes ses prescriptions avaient été suivies. »

En Angleterre, où existe aussi l'inspection préventive, le nombre des machines ayant augmenté, depuis son existence, de 30 %, celui des accidents ne s'est accru que dans une très faible proportion (6 %).

*
*

La question des accidents du travail est à l'ordre du jour ; son intérêt est considérable. Elle a fixé sur elle, dans ces dernières années, l'attention des législateurs et du monde industriel. En Allemagne,

le parlement a établi l'assurance obligatoire, par
une association forcée des patrons. La loi en fut
mise en vigueur le 1ᵉʳ octobre 1886 ; elle alloue une
indemnité de chômage et les soins nécessaires pendant treize semaines après l'accident et ensuite en
cas d'incapacité, une rente proportionnelle au salaire obtenu pendant la dernière année de travail.
Trois millions et demi d'ouvriers environ sont maintenant assurés. Les primes et les indemnités sont
fournies en entier par les patrons.

En Autriche, l'obligation existe de même depuis
le 1ᵉʳ avril 1888. Les industries soumises à l'assurance sont classées par catégories d'après le
nombre moyen d'accidents survenus dans chacune
d'elles. Les primes sont payées par l'entrepreneur
pour 90 % et par l'assuré pour le reste. En
cas d'incapacité absolue de travail, l'assuré a droit
à une rente égale à 60 % de son salaire. En cas de
décès, il est alloué à la famille une rente fixée en
centièmes du salaire annuel : ainsi la veuve reçoit,
jusqu'au jour où elle viendrait à se remarier, 20 % ;
chaque enfant légitime a droit à 15 % jusqu'à sa
quinzième année. L'enfant illégitime n'est pas
repoussé, mais il n'a droit qu'à 10 %. Toutes ces
rentes réunies ne doivent pas dépasser 50 % du
salaire annuel.

On sait qu'en France une loi analogue se prépare;
elle aura à déterminer la part des responsabilités;
si cela est possible. Nous trouvons pour notre
part, que l'œuvre est bien difficile.

17.

Cette question très délicate et très complexe des responsabilités est réglée par les articles 1382 et 1383 du Code civil, ainsi conçus :

« *Art. 1382. Tout fait quelconque de l'homme qui cause à autrui un dommage, oblige celui par la faute duquel il est arrivé, à le réparer.*

« *Art. 1383. Chacun est responsable du dommage qu'il a causé non seulement par son fait, mais encore par sa négligence ou son imprudence.* »

Ces textes, fort incomplets, ont motivé une foule de jugements plus ou moins contradictoires.

La Cour de Bourges a, par exemple, déclaré que « les entrepreneurs de travaux publics ne sont pas responsables des blessures occasionnées aux ouvriers qu'ils emploient, par l'usage indispensable d'instruments dangereux, lorsque les précautions usitées ont été prises et que d'ailleurs les ouvriers blessés étaient instruits du danger ».

Tandis que la cour de Lyon affirme: « Qu'une Compagnie de chemin de fer est tenue à une réparation envers l'ouvrier qui, chargé d'étendre du gravier sur le chemin, a été atteint et blessé par un train au moment où il cherchait à enlever avec sa pelle des cailloux qui étaient placés sur un rail, et qu'il supposait pouvoir faire dérailler ce train, encore que les règlements prescrivent à tous les ouvriers de s'éloigner à l'approche des trains ».

Ces solutions, on le voit, sont loin d'être identiques. Etant donné le texte trop concis du Code, les sens divers que l'on en peut tirer, on ne comprend que trop les diverses appréciations qui en découlent, le parti qu'en peuvent tirer d'habiles avocats, la difficulté d'établir d'une façon bien précise la responsabilité qui incombe au patron du fait de son ouvrier, enfin la détermination des dommages auxquels le patron est tenu envers l'ouvrier blessé pendant son travail.

La loi attendue éclairera-t-elle d'un nouveau jour ces questions si ardues ? Nous l'espérons, sans oser trop y compter.

Par l'article 1ᵉʳ du projet, le patron est déclaré responsable de l'accident, quelle que soit la cause à laquelle il est dû, sauf le cas où il serait prouvé que la victime a volontairement provoqué l'accident.

Les articles suivants règlent les indemnités variant suivant l'importance du sinistre. C'est ainsi que, dans le cas d'une incapacité absolue, le tiers du salaire est acquis au blessé pour lui constituer une pension annuelle qui ne peut être inférieure à quatre cents francs.

***

En Italie, la caisse nationale d'assurances contre les accidents est une institution légale créée par les conventions et la loi de juillet 1883. Elle est dirigée par un comité exécutif avec un fonds de garantie de 1,500,000 francs dont la moitié fut fournie par les Caisses d'épargne de Milan. Elle fut ouverte en juillet 1884. Dans les six derniers mois de la même année, on délivra cinquante-quatre polices et le nombre des ouvriers assurés fut de mille six cent soixante trois. En 1886, on comptait trois cent quatre-vingt-sept polices assurant près de quatorze mille ouvriers. Les affaires de cette caisse sont lucratives ; elles n'accordent du reste d'indemnité que pour une incapacité de travail d'au moins un mois.

En Suisse, il existe une loi sur les accidents. Elle stipule qu'en cas de besoin, l'Etat fournirait gratuitement un avocat à la victime d'un accident. Le patron est obligé, dans un délai prescrit, de prévenir l'autorité de tout accident occasionnant une suspension de travail à l'ouvrier. En cas de refus de dommages et intérêts, l'Etat intervient encore. Le soin des procédures qui doivent être gratuits, est laissé aux gouvernements cantonaux.

LES ASSURANCES POUR LES OUVRIERS CONTRE LA VIEILLESSE ; LES INVALIDES DU TRAVAIL

Il n'est plus question ici de mutualité proprement dite, ni d'épargne volontaire, mais le sujet que nous allons examiner succinctement touche de près aux études précédentes et il nous a paru nécessaire de l'aborder.

On sait que des propositions ont été faites depuis de longues années, pour assurer aux travailleurs des ressources contre la vieillesse et l'incapacité de travail. Il nous souvient même qu'après les journées de février 1848, le palais des Tuileries fut destiné, par le peuple vainqueur, à l'habitation des invalides civils. Du moins, une inscription que nous pûmes lire longtemps sur les murs de ce palais, nous indiquait ce projet.

Il s'agit, dans l'espèce, d'arracher à la suprême misère des derniers jours, les ouvriers âgés ou infirmes qui sont repoussés des ateliers et qui n'ont pas su ou pu économiser pour parer à cette terrible situation que les aumônes de l'assistance publique ne font qu'adoucir médiocrement.

Des projets de loi ayant pour but de recueillir ces vieillards et ces blessés ont été souvent déposés au Parlement, mais ils n'ont jamais été discutés sérieusement. Les réactionnaires les ont constamment repoussés, les républicains des nuances modérées n'y ont point attaché d'importance ; quant aux révolutionnaires de toutes les couleurs, ils dédaignent tous les moyens d'améliorer le sort de la classe ouvrière proposés par les bourgeois qu'ils comptent bien culbuter, puisque ceux-ci représentent le patronat et qu'ils détiennent l'affreux, le monstrueux capital.

Il paraît donc très difficile d'appliquer en France le projet de la création de maisons de retraites, destinées à recevoir les invalides du travail.

C'est en Allemagne, c'est en Prusse qu'il nous faut chercher l'application de ces idées de protection qui ne sont autre chose que du socialisme raisonnable et pratique ! Socialisme d'état, si l'on veut, mais qui a l'énorme avantage d'enrayer le mouvement révolutionnaire.

Nous lisons dans l'un des numéros de novembre 1887 de la *Gazette de Cologne*, l'article suivant :

« Le conseil fédéral a adopté, dans sa séance plénière du 15 courant, divers projets se rapportant au budget de l'exercice 1888-1889.

« On connaît aujourd'hui les bases du projet d'assurances pour les ouvriers contre la vieillesse et l'incapacité de travail. Ce projet peut se résumer ainsi qu'il suit :

« Celui qui a atteint sa soixante-dixième année reçoit une pension de vieillesse ; celui qui est impropre au travail reçoit une pension d'invalide, laquelle peut, dans certains cas, être donnée en nature jusqu'à concurrence des deux tiers.

« Les ressources nécessaires pour assurer les rentes sont fournies, par tiers : par l'empire, par les patrons, par les assurés.

« Le montant de la part à prélever sur chaque journée de travail doit être fixé, au préalable, de manière à couvrir les frais d'administration, le quantième de la réserve et les deux tiers du capital à payer éventuellement en rentes.

« N'ont droit à une retraite totale que ceux qui ont acquitté chaque année leur cotisation pour 300 journées au moins.

« La pension d'invalide de 120 marcs (environ 150 francs), pour les hommes, s'augmente de 4 marcs par an après l'expiration des quinze premières années, jusqu'au maximum de 250 marcs (un peu plus de 300 fr.).

« La pension de vieillesse est de 120 marcs et cesse quand le bénéficiaire reçoit la pension d'invalide.

« Quant aux femmes, elles recevront les deux tiers des pensions attribuées aux hommes, dans les mêmes conditions. »

On le voit, comme nous le faisions pressentir au début de ce chapitre, c'est là en quelque sorte de l'épargne forcée et du secours. Mais le résultat obtenu, c'est-à-dire l'affreuse misère éloignée et les dernières souffrances épargnées, est digne d'émouvoir la fibre humanitaire des législateurs de tous les pays. Et ceux qui d'ordinaire, à l'approche de toutes les questions de ce genre, en déclarent l'application impossible, auront la bouche close, puisqu'un pays voisin se charge de leur démontrer, au contraire, la possibilité d'exécution.

Pour mener à bien des transformations sociales de cette haute valeur, il n'y a qu'à vouloir.

LES ASSURANCES CONTRE LA MALADIE

Le parlement allemand a voté, le 15 juin 1883, l'assurance obligatoire des ouvriers contre la maladie ; cette loi est en vigueur depuis le 1er janvier 1885. Il s'ensuit que les secours médicaux et les médicaments sont délivrés aux ouvriers malades qui, de plus, reçoivent pendant treize semaines la moitié de leur salaire habituel.

D'après la loi, les communes ont pour obligation

de fournir ces secours, la caisse de l'assurance étant alimentée par les cotisations des assurés. En dehors de l'assistance communale, tout groupe d'assurés composé de cent membres au moins, a le droit de former une association particulière. Les caisses industrielles de ce genre sont alimentées par une subvention d'un tiers versée par le patron ; les deux autres tiers sont le résultat d'une retenue sur les salaires. A la fin de 1886, plus de quatre millions d'ouvriers étaient ainsi assurés contre la maladie ; les dépenses de l'exercice se chiffraient par une somme de plus de cinquante millions et demi de marks.

EXEMPLES D'APPLICATIONS PARTICULIÈRES DU PRINCIPE DE LA MUTUALITÉ

En dehors des grandes sociétés de secours mutuels et des caisses de retraites pour la vieillesse placées sous la surveillance de l'Etat et dont nous parlons spécialement, nous citerons quelques créations particulières émanant de ce principe.

La SOCIÉTÉ DE LA VIEILLE MONTAGNE a créé, sous le patronage de son conseil d'administration, une *caisse des ouvriers* divisée en deux sections : la *caisse de secours* et la *caisse de prévoyance*, celle-ci à la charge de l'établissement, la première alimentée par un prélèvement de 3 % sur les salaires.

La caisse de secours est une caisse de secours mutuels ; la caisse de prévoyance distribue des secours temporaires ou permanents aux ouvriers devenus incapables de travail : par suite de blessures ou de maladies résultant de leur service, par suite d'un acte de dévouement au bénéfice d'un ouvrier ou d'un employé de la Société, enfin par suite de vieillesse.

Plus de dix-huit mille personnes (ouvriers et leurs familles) jouissent des bienfaits de ces institutions (1).

A Liège, il existe une société dite des *artisans réunis*, qui admet tous les travailleurs, sauf les métallurgistes. Elle les admet de seize à trente-cinq ans et leur réclame alors un versement mensuel de 1 fr. 55 ou 1 fr. 05, suivant la catégorie d'indemnité choisie, soit 2 fr. par jour pendant trois mois et 1 fr. pendant les six mois suivants ou 1 fr et 0 fr. 50 pour les mêmes durées. De trente-cinq à quarante-cinq ans, l'admission coûte de 15 à 27 fr. et le versement mensuel est fixé à 2 fr. 05 ou à 1 fr. 55, suivant la catégorie désignée (2).

A Mons, une société de secours mutuels admet tous les ouvriers des deux sexes de dix-huit à quarante ans. La cotisation est de 0 fr. 25 par semaine ; le sociétaire malade reçoit 1 fr. 50 par jour pendant

(1) E. O. Lami, *Rapport sur les travaux du jury de la classe 3, à l'Exposition universelle d'Anvers.*

(2) *Id.*

trois mois et 0 fr. 75 pendant les neuf mois suivants. L'ouvrière en couches reçoit 10 fr. pour neuf jours (1).

A Sienne, la société de secours mutuels qui comprend des magasins coopératifs, réclame de ses membres 0 fr. 20 par semaine à partir de dix-huit ans ; au-dessous de cet âge et depuis onze ans, les sociétaires ne paient que 0 fr. 10, mais ne participent que pour moitié dans les avantages stipulés par les statuts (2).

A Paris, l'*Association des voyageurs et des commis de l'industrie et du commerce*, qui compte environ quatre mille cinq cents membres, est une société de secours mutuels qui assure une indemnité journalière de 4 francs, les soins médicaux, une pension de retraite à l'âge de soixante ans, des secours aux veuves et aux orphelins ; elle procure des emplois à ses sociétaires et les assure contre les accidents, même contre ceux des chemins de fer (3).

Une autre société, l'*Union fraternelle*, assure une pension de 1,200 francs au sociétaire qui aura économisé dix centimes par jour pendant quarante-quatre ans et trois mois ; ainsi celui qui entre à vingt ans à l'*Union*, obtient cette pension à soixante-quatre ans et trois mois sans qu'il ait déboursé une

(1) E. O. Lami, *idem*.
(2) *Id*.
(3) *Id*.

somme supérieure à 1,593 francs. Les deux sexes étant admis, un ménage pourrait donc avoir, avec vingt centimes épargnés journellement, 2,400 francs de rente à un âge relativement peu avancé. Cette société comptait mille huit cents adhérents en 1885 et son capital était de 1,102,463 francs (1).

L'*Association des Industries de Paris* possédait à la même époque un capital de 760,000 francs ; ses membres doivent être au moins au nombre de dix mille. Elle a pour but d'assurer à ses sociétaires une retraite aux travailleurs âgés de cinquante-cinq ans et ayant au moins quinze ans de sociétariat.

Citons encore la société *la Fourmi*, mutualité qui a un but tout spécial, celui de placer les épargnes de ses adhérents en obligations à lots. Elle a été fondée en 1879 : elle compte actuellement vingt mille adhérents et cinq millions de capital engagés dans six premières séries d'opérations ; la septième série datant seulement du 1ᵉʳ mai 1887. Chaque sociétaire, après avoir payé un droit de 5 francs pour entrée, livret et timbre, s'engage à verser 3 francs par mois par chaque part souscrite dans une ou plusieurs séries. Après dix années d'opérations, chacune des séries est liquidée.

La *Fourmi* a en portefeuille plus de 17,000 obligations.

La *Société de secours mutuels et de prévoyance des ouvriers de la Compagnie du chemin de fer d'Orléans*, comptait en avril 1887, mille trois cent

(1) *Id.*

cinquante-trois sociétaires admis à jouir de la pension ; le nombre de veuves ou d'orphelins secourus annuellement et viagèrement était de deux cent onze au 30 décembre 1886 ; le personnel de la Société comprenait onze mille six cent deux membres. Le taux de la pension est de 290 francs ; les secours viagers aux veuves et orphelins de 145 francs, ceci non compris les droits de retraite de chaque employé de la Compagnie.

Les grands magasins du Bon Marché ont une caisse de prévoyance fondée en 1876 par M. Boucicaut ; elle est alimentée au moyen d'une participation aux bénéfices et s'est largement développée. Au 31 juillet 1886, neuf cent quatre-vingt-quinze employés, ayant chacun un compte individuel, y participaient et les sommes attribuées à la caisse depuis l'origine formaient un total de plus d'un million de francs.

A côté de cette institution, qui a pour objet d'amasser un patrimoine pour chaque participant, nous avons vu Mme veuve Boucicaut créer une caisse de retraites dont le fonctionnement a été expliqué précédemment (1).

Au familistère de Guise, dont nous avons parlé au chapitre consacré à la participation, il est installé une *assurance mutuelle des pensions et du nécessaire à la subsistance* et une *assurance mutuelle contre la maladie.*

(1) Voyez pages 233 et 234.

Les ressources de ces assurances se composent de retenues sur les salaires, du produit des amendes infligées pour infraction aux règlements d'ateliers et de subventions diverses.

La première de ces assurances rend les services suivants :

Elle sert des pensions dont le minimum est de 75 francs par mois pour les hommes et de 45 francs pour les femmes à toute personne associée, attachée par d'anciens services à l'établissement et qui est notoirement dans l'incapacité de travailler.

Les pensions des hommes et des femmes *sociétaires* sont de 60 francs et de 35 fr. au minimum.

Les *participants* et les ouvriers auxiliaires reçoivent des secours journaliers dont le montant est fixé d'après les années de présence à l'établissement (1).

Les orphelins d'associés ou de sociétaires sont placés, par les soins du comité de l'assurance, dans une famille où ils reçoivent les soins et l'éducation nécessaires.

La deuxième assurance (celle contre la maladie), fournit aux sociétaires malades les soins du médecin, les médicaments et des allocations pécuniaires.

Nous avons déjà vu apparaître, dans ces études, le nom de l'homme de bien, du philanthrope éclairé auquel on doit l'institution des divers systèmes de mutualité dont sont dotés les établissements de

1) Voir sur les diverses situations des participants, l'article consacré au Familistère de Guise, pages 230 et suiv.

Guise et de Laëken près Bruxelles. C'est encore à
M. Godin qu'il faut être profondément reconnaissant de ces fondations admirables.

Les associations fondées par le baron Taylor,
telles que *l'association des artistes dramatiques,
l'association des artistes peintres, sculpteurs,
architectes, graveurs et dessinateurs*, etc.; doivent
être mentionnées ici à titre d'exemple; elles ne réclament de leurs adhérents qu'une modeste cotisation annuelle de 12 francs, servent des rentes de
1,200 francs aux sociétaires ayant soixante ans d'âge
et trente ans d'inscription et distribuent des secours
mutuels et temporaires aux membres de l'association
dont l'âge ou la situation réclame leur assistance.

Au 31 décembre 1886, la seconde des associations
dont nous parlons comptait six mille sept cent
trente-sept adhérents ; les dépenses en pension et
secours ont atteint en, 1887, la somme de
87,630 francs. Enfin, depuis son origine, l'association des artistes peintres, etc., a distribué à fin
décembre 1887, l'énorme somme de 1,415,472 francs.

La *Compagnie du chemin de fer du Nord* a
institué au bénéfice de son personnel des pensions viagères ; celle *de l'Ouest*, une caisse de
retraites et une société de secours mutuels pour
ses ouvriers. Les autres grandes Compagnies ont
établi de pareilles institutions.

Il serait facile de continuer cette nomenclature ;
mais ce travail nous entraînerait trop loin. Du
reste, les exemples que nous venons de citer suf-

fisent pour convaincre l'esprit sérieux de la nécessité d'étendre encore davantage les bienfaits de la mutualité qui ont pour résultats : l'ordre, le devoir, l'union sociale, l'affirmation du principe de la fraternité.

CONCLUSION

Le lecteur impartial qui a bien voulu nous suivre jusqu'ici, doit être convaincu que la plupart des idées émises dans ce livre peuvent se résumer dans cet axiome :

Le capitaliste, qui n'est que le détenteur du fruit du travail accumulé (1), doit s'allier de plus en plus étroitement au travailleur. Ces deux représentants des forces industrielles ont pour devoir de s'unir et non de se combattre, l'un représentant la richesse d'aujourd'hui, l'autre celle de demain.

Cette alliance, plus indispensable que jamais, doit avoir nécessairement pour bases : la raison, l'équité, la justice, le bien public et la fraternité.

Sous le régime libre et progressif dont nous jouissons, l'antagonisme entre ceux qui dirigent le

1) J.-B. Say définit ainsi le capital : *la simple accumulation des produits;* pour Rossi, c'est : *un produit épargné et destiné à la reproduction.* Avec J. Garnier, nous pensons que le capital est le fruit d'une industrie antérieure, c'est-à-dire qu'il est du *travail accumulé,* qu'il soit représenté par des espèces ou qu'il soit transformé, en vertu de son rôle d'instrument des échanges, en immeubles, en produits, en outils, etc.

travail et ceux qui l'exécutent est plus qu'un non-
sens, car ce désaccord, c'est la ruine à brève
échéance pour tous les deux et plus que cela encore :
il y a là un grand péril social qu'il faut signaler
sans cesse à ceux qui s'endorment dans l'espoir
d'un paisible lendemain.

C'est une banalité que d'affirmer la nécessité de
l'ordre dans l'Etat. L'ordre dans le travail n'est
pas moins nécessaire et vérité incontestable, c'est
lui qui assure partout la sécurité.

La tranquillité ne règne, en effet, que lorsque
l'organisation de tous les rouages industriels est
sage et bien réglée, lorsque la production est justement rétribuée. L'attribution, à tout collaborateur
sérieux, d'un intérêt dans l'œuvre entreprise, l'établissement et la facilité de moyens d'épargne assurés aux travailleurs, établissent définitivement
l'harmonie sociale qui est l'ordre.

Au contraire, le désordre procède de la désorga-
nisation, amenée souvent par la résistance à tout
progrès, des entraves à la liberté du travail,
obstacles que suivent les grèves et la pauvreté
générale.

En résumé, l'ordre et le désordre, la prospérité
et la misère, sont entre les mains des forces productives de la nation.

Patrons et ouvriers sont aujourd'hui respectivement groupés ; ils ont, les uns et les autres, leurs
comices, qui sont leurs *Syndicats*. Ces institutions
sont-elles faites pour s'entre-déchirer ? Non certes :

leur fonction est de concilier, de pacifier, d'intervenir avec l'esprit de concorde, dans tous les différents qu'amènent les divers services de la production. Nous avons parlé des *commissions mixtes*;
leur fonctionnement s'impose. Elles ne sont guère
repoussées que par les partisans de la suppression
du patronat, la plus chimérique des utopies.

En théorie, l'*Association dans le travail* semble
toucher à la perfection; elle a tout pour séduire
les esprits généreux. Mais comme toutes les conceptions idéales de ce genre, elle est, sinon inap-
plicable, du moins très prématurée. Outre que
l'inégalité des facultés physiques, des aptitudes intellectuelles et professionnelles implique forcément des
différences de situations sociales et, par suite, de
rétribution, cette inégalité devient une source de divisions intestines, surtout là où l'égalité est décrétée.

L'association de production nécessite une direction. Or, le directeur d'une association de ce genre
joue absolument le même rôle que le patron actuel;
il en a toutes les préoccupations, toutes les difficultés matérielles et morales. Il est donc de toute
justice, à cause de toutes ces charges, parfois
écrasantes, de le rétribuer plus largement que ses
co-associés, qui n'ont ni les mêmes soucis, ni les
mêmes responsabilités. Eh bien, cette nécessité de
reconnaître et de rétribuer les services rendus à
l'association tout entière, nous l'avons vu de nos
propres yeux, est un écueil sur lequel vient se
briser très souvent l'association.

Pourquoi se leurrer? L'esprit de fraternité poussé
à sa suprême puissance n'est point encore ancré
dans nos cœurs ; il ne sera pas de longtemps suffisamment compris, pour que l'homme ne tienne plus
compte de la capacité, au profit des déshérités par
la nature. Car l'association véritablement fraternelle exige ce sacrifice qui n'est que l'affirmation
du droit *égal* à jouir des conditions de l'existence (1).

Triste vérité à dire : transportez un esprit supérieur au milieu d'une réunion quelconque d'hommes
que les affaires étreignent; qu'il s'y distingue, voici
les résultats que vous obtiendrez : La conception
vive, l'élévation et la hardiesse des pensées, la largeur de vues, la critique judicieuse, l'abnégation
même, si elle présente quelque fierté, toutes ces
qualités primordiales deviendront autant de motifs
de basse envie. Bientôt abreuvé d'amertume et de
dégoûts, cet homme s'échappera en gémissant et
fuira les rivalités indignes que lui suscitent les
médiocrités brutalement satisfaites d'avoir fait rentrer cette force vive, cette puissance intellectuelle
dans le rang.

L'application du principe de l'association vraie
est donc, nous l'avons déjà dit, au-dessus des forces
humaines tant que l'homme ne pourra se débar-
rasser de la défiance, de l'envie, de la jalousie, tant
qu'il n'aura pas mis en pratique cette doctrine du

(1) C'est l'opinion de Morelly, de l'abbé de Mably, de
J.-J. Rousseau et des socialistes modernes.

Christ qui, dit l'illustre écrivain Louis Blanc :
« soumet la puissance des uns aux besoins des
autres, qui fait dériver d'aptitudes plus grandes,
de plus grands devoirs et non de plus grands
droits (1) ». Les temps futurs verront peut-être
éclore cette loi d'amour, mais ce n'est encore là
qu'une vision, qu'une hypothèse sublime.

De nos jours, l'association dans l'atelier ne peut
remplacer l'égoïsme individuel que par l'égoïsme
collectif, plus puissant encore. Pourquoi, dès lors,
au lieu d'améliorer l'organisation actuelle, vouloir
la détruire de fond en comble, pour lui substituer
un ordre social aussi imparfait qu'elle-même (2) ?

Il faut être plus pratique et chercher le bien
général ailleurs.

C'est sous une autre forme, et des plus équitables,
que l'association doit être introduite dans l'industrie,
sans destruction, sans bouleversement, sans ruines.
Cela paraîtrait une utopie, ou tout au moins une
entreprise téméraire, si les exemples n'étaient
donnés : nous voulons que deux ennemis jurés se
tendent cordialement les mains, que des haines
séculaires disparaissent, qu'en un mot l'ouvrier
s'associe avec son patron, sous la forme rationnelle

---

(1) *Révolution française.*
(2) On nous objectera que certaines associations de production ont existé, qu'il en existe encore. Mais hélas, nous en
avons vu sombrer qui paraissaient cependant bien solidement
assises. L'association de production, jusqu'ici, n'a pu
durer. Il faut compter avec les passions et les infirmités
morales de la race humaine.

et pratique de la *Participation aux bénéfices de l'Entreprise.*

Il nous paraît juste de distribuer à l'ouvrier fidèle à son devoir, et en plus du salaire librement débattu, une part du résultat final des opérations auxquelles il a été mêlé et qu'il a contribué à rendre fructueuses. Ce système de participation l'intéresse vivement au succès de la maison qui l'occupe ; elle ne lui est plus étrangère, son indifférence d'autrefois disparaît. C'est un appel puissant parce qu'il est intéressé, à son dévouement, à son zèle, à sa probité même. Qui ne voit là la morale reconquise, l'amour du travail et de l'économie énergiquement stimulés ? Quel est l'homme de bonne foi qui ne serait touché de ces avantages, auxquels il faut ajouter la crainte du désordre et, comme conséquence, la paix publique affermie, car cette paix ne sera jamais troublée par celui qui possède enfin et qui, par là, se sent légitimement assuré de son avenir ?

L'avenir de l'ouvrier, le pain des vieux jours du travailleur ! Ce sera, aux yeux de la postérité reconnaissante, la gloire du XIX\ :sup: siècle d'avoir voulu résoudre ce redoutable problème de la suppression de la misère imméritée. Aussitôt que cette grave question, d'un intérêt suprême se soulève, apparaissent les *Sociétés de secours mutuels* et les *Caisses de retraites,* créations admirables qui apportent sa solution. Ces institutions de prévoyance, devenues les compléments indispen-

18.

sables de la participation aux bénéfices, sont, en effet, seules capables de soustraire aux dernières souffrances de la vie, l'ouvrier que rendent incapables de travail, la vieillesse et ses infirmités.

Aussi est-il un devoir impérieux pour tous les hommes de cœur qu'intéressent la fortune industrielle de la patrie, la paix intérieure et l'amour de l'humanité : c'est de généraliser la connaissance des bienfaits que répandent ces institutions de mutualité, si peu connues dans le monde ouvrier dont l'insouciance est extrême. *L'Enseignement professionnel supérieur*, qui comprend des études sur ces matières, est l'un des moyens les plus actifs à employer pour arriver à ce but ; de zélés apôtres sortiront de ces cours bienfaisants. Mêlés à la population ouvrière, ces hommes imbus d'idées aussi généreuses qu'applicables, marcheront à la conquête des esprits. Ils multiplieront ainsi les adhésions aux associations coopératives de l'épargne et de la consommation, et feront, à leur tour, œuvre de moralisation et de relèvement social. C'est là une question de salut.

*
* *

Autrefois, du temps des corporations et des privilèges (qui dit l'un, dit l'autre), lorsque le travail était captif et la maîtrise un monopole, le compagnon était de la maison du maître, que celui-ci fût guidé par son intérêt bien compris, ou par quelque sentiment d'amitié pour son inférieur. Ce compagnon faisait même parfois, en quelque sorte, partie de la famille du chef du métier. Il y avait là comme une réminiscence des époques patriarcales. De cette situation, acquise du reste, par l'ouvrier, à force de sacrifices de temps et d'argent (1), naissaient des sentiments de reconnaissance et de dévouement à la maison dans laquelle il était occupé et qu'il ne quittait qu'à regret.

Les temps sont changés. Sous le souffle puissant de notre grande Révolution, l'industrie s'est débarrassée de ses liens, les communautés des métiers ont disparu; mais avec elles s'est envolé cet esprit confraternel et bienveillant qui animait jadis, avant l'affaiblissement des idées de charité chrétienne surtout, le maître et l'artisan, sentiment remarquable auquel surtout sont dus la force, la vitalité, la puissance même des corporations.

Puis une guerre acharnée s'est déclarée : le *Capital*, cette puissance qui a pour principale mission d'alléger l'œuvre pénible du travailleur en mettant à sa disposition les forces de la nature sous la forme des machines, le capital, méconnaissant son rôle en imposant des conditions trop dures et onéreuses, a été battu en brèche et c'est

(1) Nous savons que la durée de l'apprentissage était excessive; qu'il en coutait en moyenne 500 livres pour y être admis ; que, de plus, l'apprenti avait à solder, en entrant, des droits de cire, de confrérie, de chapelle, etc., etc., qu'il payait annuellement ensuite une cotisation annuelle destinée à l'acquit des charges de la communauté, etc., etc.

sur son nom que l'on a établi la désunion entre les deux variétés de producteurs.

Comment faire revivre l'entente disparue, si ce n'est en rendant l'ouvrier capitaliste — la participation faisant ses versements aux caisses de retraites permet cette transformation, — c'est-à-dire en l'attachant de nouveau, et cette fois par les liens étroits de l'intérêt et de la sécurité personnels au chantier, à l'usine, à l'atelier, auxquels il livre ses forces, son talent, son énergie? Que ceux qui connaissent un moyen plus facile d'arriver à ce but si désiré l'indiquent; nous serons des premiers à nous soumettre humblement et sans la moindre arrière-pensée à leurs lumières.

*
* *

Si nous quittons le terrain purement économique où nous venons de nous placer, pour nous transporter sur le domaine industriel français afin d'envisager son avenir menacé par la concurrence étrangère, il nous faudra insister sur la nécessité absolue du développement des *Écoles professionnelles*, des *Cours pratiques des métiers*, des *Musées* et *Bibliothèques techniques*. Nous avons vu, dans les chapitres qui précèdent, les nations voisines multiplier ces institutions qu'elles entourent de soins jaloux; nous les avons vues attirer vers elles et retenir tous les éléments de succès, jusqu'à nos meilleurs ouvriers, imitant ainsi notre immortel Colbert,

lorsqu'il introduisit en France les industries floris-
santes d'au delà de nos frontières.

Nous songerons aussi à *l'Invention*, souvent
méconnue et repoussée, pour la soustraire à l'examen des commissions officielles dont les lenteurs et
l'incompétence sont hors de doute. Les Chambres
syndicales ont encore là une belle mission à remplir ; leur indépendance et leur savoir le leur prescrivent : ce sont elles qui devront désormais signaler les découvertes industrielles à l'Etat, qui n'aura
plus qu'à venir en aide à l'invention utile, afin de
ne pas laisser l'étranger profiter des efforts de notre
génie national.

*
* *

Aimez-vous, aidez-vous les uns les autres : non
en faisant comme autrefois de la charité bruyante,
orgueilleuse, toute d'ostentation, mais bien en
forçant à l'épargne par des moyens faciles. Il n'est
rien de mieux à faire à tous les points de vue, même
à ceux du profit général. Ces sentiments généreux,
cet esprit pratique ont fait agir les LECLAIRE, les
BOUCICAUT, les GODIN, âmes d'élite dont l'humanité a le droit, à juste titre, de s'enorgueillir. La
plus forte preuve de leur grande valeur, c'est que
l'application de leurs idées est repoussée par les
énergumènes soi-disant socialistes, qui n'ont d'intérêt que dans la division et la lutte des classes, en
attendant de plus grands désordres à l'aide des-

quels ils pourraient satisfaire leurs détestables ambitions (1).

*
* *

Nous ne nous appesantirons pas sur les autres questions traitées dans notre œuvre ; néanmoins, nous en ferons remarquer l'importance et l'actualité. Celles concernant les *Crises industrielles*, la *Taxe de séjour* et la proscription des étrangers, les réformes réclamées concernant la juridiction des *Prud'hommes* et le *Tribunal de commerce* ont certainement une grande valeur d'à-propos. Parmi ces réformes, nous signalerons particulièrement celle touchant la loi sur les faillites dont il est nécessaire de dire ici deux mots.

Actuellement, le commerçant seul peut être déclaré en faillite. Les non commerçants insolvables ne peuvent être atteints par cette consécration légale de la cessation de paiements ; ils restent

(1) Nous n'exagérons pas. On a vu plus haut (page 64), la déclaration, relativement très modérée de M. Finance. A l'exposition ouvrière de 1886, le rapporteur ouvrier, M. Brébant disait textuellement : « Il y a, dans la participation aux bénéfices, une hypocrisie de plus, le patron reprenant d'une main ce qu'il a donné de l'autre, et réussissant, en outre, par cet appât de bénéfices, à faire produire davantage à l'ouvrier ». Nous pourrions citer d'autres exemples de cet esprit étroit de haine qui poursuit, du reste, jusqu'aux associations coopératives de production : « associations qui n'ont guère réussi à sortir du prolétariat que quelques ouvriers devenus ensuite les propres exploiteurs de leurs anciens camarades », dit le même rapporteur.

donc dans le droit commun. Dès lors, on peut considérer la faillite comme une loi d'exception, puisqu'elle ne touche que l'une des classes de la société. Que le non commerçant, par suite d'un désastre quelconque, de prodigalités si l'on veut, ne puisse remplir ses engagements, il ne peut être poursuivi que devant les tribunaux civils. Sa condamnation n'entraîne pour lui que l'obligation de payer et rien de plus.

Le commerçant, au contraire, à la suite d'opérations malheureuses, peut être déclaré en faillite ; il est alors et tout à coup mis en tutelle et perd tous ses droits de citoyen.

L'inégalité sur ce point est tout à fait criante. Pour l'un, il y a privilège, pour l'autre flétrissure.

Dès 1882, le Parlement français a été saisi de la question. Un projet de loi fut présenté plus tard ; il étendait la liquidation forcée, la généralisait en l'appliquant à tous les débiteurs sans exception, suivant en cela l'exemple de l'Angleterre qui assimile, au point de vue de la faillite, le particulier non commerçant à celui qui exerce un métier. C'est là le seul moyen, suivant nous, de rétablir l'équilibre rompu, au grand dommage de nos principes d'égalité devant la loi (1).

*
* *

(1) Voyez à ce sujet, l'intéressante brochure intitulée : *Etude sur la faillite civile*, par M. Legriel, président honoraire de la Chambre syndicale des Tapissiers, Paris, 1888.

Voilà donc, résumée, notre œuvre presque tout entière. Si nous ne l'avons pas traitée avec toute la science qu'elle exigeait, nous avons, du moins, passé en revue toutes ces questions importantes avec bonne foi et sincérité. L'amour de la vérité et de l'impartialité nous ont constamment servi de guide, nous pouvons le déclarer.

Dévoué serviteur du progrès véritable, de l'équité, nous avons voulu, en présence des difficultés sociales accumulées, indiquer que les transformations nécessaires au régime industriel pouvaient s'accomplir sans secousses, par la seule autorité de la raison. Les réformes principales et secondaires, toutes de grand intérêt du reste, qu'elles touchent à l'enseignement des métiers, à l'organisation de la rétribution du travail, aux associations, à la mutualité, à l'épargne, seront résolues, nous en sommes certain, par la bonne volonté et l'esprit de concorde.

L'industrie française est souffrante, l'étranger cherche de plus en plus à l'affaiblir. Que disons-nous, il veut sa défaite! Ce n'est pas trop, pour lutter contre lui, que de rassembler toutes les forces intelligentes du pays. Que l'instruction professionnelle se répande donc abondamment, que l'union s'établisse, que le travail se réglemente par l'accord général et le danger s'évanouira. C'est ainsi que, dans nos campagnes, l'intervention bienfaisante de la nature fait parfois disparaître, au-delà de nos horizons, les nuages noirs, dispensateurs de tempêtes.

APPENDICE

MODÈLES DE RÈGLEMENTS ET STATUTS
DE LA PARTICIPATION, D'UNE SOCIÉTÉ DE SECOURS
MUTUELS ET D'UNE ÉCOLE PROFESSIONNELLE (1)

RÈGLEMENT DE LA PARTICIPATION AUX BÉNÉFICES
DE L'ENTREPRISE

ARTICLE 1ᵉʳ. — A partir du..... ....., la maison
X...... abandonne volontairement un intérêt de
participation sur les bénéfices nets de l'année,
lequel est attribué à tous les employés et ouvriers
qui, à raison de leurs fonctions ou de leurs travaux, auront été désignés comme participants à
ces bénéfices.

Cet intérêt de participation est fixé pour l'année 1887 à ... % des bénéfices nets.

ART. 2. — Pour être admis comme *Participant*,
il faut avoir trois années de présence consécutive
dans la maison ; avoir fait preuve de zèle et d'apti-

---

(1) Ces règlements et statuts sont ceux de la Maison
Thuillier frères, entrepreneurs à Paris.

tude dans son emploi ; faire une demande écrite adressée aux patrons ; joindre à cette demande une copie de son casier judiciaire et un certificat du médecin de la Société de secours mutuels.

Indépendamment des trois années de présence, le candidat devra passer un examen devant le Comité consultatif, qui pourra faire ajourner l'admission du postulant s'il n'a pas été reconnu suffisamment capable au point de vue du savoir professionnel.

ART. 3. — Seront admis dès à présent à la participation, les employés et ouvriers dont les noms figurent sur une liste arrêtée par le patron et dont une copie sera remise à chacun des participants admis.

En dehors des participants, des aspirants participants pourront être appelés à jouir d'une partie des avantages de la participation.

Pour cela ils devront :

1° Adresser au patron une demande écrite : elle indiquera les motifs et le temps de service du postulant ;

2° Prendre l'engagement d'observer les règlements et de remplir fidèlement les obligations des participants.

Une décision du Comité consultatif déterminera chaque année la mesure et l'importance des avantages attachés au titre d'aspirant participant.

ART. 4. — Les *Apprentis* de la maison seront admis comme *Participants* à partir du 1er janvier qui précédera la fin de leur apprentissage.

Art. 5. — La répartition de l'intérêt de participation sera faite, entre les *Participants*, au prorata
des sommes qu'ils auront touchées dans l'année,
soit comme appointements fixes, soit comme
salaires, et suivant les dispositions fixées à l'article
ci-après.

Pour déterminer la part de chacun dans l'intérêt
de participation, il ne sera pas tenu compte des
gratifications ni des autres allocations variables.

Art. 6. — De la somme attribuée à chaque *Participant*, il sera fait deux parts égales :

L'*une* lui sera remise chaque année, après l'approbation des comptes de l'exercice et à des
époques déterminées ;

L'*autre* sera portée à son compte de Prévoyance
et de Retraite dont il sera parlé ci-après.

Art. 7. — Tout participant qui sort de la maison
de sa propre volonté, avant d'avoir satisfait aux
conditions de présence fixées par l'article 11, est
considéré comme démissionnaire et déchu de tous
droits, même éventuels, à la Caisse de prévoyance.

La somme inscrite à son compte individuel est
répartie, au 31 décembre qui suit sa sortie, entre
tous les autres comptes participants, au prorata
des sommes qui y sont déjà respectivement inscrites.

Toute personne renvoyée pour des motifs graves
sera dans le même cas.

Il pourra être fait exception pour les apprentis
de la maison, qui, du jour de la fin de leur appren-

tissage et de la délivrance de leur diplôme de capacité, pourront être autorisés à s'absenter de la maison pendant un délai maximum d'une année, et, cela, sans perdre leur droit aux avantages de l'association.

ART. 8. — Tout participant, mis au repos pendant un délai ne dépassant pas un mois, devra se tenir à la disposition de la maison pour y entrer au premier appel qui pourra lui être fait, au besoin par lettre chargée, lui accordant huit jours pour rentrer dans les ateliers.

Passé les délais ci-dessus, le compte du participant pourra être liquidé; c'est-à-dire que, si la maison le laisse plus d'un mois au repos, il pourra demander la liquidation de son compte, conformément à l'article 13, et s'il ne se rend pas à l'appel qui lui sera fait de reprendre son travail interrompu par suite du manque de travaux, il sera considéré comme démissionnaire, et, le comité entendu, son compte sera liquidé suivant l'article 7.

Service militaire obligatoire

ART. 9. — Désirant encourager au devoir les jeunes participants, il est adopté :

1° Que le *volontaire d'un an* aura sa place conservée et sera admis à la répartition, en prenant pour base l'année avant sa sortie pour le service militaire, s'il justifie à sa sortie d'un certificat de bonne conduite et d'un grade.

S'il n'a obtenu que le certificat, il n'aura droit qu'à la moitié de la répartition : celle placée à la retraite.

S'il a obtenu certificat et grade, il aura droit aux deux parties ;

2° Que le *soldat pour cinq ans* jouira des mêmes avantages.

Sa cinquième et dernière année de service lui comptera pour sa part dans les bénéfices de la maison pendant ladite année, et son emploi lui sera réservé, s'il justifie d'un certificat de bonne conduite et du grade de sous-officier.

Pour les autres conditions, comme le volontaire d'un an.

Le soldat pour cinq ans, qui, dans le cours de son service, obtiendrait un congé dépassant quinze jours, aurait droit au travail de la maison pendant son congé.

Le temps d'absence prévu par le présent article, pour le service militaire, doit être remplacé par un temps de présence équivalent, pour avoir droit à la retraite.

Caisse de prévoyance et de retraite

ART. 10. — La Caisse de prévoyance et de retraite est établie au profit des ouvriers et employés de la maison, qui sont participants.

ART. 11. — Pour avoir droit à la totalité des avantages que cette Caisse procure, il faut avoir *vingt* années au moins de présence consécutive dans la maison ou avoir atteint l'âge de cinquante-cinq ans.

ART. 12. — La Caisse de Prévoyance et de retraite est formée au moyen de versements faits au compte individuel de chaque intéressé, conformément au troisième paragraphe de l'article 6.

ART. 13. — Lorsqu'un participant, ayant complété sa vingtième année de service, ou, à défaut, sa cinquante-cinquième année d'âge, quitte la maison, soit volontairement, soit par suite de renvoi, son compte de prévoyance et de retraite est liquidé sur sa demande, conformément à l'article 18.

ART. 14. — Le participant ayant complété sa vingtième année de service ou sa cinquante-cinquième année d'âge, peut également, tout en restant dans son emploi, demander la liquidation de son compte de prévoyance et de retraite, conformément à l'article 18.

Dans ce cas, son compte cesse de prendre part aux avantages résultant des déchéances, mais il continue de s'accroître de l'intérêt de participation et des versements opérés par le patron, sans que la liquidation de ce nouveau compte puisse avoir lieu avant sa sortie de la maison.

ART. 15. — Lorsqu'un participant décède en activité de service, les sommes portées à son compte, en conformité des articles 6, 7 et 8, sont remises aux membres de sa famille désignés dans les articles 18 et 19, en un ou plusieurs paiements, de la manière, aux époques et dans les proportions déterminées par le Comité.

ART. 16. — Si un participant se trouve atteint d'infirmités constatées, entraînant incapacité de travail, la remise de tout ou partie de la somme inscrite à son compte peut, le Comité consulté, lui -être faite immédiatement.

ART. 17. — Si le participant, parti, congédié ou décédé, se trouve débiteur de la maison, la somme inscrite à son compte est d'abord employée, jusqu'à due concurrence, à combler le déficit ou à réparer les préjudices causés par lui à la maison.

ART. 18. — Lorsqu'il y a lieu de liquider le compte individuel d'un participant, c'est-à-dire lorsqu'il a accompli sa vingtième année de service ou sa cinquante-cinquième année d'âge, celui-ci peut, à son choix, demander que la somme disponible soit consacrée, s'il n'y a pas d'enfant légitime à lui constituer *une rente viagère de la Caisse des retraites de l'État* ou *d'une Compagnie d'assurances sur la vie*, avec réversibilité sur la tête de sa femme. S'il a des enfants légitimes ou légitimés par le mariage, il pourra demander des rentes françaises sur l'État ou des obligations de chemins de fer français, ou enfin des usufruits de rentes françaises ou d'obligations de chemins de fer.

Les titres, demeurant déposés dans la caisse de la maison ou dans une des caisses de dépôt désignées, jusqu'au décès du titulaire, pourront être alors remis aux membres de sa famille désignés dans l'article ci-après.

Art. 19. — Sont appelés, après le décès du participant, à recueillir les sommes portées à son compte :

1° Son conjoint non divorcé ni séparé de corps et de biens ;

2° Ses enfants légitimes ou légitimés par un mariage subséquent, ses enfants adoptifs et ses petits-enfants ;

3° Ses ascendants.

Le Comité consultatif pourra, sur la demande des intéressés, modifier ledit ordre.

A défaut des appelés susdésignés, les sommes ou titres provenant de la liquidation du compte du participant décédé sont portés à ceux des autres participants restants, au prorata des sommes qui y sont déjà respectivement inscrites.

Art. 20. — La répartition des déchéances entre les divers comptes individuels n'a lieu qu'une fois par an, au 31 décembre, et seulement au profit des membres présents dans la maison à cette époque.

L'attribution de la participation dans les bénéfices est faite également une fois par an, par exercice, et après l'approbation des comptes par les patrons.

Art. 21. — Pour garantir les droits des ouvriers et employés intéressés, et bien que la comptabilité soit tenue et établie de manière à fixer régulièrement les parts, il sera procédé chaque année, dans l'assemblée générale des participants, au scrutin

secret et à la majorité des voix, à la nomination
d'un arbitre-expert choisi sur une liste de cinq
noms, établie par le Comité consultatif. Les noms
seront pris sur le tableau des experts accrédités
près le tribunal de commerce de la Seine.

Le rapport de l'arbitre aura pour objet de constater :

1° Si l'inventaire a été fait conformément aux
précédents, aux prescriptions de l'acte social, et
aux usages ordinaires de la comptabilité de la
maison ;

2° Si la participation a bien été appliquée au personnel participant suivant le présent règlement.

Les honoraires à allouer à cet arbitre seront prélevés sur la participation, avant la répartition aux
ayants droit.

ART. 22. — Le compte de chaque participant sera
bonifié chaque année d'un intérêt de 5 %, produit par
les sommes qui y sont portées, tant que la maison
en conservera la gestion financière.

Chaque année, à l'assemblée générale de fin
d'exercice, ou extraordinairement, s'il y avait lieu,
sur l'initiative du Comité consultatif, par un vote
secret, il sera décidé si les participants continueront à laisser leurs capitaux en compte courant, ou si cette gestion sera confiée, *d'accord avec
le Comité consultatif*, soit à une *Compagnie d'assurances*, soit à une *Société de crédit*, soit encore à
une *Caisse publique*.

Comité consultatif et de surveillance

Art. 23. — Un Comité consultatif et de surveillance est institué pour seconder M. X. dans l'exécution des prescriptions relatives à la participation,
ainsi qu'à la Caisse de prévoyance et de retraite.

Art. 24. — Ce Comité consultatif et de surveillance se compose de six membres savoir :

1° Le chef de maison, *Président* ; 2° un employé
Trésorier ; 3° un employé *Secrétaire* ; 4° les trois
plus anciens ouvriers.

Art. 25. — Les *réunions ordinaires* du Comité
ont lieu le premier dimanche de chaque trimestre.

Les *réunions extraordinaires* feront l'objet
d'une convocation spéciale.

Dispositions générales

Art. 26. — Il sera délivré à chaque participant
un livret sur lequel seront indiquées toutes les
sommes portées à son compte.

Art. 27. — Le titre de participant impliquant
des conditions particulières de stabilité et d'atta-
chement à l'établissement, aucun participant ne
pourra être renvoyé définitivement sans une décision du patron.

Art. 28. — Les sommes à payer, les usufruits,
les intérêts ou rentes viagères à servir, par suite
des présentes dispositions, soit aux participants,

soit aux membres de leur famille, désignés dans les articles 18 et 19, sont d'avance déclarés expressément attribués à titre de libéralité et pour alimentation, et, comme tels, incessibles et insaisissables.

ART. 29. — Il est déclaré que M. X. est seul juge de toutes les réclamations qui pourraient se produire relativement au présent règlement.

Il prendra toutefois l'avis du Comité consultatif.

ART. 30. — La répartition annuelle a lieu d'après les comptes de la maison arrêtés à la clôture de l'exercice, sans que les participants aient le droit de s'immiscer en rien dans les écritures, qui, du reste, sont tenues par des participants et contrôlées conformément à l'article 21.

ART. 31. — Les employés et ouvriers sortant d'un établissement où existeraient des institutions analogues, et dans lequel ils seraient déjà *membres participants*, seront admis de droit sur leur demande *aspirants participants*, et la durée de leur stage, pour devenir participants, sera fixée dans les trois mois qui suivront leur entrée dans la maison, sans toutefois que ce stage puisse excéder une année.

ART. 32. — Pour profiter de la Caisse de participation et de retraite, dont il est question aux présents statuts, chaque *participant* devra faire partie de la *Société de secours mutuels* que la maison institue pour commencer à fonctionner statutairement à partir du 1er janvier prochain.

ART. 33. — Les modifications que l'expérience

pourrait faire apporter aux présents statuts ne pro-
duiront aucun effet rétroactif.

ART. 34. — M. X. se réserve expressément la
faculté de faire cesser les effets des présents statuts
et règlements, fin de chaque exercice, s'il n'avait
pas lieu d'être satisfait de leurs résultats.

Dans ce cas, la *Caisse de prévoyance et de
retraite* serait liquidée au 31 décembre qui suivrait
la résolution prise, et les sommes ou les titres
inscrits seraient remis à chacun pour solde des
résultats de l'exercice.

Ladite caisse serait également liquidée, si, par
suite du décès du chef de la maison, les successeurs
ne désiraient pas continuer.

RÈGLEMENT D'UNE SOCIÉTÉ DE SECOURS MUTUELS

But de la société

ARTICLE 1er. — Les employés et ouvriers de la
maison X., participants et aspirants-participants
aux bénéfices de la maison, ont formé entre eux
une Société de secours mutuels, dans le but :

1° De se venir en aide en cas de maladie ou d'accidents ;

2° De pourvoir aux dépenses de leurs funérailles ;

3° De venir, s'il y a lieu, momentanément en aide
à la veuve ou aux enfants du sociétaire défunt.

Statuts

ART. 2. — Les statuts sont affichés dans les ateliers. Chaque sociétaire en recevra un exemplaire lors du versement de sa première mise.

Son numéro d'inscription, ses noms, prénoms, demeure, profession, dates de versement, y seront inscrits.

Composition de la société

ART. 3. — Tout membre participant fait obligatoirement partie de la Société.

Des membres honoraires en font également partie.

Sont membres honoraires ceux qui, par leurs soins, leurs conseils et leurs souscriptions, désirent apporter leur part de bienveillance à la prospérité de l'Association.

Ils ne participent pas aux avantages qu'elle procure à ses membres actifs.

Radiation

ART. 4. — Seront rayés de la Société, les membres qui ne paieraient pas régulièrement leurs cotisations.

Cependant, si des circonstances indépendantes de la volonté des sociétaires occasionnaient ce retard, l'Assemblée générale aurait à juger si la radiation doit ou non avoir lieu.

Toute radiation est prononcée en Assemblée générale, au scrutin, sur la proposition et le rapport du bureau :

1° Pour condamnation judiciaire ;

2° Pour improbité ;

3° Pour préjudice volontaire aux intérêts de la Société ;

4° Pour ivresse ou conduite scandaleuse.

En cas de radiation, le sociétaire perd tous ses droits aux sommes versées par lui et aux secours auxquels il avait droit.

Le sociétaire qui quitte la maison pour avoir été mis au repos, peut continuer à faire partie de la Société, mais il doit verser régulièrement sa cotisation et se conformer aux obligations du présent règlement.

S'il a été renvoyé, pour quelque cause que ce soit, il cesse d'en faire partie.

Cotisations et fonds de caisse

ART. 5. — Le fonds de la caisse de secours se compose :

1° D'une cotisation de 1 fr. 50 par personne payée à la quinzaine, ou de 3 francs pour celle qui reçoit ses émoluments à la fin du mois.

2° Des amendes ;

3° Des dons volontaires.

Les fonds provenant des reliquats de caisse pourront être placés en compte courant chez M. X. qui en paiera l'intérêt à 6 %, et cela jusqu'à ce que, lui ou le comité, en décident autrement, suivant ce qui est prescrit article 21 pour les fonds de la caisse de retraite.

Obligations des sociétaires envers l'association

ART. 6. — Tout membre doit à la Société le paiement régulier de ses cotisations ; il ne peut refuser les fonctions que le comité lui demandera de remplir, sous peine d'une amende de 1 franc au profit de la Société.

Il sera infligé à tout membre en retard de huit jours dans le paiement de sa cotisation une amende de 50 centimes.

Obligations de la société envers ses membres

ART. 7. — La Société doit à chacun de ses membres aide et secours, en cas de maladie ou d'accident.

Les secours que la Société accorde sont les suivants :

1° Les visites du médecin ;

2° Les médicaments qu'il a prescrits ;

3° Les secours pécuniaires qu'elle attribue et qui sont portés tous les dimanches au domicile du malade.

Tout sociétaire qui tombe malade doit en aviser immédiatement la Société par une lettre adressée, par la poste, au président de la Société.

Le sociétaire a droit aux secours précités, à partir du jour exclusivement indiqué par le timbre de la poste marqué sur la lettre d'avis.

Toutefois, il n'est rien accordé pour une cessation de travail de moins de quatre jours, ni pour les maladies ou accidents occasionnés par les rixes ou la débauche.

Le sociétaire malade sera visité dans les vingt-quatre heures, et il lui sera remis une feuille de quinzaine sur laquelle devront être constatées les visites faites et les sommes versées.

Le médecin de la Société sera également prévenu de se rendre près du malade.

Le membre de la Société, qui sera chargé de la visite, devra s'enquérir du genre de la maladie, des causes qui l'ont amenée, et exiger un certificat du médecin constatant l'état du malade.

Il le visitera au moins deux fois par semaine, et sera chargé de lui remettre les secours pécuniaires qui lui sont attribués.

Ces secours sont fixés à 2 fr. 50 par jour pendant les six premiers mois de sa maladie, et à 2 francs durant les trois mois suivants.

Si, à l'expiration de ce terme le malade n'est pas rétabli, le Bureau décide, suivant l'état de la Caisse, s'il y a lieu de continuer l'indemnité en argent, de la diminuer ou de la supprimer.

Une rechute dans le délai de trois mois est considérée comme continuation de la maladie.

Tout sociétaire qui, pendant six mois, a touché l'indemnité accordée aux malades, doit faire un nouveau stage de trois mois pour avoir droit de nouveau aux secours de Caisse.

Le sociétaire qui se fera traiter à l'hôpital n'aura droit qu'aux secours en argent.

Il est interdit à tout sociétaire malade de se trouver hors de chez lui sans autorisation spéciale du médecin. Il lui est également interdit de se livrer à une occupation rétribuée de nature à empêcher ou à retarder sa guérison.

En cas de décès d'un sociétaire, le Bureau convoquera tous les membres pour l'accompagner jusqu'à sa dernière demeure.

La présence des membres est constatée au départ du convoi et après l'enterrement.

Une amende de 2 francs est infligée à celui qui manque, sans excuse valable à ce devoir de confraternité.

Le Bureau s'entendra avec la famille du défunt pour commander le convoi et les lettres mortuaires. Il ne pourra, en tous cas, être prélevé dans ce but plus de 50 francs sur la Caisse de la Société.

Si le décès d'un sociétaire arrive une année après la cessation des six mois de secours, les 50 francs dont il vient d'être parlé ne seront plus accordés.

Organisation de la Société

ART. 8. — La Société de secours mutuels de la maison fonctionne au moyen d'un comité nommé pour trois ans et composé d'un président, d'un vice-président, d'un trésorier et d'un secrétaire.

Les membres sortants sont rééligibles.

Les membres du Comité s'assemblent une fois par trimestre.

Aucune délibération ne peut être prise, s'il n'y a au moins trois membres présents.

Un tableau, représentant la situation financière de la Société, sera dressé chaque trimestre et affiché dans les ateliers.

Une assemblée générale aura lieu chaque année à une époque indiquée.

Il y sera donné connaissance de la situation de la Société, et statué, sur les questions qui pourraient nécessiter un vote.

Tout sociétaire est tenu d'assister à cette assemblée générale annuelle. Son absence donnerait lieu à une amende de 2 francs. Le Comité est juge de l'excuse qu'il pourrait invoquer.

Un registre des procès-verbaux des séances sera régulièrement tenu, il pourra être communiqué aux sociétaires sur l'autorisation du Comité.

Le produit de toutes les amendes est versé dans la caisse de la Société de secours mutuels.

RÈGLEMENT D'UNE ÉCOLE PROFESSIONNELLE INDUSTRIELLE PARTICULIÈRE

Exposé

M. X. après s'en être concerté avec le Comité consultatif de la Société de participation de ses employés et ouvriers aux bénéfices de la maison, a décidé de faire des *élèves* dans les différentes branches de son industrie, savoir :

1° Employés ;

2° Ouvriers.

A cet effet, les dispositions suivantes sont adoptées.

Observations générales

Le règlement de la maison est la base d'un travail profitable. La participation aux bénéfices, à laquelle chacun peut parvenir, doit indiquer que l'intérêt de la maison, en général, est l'intérêt de chacun en particulier.

ARTICLE 1er. — Tout élève ou apprenti devra, en entrant dans la maison, subir un examen qui permettra d'apprécier le degré d'instruction qu'il possède. Si cette instruction n'est pas jugée suffisamment en rapport avec son emploi, il sera tenu de suivre les cours qui lui seront indiqués.

ART. 2. — Chacun des élèves ou apprentis étant

destiné à devenir participant et ayant droit, dès lors, aux avantages que la Société de secours mutuels accorde à ses membres en cas de maladie, devra être examiné par le médecin de la Société et obtenir un certificat constatant sa bonne constitution, s'il a été vacciné, et l'absence d'infirmités pouvant l'empêcher d'exercer son travail.

ART. 3. — Le Comité consultatif entendu, une part annuelle des bénéfices de la participation sera accordée pour être distribuée aux élèves ou apprentis qui auront fait preuve, dans l'année, des meilleures dispositions.

Cette part sera délivrée à titre de récompense et remise à l'élève ou apprenti en un bon à toucher immédiatement.

ART. 4. — Par faveur spéciale, et en vue d'initier les élèves ou apprentis à la Société de participation, ils assisteront aux assemblées générales annuelles.

ART. 5. — Les objets qui auront servi d'épreuves de travail aux apprentis compagnons, seront conservés par la maison, comme pièces industrielles de l'école professionnelle.

Art. 6. — Toute faute grave commise pendant le cours de l'apprentissage, sera portée à la connaissance du Comité consultatif. Il en serait de même si le sujet ne montrait aucune disposition à suivre la profession qu'il a adoptée.

ART. 7. — En cas de renvoi motivé, les sommes remises à l'épargne seraient liquidées conformément à l'article 7 des statuts de la participation.

ART. 8. — Lorsque le service militaire interrompra le temps de l'apprentissage, ce dernier sera repris après libération pour le temps qui restait à courir, lors du départ de l'élève ou de l'apprenti.

ART. 9. — L'article 4 des statuts de participation, qui est conçu ainsi qu'il suit, s'applique aux apprentis :

« Les apprentis de la maison seront admis comme participants, à partir du 1er janvier qui précédera la fin de leur apprentissage. »

Elèves-employés

ARTICLE 1er. — Ils doivent, à leur entrée, avoir au moins seize ans accomplis.

ART. 2. — L'engagement sera de trois années et ne sera toutefois considéré comme terminé qu'après qu'ils auront satisfait à un examen écrit et oral qui décidera, soit de la continuation de la position d'élèves-employés, soit de la délivrance qui sera faite d'un certificat de capacité.

ART. 3. — Les appointements seront en rapport avec les services rendus.

ART. 4. — Autant que le service général le permettra, les élèves-employés devront passer par les services spéciaux suivants : Service des ateliers ; magasins ; bureaux d'entrée et de sortie ; service des travaux et des métrés ; travaux extérieurs.

ART. 5. — Dans chacune de ces parties du ser-

vice, et après appréciation donnée par les chefs de
ces mêmes services, l'élève-employé pourra être
autorisé par le patron à permuter avec un de ses
camarades dans un autre service et dans l'ordre
indiqué.

ART. 6. — Aussitôt pourvu de son certificat de
capacité, celui qui en est l'objet jouit de la plus
grande estime, comme élève formé par les soins de
la maison, et y occupe par ce fait une situation
avantageuse.

L'élève-employé touchera une part de l'allocation
annuelle du Comité. La maison, à titre gracieux,
remettra, en plus des appointements, à chaque
employé, 15 francs par mois pour lui constituer un
fonds d'épargne inscrit à son livret.

Apprentis-compagnons

ARTICLE 1er. — Tout apprenti-compagnon devra,
avant son entrée, avoir servi d'aide-compagnon
pendant une année au moins.

ART. 2. — La durée de l'apprentissage sera de
deux ans.

ART. 3. — Les connaissances à acquérir, sont
les spécialités suivantes: (suit leur nomenclature.)

ART. 4. — Les indications de stage à faire en
chacune de ces parties seront indiquées par le
patron.

ART. 5. — Le salaire des apprentis-compagnons
sera en rapport avec leurs services et leur soin à

s'instruire dans les compléments de leur profession.

Art. 6. — En vue d'encourager les apprentis-compagnons à l'épargne, indépendamment de leur salaire, M. X. remettra à chacun d'eux une allocation de 50 centimes par journée de travail, pour constituer leur premier fonds d'épargne jusqu'à ce qu'ils soient admis comme participants.

Art. 7. — A l'expiration de son apprentissage, il sera demandé au titulaire une œuvre manuelle de ses capacités dans chacune des branches désignées ci-dessus.

S'il résulte que ce travail est parfaitement exécuté, il lui sera délivré un certificat de capacité. Si, au contraire, il n'était pas reconnu suffisamment capable pour obtenir ledit certificat, cette remise pourrait être ajournée jusqu'à ce qu'il en fût digne.

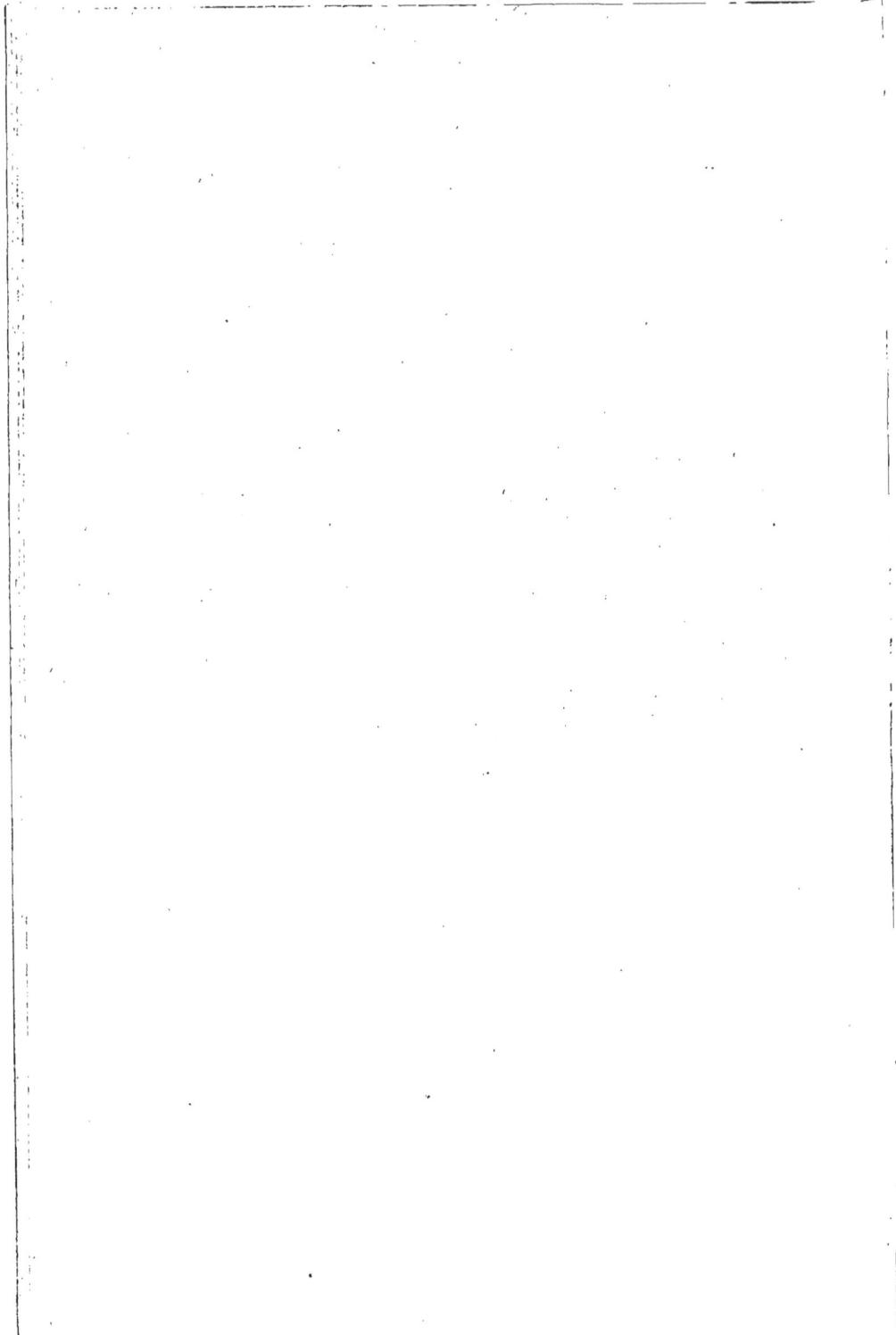

TABLE DES MATIÈRES

APPENDICE. — **Modèles de règlements et statuts.**

4060. — Tours, imp. E. ARRAULT et Cᵉ.

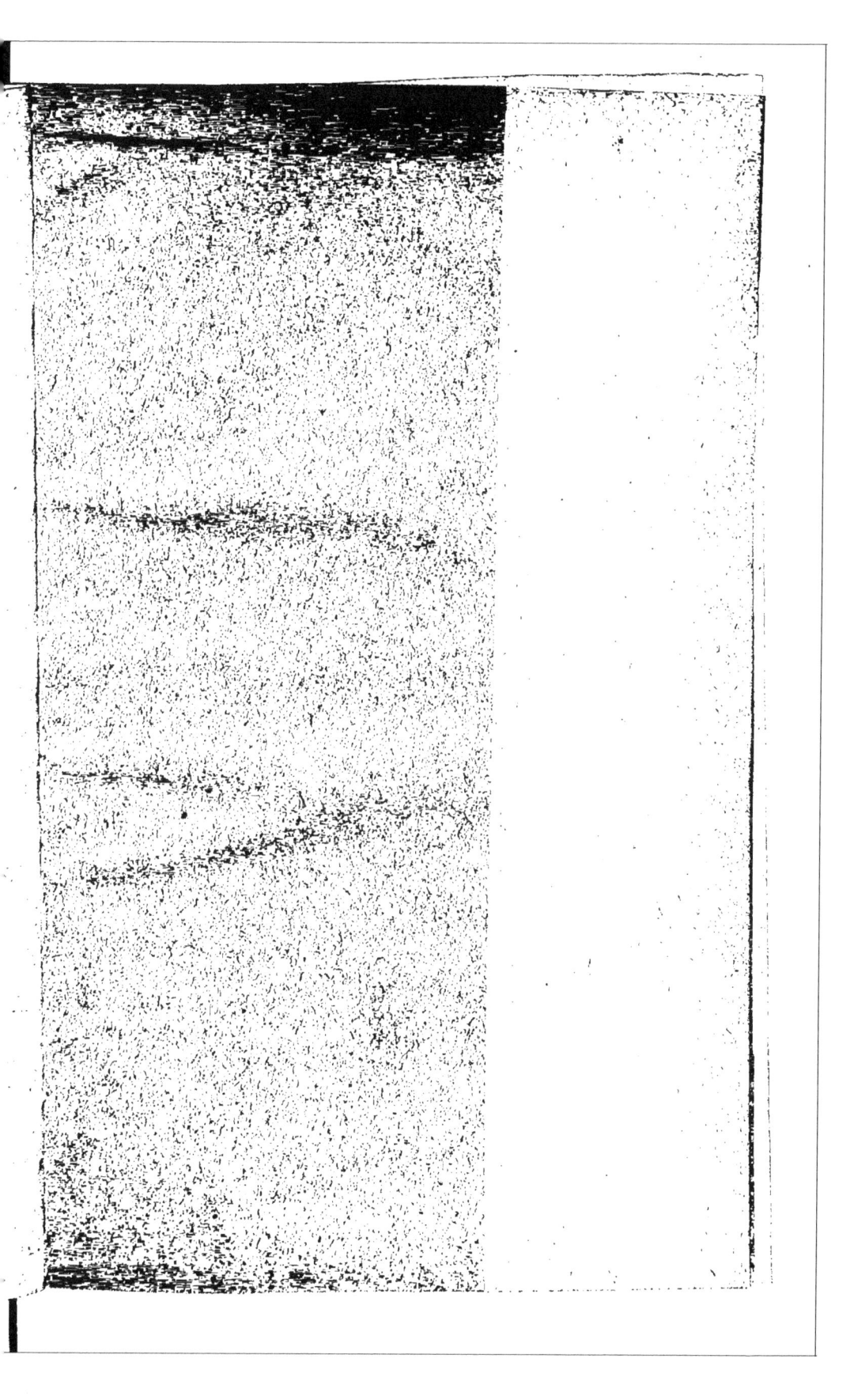

TOURS, IMPRIMERIE ~~PERRAULT~~ ET CIE.